Quand l'amour est là, Dieu est là

Mère Teresa

Quand l'amour est là, Dieu est là

Pour cheminer vers une union plus intime avec Dieu et un plus grand amour des autres

Textes compilés et édités par Brian Kolodiejchuk,
Missionnaire de la Charité

Traduit de l'anglais par Cécile Deniard et Delphine Rivet

Parole et Silence
Desclée de Brouwer

Nihil Obstat : Donald F. Haggerty, S.T.D., Censor Librorum
Imprimatur : † Timothy M. Dolan, D.D., Archevêque de New York

Titre original : *Where There Is Love, There Is God*

10, rue Mercœur 75011 Paris

ISBN : 978-2-220-06355-3

La plus belle chose au monde est de nous aimer les uns les autres comme Dieu aime chacun de nous. Et c'est pour cela que nous sommes dans ce monde.

Préface

Quand l'amour est là, Dieu est là constitue à certains égards la suite de *Viens, sois Ma lumière*, ouvrage qui présentait la vie de Mère Teresa sous l'angle de sa relation avec Dieu et de son dévouement pour ceux qu'Il l'appelait à servir, c'est-à-dire les plus pauvres des pauvres. Envoyée pour soulager leurs souffrances, elle devait s'identifier à eux et faire l'expérience, dans les tréfonds de son âme, de leur détresse et de leur douleur. Elle embrassa ces souffrances intenses et continuelles avec un courage et une fidélité héroïques qui témoignent d'une foi en Dieu et d'un abandon à Sa volonté hors du commun. Le nombre de ceux qui trouvèrent un soutien dans la révélation de cet aspect caché de la vie de Mère Teresa fut si grand que l'idée naquit de faire davantage connaître ses pensées, qui peuvent nous être d'un grand enseignement face à nos propres épreuves et souffrances.

Il ne s'agit pas ici d'une anthologie complète des enseignements de Mère Teresa, mais plutôt d'un bref aperçu de ce qu'elle croyait et enseignait sur certaines grandes questions de la vie, questions qui se posent de manière particulièrement aiguë à notre époque. Dans la mesure où elle se trouvait constamment en relation avec des gens d'origines et de milieux divers, aucune situation n'était étrangère à Mère Teresa, qui eut de nombreuses occasions de faire part de son point de vue sur un large éventail de sujets. Exprimant inlassablement ses convictions sur la manière de trouver une paix et un bonheur véritables, elle édifia ses contemporains par la sincérité de son discours et plus encore par l'authenticité de son existence.

Si dans *Viens, sois Ma lumière*, elle nous apparaissait plutôt comme un exemple et un modèle, ici son rôle est principalement celui d'un pédagogue et d'un guide. Par ses conseils pratiques et opportuns, Mère Teresa nous met sur le chemin d'une union plus intime avec Dieu et d'un plus grand amour pour nos frères et sœurs. Des extraits de ses nombreux propos ont été compilés dans les pages qui suivent, en espérant que son exemple d'amour et ses paroles de sagesse nous aideront à mettre plus d'amour dans notre monde pour le rendre un peu plus accueillant.

Père Brian KOLODIEJCHUK,
Missionnaire de la Charité

Introduction

S'il fallait résumer toute la vie et le message de Mère Teresa en deux mots, ce serait sans conteste *Dieu* et *amour*. Dieu se trouvait véritablement au centre de son existence, Il était sa vie même, et l'amour (de Dieu et du prochain) était son message. Mais si l'on nous obligeait à nous limiter à un seul mot, celui d'*amour* exprimerait tout, « puisque l'amour est de Dieu et que quiconque aime est né de Dieu et connaît Dieu. […] Dieu est amour[1] ». Sa déclaration pleine de simplicité que nous avons choisie comme titre pour ce livre (« Quand l'Amour est là, Dieu est là ») reflète cette vérité profonde.

Dieu Se sert d'instruments humains pour Ses desseins et Il S'est servi des mains et du cœur de Mère Teresa pour manifester Son amour dans le monde d'aujourd'hui. Par sa vie, ses discours et son œuvre, elle a proclamé que Dieu est réel, qu'Il est avec nous et qu'Il « aime encore le monde à travers vous et à travers moi ». Spécifiquement appelée à être Missionnaire de la Charité (porteuse de Son amour auprès des plus pauvres des pauvres et, en fait, auprès de chaque personne qu'elle rencontrait), elle ne pensait pas que cette vocation était uniquement la sienne. Chacun, croyait-elle, devait être un « missionnaire de la charité », porteur de

1. 1 Jean 4, 7-8.

l'amour de Dieu, et ce quelle que soit sa condition. Elle s'efforçait de faire prendre conscience aux autres de cet appel fondamental et les invitait à y répondre généreusement.

Mère Teresa fut, jusque dans son grand âge, animée d'un zèle saisissant dans l'accomplissement assidu de sa mission. Où puisait-elle son dynamisme et sa détermination ? Dans sa foi en Dieu, qui façonnait sa personnalité et imprégnait chaque aspect de sa vie. Elle parlait de Dieu ou des choses de Dieu dans presque toutes ses conversations, « car c'est du trop-plein du cœur que parle [la] bouche[2] », et elle le faisait de manière spontanée et naturelle. Sa ferveur n'était pas artificielle, destinée à impressionner. Mère Teresa n'était pas non plus sujette au « respect humain » (cette crainte que l'on peut avoir d'exprimer sa foi et ses convictions) et elle énonçait donc ce qu'elle croyait avec simplicité et sincérité, avec pour unique objectif de plaire à Dieu et de faire du bien aux âmes.

L'éducation et le milieu de Mère Teresa la prédisposaient à grandir dans la foi et elle noua une relation intime avec Dieu dès son plus jeune âge. À dix-huit ans, elle prit la décision déterminante de Lui consacrer entièrement sa vie en répondant à Son appel à devenir missionnaire en Inde. Après avoir été sœur de Lorette pendant près de vingt ans, elle reçut ce qu'elle qualifia d'« appel dans un appel » alors qu'elle se trouvait dans le train pour Darjeeling où elle devait faire sa retraite annuelle : Dieu lui demandait d'être une Missionnaire de la Charité, porteuse de Son amour auprès de ceux qui se sentaient les plus mal aimés, indésirables, négligés, ceux qui peinaient souvent à croire en Son amour en raison de leur situation. Malgré le changement radical que

2. Luc 6, 45.

cela devait entraîner dans son existence, elle accepta ce nouveau mandat sans hésiter.

L'inspiration reçue dans ce train procura à Mère Teresa une profonde connaissance de l'amour de Dieu. Elle comprit comme jamais auparavant que Dieu éprouvait un désir ardent, une « soif » d'aimer et d'être aimé : Il avait soif de son amour et de l'amour de chaque personne de Sa création, en particulier des plus nécessiteux. Les mots de Jésus sur la Croix, « J'ai soif », étaient pour elle l'expression de cet amour intense et devaient toujours lui rappeler l'appel qu'elle avait reçu, un appel à apaiser Sa soif. Apaiser la soif de Jésus, soif d'amour et des âmes, supposait d'être prête à rechercher une intimité toujours plus grande avec Lui. Cela supposait également d'accepter, quoi qu'il pût lui en coûter, d'être un instrument grâce auquel l'amour de Dieu pourrait être communiqué à Ses enfants. Cet appel donna à Mère Teresa un sentiment de responsabilité et d'urgence à l'égard de sa mission. Lorsque la Divine Providence mettait quelqu'un sur son chemin, elle faisait tout ce qui était en son pouvoir pour aider cette personne à mieux connaître Dieu et ainsi entrer dans une relation plus intime avec Lui.

Malgré les obstacles qu'elle dut affronter pour répondre à son nouvel appel, Mère Teresa jouit d'abondantes consolations dans les mois qui suivirent l'inspiration et pourtant, au moment où elle commença sa mission auprès des pauvres, elle fut plongée dans la sombre réalité de la désolation que connaissaient ceux qu'elle servait : le sentiment que Dieu n'était plus présent, qu'Il ne l'aimait plus ou ne Se souciait plus d'elle. Elle resta néanmoins authentiquement et profondément unie à Dieu, même si ses sentiments lui suggéraient le contraire. Par cette expérience de la douleur d'être mal aimée, indésirable, négligée, Mère Teresa ne fit plus qu'un avec Jésus dans Son agonie et avec les plus pauvres des pauvres dans leurs souffrances, prenant véritablement sur elle une part de la douleur de ceux qu'elle aimait.

Près d'un demi-siècle de sécheresse spirituelle n'entrava pas sa capacité à percevoir la main de Dieu dans les circonstances ordinaires comme dans les épreuves de la vie et à Lui répondre avec amour. Ceci se manifesta entre autres dans son aptitude confondante à ne pas se laisser décourager par d'accablantes difficultés ni submerger par les souffrances ou le mal dont elle était quotidiennement témoin. Elle croyait profondément que Dieu, dans Son amour, pouvait faire sortir un bien supérieur d'un mal apparent ou réel. Au milieu de ses propres ténèbres spirituelles, son dévouement sans faille à sa mission et le sourire constant qui cachait sa douleur attestaient de sa foi profonde dans le fait que Dieu, même si elle n'en ressentait plus la proximité, était toujours « aux commandes ». Cette foi inébranlable la porta toute sa vie. Aussi exigeant que cela pût être, elle restait sereine et même joyeuse. En fait, plus obscures étaient les ténèbres, plus tenace était sa foi.

Alors que sa souffrance intérieure allait croissant, sa mission parmi les pauvres s'épanouissait. L'expansion fut rapide et planétaire : au terme de vingt-cinq ans d'existence, les Missionnaires de la Charité comptaient 704 sœurs dans 87 communautés, qui prenaient soin de milliers de gens parmi les plus pauvres des pauvres : les mourants, les orphelins, les lépreux, les handicapés physiques et mentaux, ceux qui se trouvaient en marge de la société. En 1963, Mère Teresa avait également fondé une branche de frères. Les sœurs contemplatives furent fondées en 1976, et 1977 vit l'établissement d'une branche de frères contemplatifs. Une branche de prêtres vit le jour en 1984. Lorsque Mère Teresa mourut, il y avait 3842 sœurs m.c.[3] dans 594 communautés réparties dans 120 pays ; 363 frères m.c. dans 68 communautés (19 pays) ; 14 frères contemplatifs m.c. dans 4 communautés (3 pays) et 13 prêtres m.c. dans 4 communautés (3 pays). Sa famille religieuse comptait également des prêtres diocésains et des associés laïques désireux de participer à sa mission d'amour.

À tous les membres de sa famille religieuse et à ceux qui souhaitaient prendre part d'une manière ou d'une autre au charisme m.c., Mère Teresa adressait fréquemment des instructions, des encouragements et, parfois, des admonestations. Ces exhortations constituent la source principale de ce recueil de citations. D'autres proviennent de ses allocutions publiques ou de lettres ouvertes. Bien qu'adressés à un groupe particulier, les enseignements de Mère Teresa ont une portée générale. La nature humaine étant ce qu'elle est, elle nous place devant les mêmes défis indépendamment de notre vocation ou de notre métier.

Les citations ont été regroupées autour de cinq grands thèmes, dont chacun renferme une large palette de sous-thèmes. Le chapitre I examine qui était Dieu pour Mère Teresa, le chapitre II sa relation avec Jésus, tandis que le chapitre III donne des exemples concrets des nombreux obstacles à l'amour que nous rencontrons en nous-mêmes. Les deux dernières parties contiennent l'enseignement de Mère Teresa sur la manière de mettre notre foi en action en aimant (chapitre IV) et d'être une cause de joie les uns pour les autres en vivant des vies d'amour (chapitre V). Chaque partie est précédée d'un survol des thèmes qui y sont abordés.

3. Abréviation couramment employée pour désigner la congrégation de Mère Teresa.

I

Dieu est amour

En réponse à la question : « Qu'est-ce que Dieu, ou qui est Dieu ? », Mère Teresa a dit un jour : « Dieu est amour, Il nous aime et nous sommes précieux à Ses yeux. Il nous a appelés par notre nom. Nous Lui appartenons. Il nous a créés à Son image pour de plus grandes choses. Dieu est amour, Dieu est joie, Dieu est lumière, Dieu est vérité. » Cette affirmation résume la foi en Dieu de Mère Teresa et l'expérience qu'elle avait de Lui : Dieu existe et Il est la source de tout ce qui existe ; tout Son être est amour ; Il nous a créés à Sa ressemblance, doués des capacités spirituelles d'intelligence et de volonté libre, et de la faculté de connaître et d'aimer ; Il est un Père qui aime chacun d'entre nous de façon unique, personnelle, et Il désire ardemment notre bonheur. Aucune épreuve ni aucune souffrance, pas plus la sienne que celle de ses pauvres, n'a pu amoindrir cette conviction de Mère Teresa que Dieu *est* amour, que tout ce qu'Il fait ou autorise est en dernier ressort pour quelque plus grand bien et, en ce sens, une expression de Son amour immense et inconditionnel.

Saint Augustin a écrit au début de ses *Confessions* : « Vous nous avez faits pour Vous, et notre cœur est inquiet jusqu'à ce qu'il repose en Vous. » Mère Teresa avait la conviction que toute personne, « au fond de son cœur, croit en Dieu ». Il y a un désir ardent de Dieu en chacun de nous et s'il n'est pas toujours identifié comme tel ou exprimé consciemment, il peut se manifester dans une quête de joie, de paix, de bonheur et par-dessus tout, d'amour. Bien que le désir ou la « faim » de Dieu, selon le mot de Mère Teresa, soit implanté dans le cœur de chaque être humain, entrer en relation avec Lui dépend pour une grande part de notre coopération avec Sa grâce. La liberté de coopérer ou non est l'une des nombreuses facettes de l'amour et du respect de Dieu pour chacune de Ses créatures humaines. Il ne S'impose pas à quiconque ; Il nous laisse le choix. Pourtant, la réponse adéquate d'une créature devant son Créateur, qui est amour infini et sagesse infinie, devrait être une réponse d'amour et de confiance, de louange et d'adoration, de reconnaissance et d'action de grâces.

Ayant reçu de Dieu un si grand amour, chaque personne est appelée à partager cet amour ; comme Mère Teresa l'affirmait souvent : « Nous avons été créés pour de plus grandes choses : aimer et être aimés. » Pour aimer comme Dieu aime, Le rencontrer chaque jour dans la prière est essentiel. Sans cela, l'amour meurt. Mère Teresa soulignait ainsi l'importance de la prière : « La prière est à l'âme ce que le sang est au corps. » Mais pour entrer dans la prière, il est nécessaire de faire silence, car « dans le silence du cœur, Dieu parle ». Sa maxime[1] exprimant ces vérités est désormais bien connue :

1. À l'époque où la renommée de Mère Teresa est devenue mondiale, elle a commencé à distribuer une petite carte. Au recto étaient inscrits ces mots : « Dieu vous bénisse », avec sa signature, et au verso la maxime. Avec une touche d'espièglerie, elle appelait cette carte sa « carte de visite ». Contrairement aux cartes de visite commerciales, la sienne ne portait ni nom d'organisation, ni titre, ni coordonnées. Pourtant, cette suite de phrases peut être interprétée comme la « recette » de son « succès ». Sans avoir l'intention de faire de la publicité pour ses activités, Mère Teresa indiquait par cette formule bien connue que toutes ses entreprises étaient de nature spirituelle, centrées sur Dieu et dirigées vers son prochain.

Le fruit du silence est la prière.
Le fruit de la prière est la foi.
Le fruit de la foi est l'amour.
Le fruit de l'amour est le service.
Le fruit du service est la paix.

Cette maxime simple mais profonde désigne le silence comme point de départ de la mise en œuvre de l'amour concret, de la paix et du service. Comme le disait Mère Teresa : « Le silence est à la racine de notre union avec Dieu et les uns avec les autres. » Le silence et le recueillement sont les conditions indispensables de la prière. Une atmosphère de silence extérieur est certes très bénéfique, mais Mère Teresa, qui passa la plus grande partie de sa vie dans des villes immenses et surpeuplées, apprit à trouver le silence en elle-même et à se recueillir au milieu du bruit et de l'activité. Elle nous montre que, pour pratiquer le silence, nous ne sommes pas obligés de fuir le monde et de vivre en ermite. En revanche, il est nécessaire d'apprendre à apaiser l'esprit et le cœur afin de se disposer à la prière.

La prière imprégnait la vie quotidienne de Mère Teresa, qui commençait, terminait et remplissait chaque journée avec des prières. Ses premiers mots au réveil étaient adressés à Dieu et tout au long de la journée, elle Lui parlait spontanément de son amour et de sa gratitude, de ses projets, de ses espérances et de ses désirs. Dès que survenait un besoin ou un problème, aussi petit et insignifiant soit-il, elle se tournait vers Dieu, présentant ses requêtes avec la confiance et l'attente d'un enfant qui dépend de son père. En plus de la Messe quotidienne et de la liturgie des heures matin et soir (comportant des psaumes, des lectures des Écritures et des prières d'intercession), elle restait en union continuelle avec Dieu grâce aux prières traditionnelles comme le chapelet, le chemin de Croix, les litanies et les neuvaines.

Sa demi-heure de méditation quotidienne des Écritures constituait aussi un temps de prière important. Formée dans la tradition ignacienne de méditation de la Parole de Dieu, en particulier les Évangiles, Mère Teresa était ainsi conduite vers une conversation intime et une communion avec Dieu. Par cette lecture priante, la Parole de Dieu prenait racine en elle, embrasait son amour, influençait ses paroles et dirigeait ses actions. Mère Teresa nourrissait aussi son âme en consacrant encore une demi-heure chaque jour à la lecture des biographies ou des écrits des saints et à d'autres ouvrages ascétiques. Pour favoriser le recueillement tout au long de la journée, Mère Teresa avait l'habitude de prononcer des « aspirations », de courtes prières qui élèvent l'esprit et le cœur vers Dieu au milieu des activités quotidiennes. Ces phrases répétées constituaient une grande aide pour se garder en présence de Dieu. Par ces moyens, elle grandissait dans la connaissance et l'amour de Dieu et était capable de Lui répondre et de répondre à ses frères et sœurs avec amour.

Puisque « l'amour vient de Dieu » (1 Jean 4, 7), l'amour humain doit refléter cet amour divin et y participer; un amour divin qui est entièrement oubli de soi et ne cherche que le bien de l'autre. L'amour vrai est généreux et plein d'abnégation, il exige de « mourir à soi-même » afin d'aimer et de servir les autres, et c'était bien l'amour dont Mère Teresa était l'exemple. Dans une culture où l'on assimile exagérément l'« amour » à des sentiments plutôt qu'à un acte volontaire, au plaisir plutôt qu'au sacrifice, la vie et l'enseignement de Mère Teresa, modelés sur ceux du Christ, illustrent l'idéal chrétien de l'amour.

On demanda un jour à Mère Teresa, au cours d'une interview : « Pouvez-vous résumer ce qu'est vraiment l'amour ? » Elle répondit promptement : « Aimer, c'est donner. Dieu a tant aimé le monde qu'Il a donné Son Fils. Jésus a tant aimé le monde, nous a tant aimés, vous et moi, qu'Il a donné Sa vie. Et Il veut que nous aimions comme Il a aimé. Alors à présent, nous devons nous aussi donner jusqu'à en souffrir. Le véritable amour, c'est donner et donner jusqu'à en souffrir. »

Qui est Dieu ?

Dieu *est*[1].
Dieu est amour[2].
Dieu est partout[3].
Dieu est l'auteur de la vie[4].
Dieu est un Père aimant[5].
Dieu est un Père miséricordieux[6].
Dieu est tout-puissant et Il peut prendre soin de nous[7].
Dieu est amour et Dieu vous aime et Il m'aime[8].
Dieu est joie[9].
Dieu est la pureté même.
Dieu est avec nous[10].
Dieu est amoureux de nous.
Dieu est dans votre cœur[11].
Dieu est fidèle[12].

---

1. Exode 3, 14.
2. 1 Jean 4, 8 ; 4, 16.
3. Psaume 139, 7-10.
4. Jean 1, 1-4 ; Actes 3, 15.
5. Matthieu 6, 25-32.
6. Tobie 13, 4-6 ; Éphésiens 2, 4.
7. Sagesse 11, 21 ; Matthieu 6, 26.
8. Jean 16, 27 ; 1 Jean 4, 16.
9. Néhémie 8, 10 ; Jean 15, 11 ; 17, 13.
10. Matthieu 1, 23.
11. Romains 10, 8.
12. Deutéronome 7, 9 ; 32, 4 ; 1 Corinthiens 1, 9.

Dieu est amour, Dieu est joie, Dieu est lumière[13], Dieu est vérité[14].
Dieu est attentionné.
Dieu est tellement bon pour nous.
Dieu est tellement généreux.
Dieu est tellement soucieux de vous.
Dieu est un amant fidèle.
Dieu est un amant jaloux[15].
Dieu est tellement merveilleux[16].

*

Lorsque Dieu nous a créés, Il nous a créés par amour. Il n'y a aucune autre explication, car Dieu est amour. Et Il nous a créés pour aimer et être aimés. Si nous pouvions nous rappeler cela en permanence, il n'y aurait ni guerres, ni violence, ni haine dans le monde. Si beau. Si simple.

IL DOIT BIEN Y AVOIR UN DIEU, QUELQUE PART !

L'autre jour, un bénévole aux cheveux longs […] me parlait et il ne cessait de dire : « Je ne crois pas en Dieu. » Alors je lui ai dit : « Supposons qu'au moment-même où vous me parliez, vous ayez eu une crise cardiaque, […] pouviez-vous l'empêcher ? » Il a été tellement surpris qu'il a arrêté de répéter cette phrase. Il commençait à prendre conscience qu'au bout du compte, quoi que nous puissions

13. Jean 8, 12 ; 1 Jean 1, 5.
14. Jean 14, 6.
15. Deutéronome 4, 24.
16. Cette liste d'affirmations reflétant qui était Dieu pour Mère Teresa a été établie à partir de conférences qu'elle a données en diverses occasions.

dire, nous ne pouvons pas changer l'heure de notre mort. Quelques jours plus tard, j'ai entendu qu'après avoir beaucoup réfléchi, il commençait à émettre l'opinion plus réservée qu'il devait bien y avoir un Dieu, quelque part !

QUAND L'AMOUR EST LÀ, DIEU EST LÀ

Un homme m'a dit : « Je suis athée », mais il parlait d'amour de façon si belle. Mère[17] lui a dit : « Vous ne pouvez pas être athée si vous parlez d'amour d'une façon si belle. Quand l'amour est là, Dieu est là. Dieu est amour. »

L'AMOUR, PAS EN MOTS

Tout d'abord, Dieu nous a prouvé qu'Il nous aimait. Dieu a tant aimé le monde qu'Il a donné Son Fils Jésus[18]. Et Jésus vous a aimés, Il m'a aimée et Il S'est donné sur la Croix pour nous[19]. Il n'a pas eu peur de nous aimer et Il nous a aimés jusqu'à la fin[20]. Il a abandonné tout ce qui était beau pour devenir réellement semblable à nous, un être humain. Il était semblable à nous en toutes choses, à l'exception du péché[21]. Mais Il nous aimait tendrement. Et pour être sûr que nous comprenions Son amour, que nous n'oubliions pas qu'Il nous a aimés, Il Se fait l'affamé, le nu, le sans-logis. Et Il dit : « Ce que vous faites au plus petit d'entre Mes frères, c'est à Moi que vous le faites[22] », et Il nous explique ce que nous devons

---

17. Il était habituel pour Mère Teresa de parler d'elle-même à la troisième personne, comme c'est la coutume chez les sœurs en Inde.
18. Jean 3, 16.
19. Galates 2, 20.
20. Jean 13, 1.
21. Hébreux 4, 15 ; 2, 17-18.
22. Matthieu 25, 40.

faire et comment. Avant d'enseigner aux foules, Il a pris en pitié la multitude et Il les a nourris. Il a accompli un miracle. Il a béni le pain et Il a nourri cinq mille personnes[23]. C'est parce qu'Il aimait les gens. Il avait pitié d'eux. Il a vu la faim sur leur visage et Il les a nourris. Ensuite seulement, Il a commencé à prêcher. Ainsi, il est tellement merveilleux de penser que vous et moi, nous pouvons aimer Dieu. Mais comment, où ? Où est Dieu ?

Nous croyons qu'Il est partout. Nous croyons qu'Il vous a créés et qu'Il m'a créée, non pas seulement pour être un numéro dans le monde, mais Il nous a créés avec un dessein. Il y a une raison à notre présence. [...] Et cette raison, c'est d'aimer. Vous avez été faits pour aimer et être aimés. C'est pourquoi il est si mal de ne pas aimer. C'est la plus belle chose que l'être humain possède et puisse donner : l'amour. Pas en mots. Parce que nous sommes des êtres humains [et que] nous voulons voir, nous voulons toucher. C'est pourquoi les pauvres nous donnent bien plus que nous ne leur donnons, parce qu'ils nous donnent l'occasion d'aimer Dieu en eux. Lorsque je donne un morceau de pain à un enfant affamé, je crois ce que disait Jésus : « C'est à Moi que tu le donnes. » Et je le donne à cet enfant.

LA SOLLICITUDE AIMANTE DE DIEU

Il y a quelques semaines, j'ai fait l'expérience tout à fait extraordinaire de cette tendresse de Dieu pour le petit. Un homme est venu chez nous avec l'ordonnance d'un médecin. Il a dit que l'enfant était en train de mourir, son enfant unique était en train de mourir dans les bidonvilles de

23. Matthieu 14, 13-21 ; Jean 6, 1-14.

Calcutta et ce médicament ne pouvait se trouver nulle part en Inde. Il fallait le faire venir d'Angleterre. Alors que nous parlions, un homme est arrivé avec un panier de médicaments. Il avait fait le tour des familles et recueilli des médicaments à moitié utilisés pour nos pauvres (nous avons des dispensaires mobiles dans tous les bidonvilles de Calcutta et un peu partout, qui recueillent auprès des familles des médicaments à moitié utilisés et nous les apportent afin que nous les donnions aux pauvres). Cet homme est donc arrivé et sur le haut du panier se trouvait le médicament en question. J'ai eu du mal à y croire, car s'il s'était trouvé au milieu du panier, je ne l'aurais pas vu. S'il était arrivé plus tôt ou plus tard, je n'aurais pas fait le rapprochement. Debout devant ce panier, j'ai regardé ce flacon et j'ai pensé : « Il y a des millions et des millions et des millions d'enfants dans le monde ; comment Dieu a-t-Il pu se pencher sur ce petit enfant dans les bidonvilles de Calcutta ? Envoyer ce médicament, envoyer cet homme à ce moment précis, mettre ce médicament juste au-dessus du panier et envoyer la quantité exacte prescrite par le médecin ! » Voyez comme ce petit était précieux pour Dieu Lui-même. Comme Il était plein de sollicitude pour ce petit.

Il est notre Père

La tendresse de l'amour de Dieu… personne ne peut aimer comme Dieu. Il nous a faits à Son image. Il nous a faits. Il est notre Père.

PÈRE ET ENFANT

« Le Père m'aime, Il me veut, Il a besoin de moi. » C'est là notre confiance, notre joie, notre conviction. Tout peut arriver, l'impatience, les échecs, la joie, mais dites-vous bien : « Le Père m'aime. » Dieu a créé le monde entier, mais Il est notre Père. Dans la prière, imprégnez-vous intérieurement de cette conviction : Père et enfant.

PERSONNE NE NOUS GÂTE AUTANT QUE DIEU

On entend beaucoup dire dans le monde entier que Mère Teresa gâte les gens en leur donnant des choses gratuitement. Un jour, à Bangalore, lors d'un séminaire, une religieuse s'est levée et m'a dit au nom de tout le groupe : « Mère Teresa, vous gâtez les pauvres en leur donnant des choses gratuitement. Ils perdent leur dignité humaine. Vous devriez prendre au moins dix naya paisa[1] pour ce que vous leur

1. Équivalent de quelques centimes de dollar américain.

donnez, et là ils se sentiront plus dignes. » Une fois le silence revenu dans la salle, j'ai répondu calmement : « Personne ne gâte autant que Dieu lui-même. Voyez les dons merveilleux qu'Il nous a offerts gratuitement. Vous tous qui n'avez pas de lunettes, vous voyez pourtant. Dites-moi, si Dieu vous faisait payer pour vous donner la vue, que se passerait-il ? Nous dépensons tellement d'argent pour Shishu Bhavan[2], afin d'acheter l'oxygène qui sauve des vies, pourtant nous respirons et nous vivons d'oxygène en permanence sans rien payer pour cela. Que se passerait-il si Dieu disait : "Si vous travaillez quatre heures, vous aurez du soleil pendant deux heures." Combien d'entre nous survivraient ? » Puis je leur ai dit aussi : « Il y a de nombreuses congrégations qui gâtent les riches, donc il est bon qu'il y ait une congrégation au nom des pauvres, pour gâter les pauvres. » Il y a eu un profond silence ; personne n'a ajouté un mot après cela.

LA SOLLICITUDE DE DIEU

Un jour au tout début, nous n'avions pas de riz pour le dîner et puis une dame est arrivée et nous a apporté du riz. Elle a dit qu'elle rentrait du bureau : « Et quelque chose en moi m'a dit qu'il fallait que j'aille voir Mère Teresa pour lui apporter du riz. » Et donc elle a apporté du riz. Je lui ai dit : « Excusez-moi, je vais le mesurer et ensuite je vous dirai. » C'était exactement la quantité dont nous avions besoin pour notre dîner, ni plus ni moins, pas même cent grammes [de différence]. J'ai dit à la dame ce qui s'était passé et elle s'est mise à pleurer. Elle était hindoue, et elle a dit : « Dire que Dieu S'est servi de moi, qu'Il a parlé dans mon cœur ! Dans

2. Foyer des Missionnaires de la Charité pour les enfants abandonnés.

le monde entier, il y a des millions et des millions de gens, il y a des millions de gens rien qu'en Inde, et la sollicitude de Dieu pour Mère Teresa. » Son tendre amour, vous devez en faire l'expérience [...] même quand c'est difficile, même quand il y a de la souffrance, quand il y a de l'humiliation.

Le silence

Si nous parlons tout le temps, nous ne pouvons pas prier. Jésus n'est pas présent en moi. Nous devons garder le silence. Lorsqu'une personne garde vraiment le silence, elle est sainte.

DIEU PARLE DANS LE SILENCE

Dans le silence du cœur, Dieu parle et c'est à ce moment qu'Il vous parlera. Pour être capable d'écouter, il vous faut être comme un petit enfant. Essayez d'avoir une dévotion particulière pour la Petite Thérèse[1]. Elle comprenait très bien l'Évangile. Elle se rendait compte qu'elle devait se faire petit enfant. Lisez sa vie. Vous n'y trouverez rien de vraiment spécial, rien d'extraordinaire, mais ce qui est frappant, c'est cette fidélité dans les petites choses faites avec un grand amour ; cette fidélité au silence.

ÉCOUTER LA VOIX DE DIEU

L'écoute est le début de la prière et ce que nous écoutons est la voix de Dieu, Dieu qui ne peut nous tromper ni être trompé. Ainsi, si nous gardons le silence, le silence ne peut

---

1. Sainte Thérèse de l'Enfant-Jésus et de la Sainte-Face, également connue sous le nom de sainte Thérèse de Lisieux (1873-1897).

pas être corrigé[2] ; si nous parlons, si nous répondons, nous commettons des erreurs.

Dans le silence du cœur, Dieu parle ; laissons Dieu nous remplir, et ensuite seulement parlons. Souvent, nous prononçons des paroles peu charitables. Elles viennent de nous, de notre cœur et non de Dieu qui parlerait à travers nous, parce que nous n'écoutons pas Dieu.

*

Si vous voulez savoir combien vous aimez Jésus, inutile de poser la question à quelqu'un d'autre : vous êtes assez grandes. Dans la sincérité de votre cœur, vous le saurez vous-mêmes, si vous pratiquez le silence. [...] Essayez d'être seules. Essayez de garder ce silence vraiment très profond afin de vous débarrasser de l'amertume et de la haine.

EMPLIE DE SILENCE

Je pense que c'est très important, cette union avec Dieu. Vous devez être emplies de silence, car, dans le silence du cœur, Dieu parle. Un cœur vide, Dieu le remplit. Même Dieu Tout-Puissant ne peut remplir un cœur plein – plein d'orgueil, d'amertume, de jalousie ; nous devons renoncer à ces sentiments. Tant que nous nous y accrochons, Dieu ne peut pas le remplir. Silence du *cœur*, pas seulement de la bouche – qui est aussi nécessaire – mais plus encore, ce silence de l'esprit, silence des yeux, silence du toucher. Alors vous pouvez L'entendre partout : dans le bruit d'une porte qui se ferme, dans la personne qui a besoin de vous, dans le

2. Ce qui signifie : si vous gardez le silence, vous ne ferez pas d'erreur (et donc on ne pourra pas vous corriger).

chant des oiseaux, dans les fleurs, les animaux – ce silence qui est émerveillement et louange. Pourquoi ? Parce que Dieu est partout et que vous pouvez Le voir et L'entendre. Ce corbeau chante les louanges de Dieu ; j'entends bien sa voix. Ce corbeau dénué d'intelligence... Nous pouvons Le voir et L'entendre dans ce corbeau et prier, mais nous ne pouvons ni Le voir ni L'entendre si notre cœur n'est pas pur.

SEULES AVEC JÉSUS

Je veux que vous passiez votre temps à être seules avec Jésus. Que signifie être seule avec Jésus ? Cela ne veut pas dire rester seule avec ses propres pensées. Non, mais même au milieu de votre travail et des gens, vous reconnaissez *Sa présence*. Cela veut dire que vous savez qu'Il est proche de vous, qu'Il vous aime, que vous êtes précieuse à Ses yeux, qu'Il est amoureux de vous. Il vous a appelée et vous Lui appartenez. Si vous savez cela, vous serez bien partout ; vous serez capable d'affronter n'importe quel échec, n'importe quelle humiliation, n'importe quelle souffrance, si vous prenez conscience de l'amour personnel que Jésus a pour vous et que vous avez pour Lui. Ni rien ni personne[3] ! Sans quoi, vous serez tellement préoccupée par des choses sans importance que vous deviendrez peu à peu une sœur brisée. [...] Cela ne vaut pas la peine de quitter son père, sa mère et sa maison, si nous ne sommes pas tout à Jésus.

LE BESOIN DE SILENCE

Le silence du cœur... si nous n'avons pas ce silence, nous pourrons dire beaucoup de prières, mais elles ne viendront

3. Romains 8, 35-38.

pas du cœur. [Nous] avons besoin de ce silence intérieur, de cette pureté, [...] d'un amour sans partage pour le Christ, avant d'être capable de donner aux sœurs. [...] Les gens dans le monde aussi gardent souvent ce silence. Nous ne pouvons acquérir ce silence que par la pureté du cœur et le sacrifice.

LE PARDON PRÉCÈDE LE SILENCE

Et il ne peut pas y avoir de réel silence dans mon cœur s'il y a quelque chose que je ne pardonne pas, s'il y a quelque chose que je n'oublie pas. Cela me préoccupe et donc je ne peux pas entendre. [...] Comment puis-je entendre ce que Dieu me dit s'il y a quelque chose dans mon cœur ?

UN SIGNE D'UNION AVEC DIEU

Nous devons prier, nous devons vraiment faire entrer Notre-Dame pleinement dans notre vie, car c'est elle qui nous a appris comment trouver Jésus. Et comment a-t-elle trouvé Jésus ? En étant seulement la servante du Seigneur. Elle a été surprise quand [l'ange] l'a appelée « pleine de grâce[4] ». Elle n'a pas compris et pourtant elle a compris d'une belle manière quand elle a dit : « Je suis la servante du Seigneur[5] », et elle l'est restée. Elle aurait pu aller [le raconter] partout, mais elle ne l'a même pas dit à saint Joseph. Le pauvre saint Joseph n'a su qu'à la fin. Elle ne pouvait rien dire... la servante, ce silence. Parce que Dieu parle dans le silence de notre cœur. Et Notre-Dame connaissait ce silence et, parce qu'elle connaissait ce silence, elle a été capable d'aimer du trop-plein de son cœur ; et c'est ce

4. Luc 1, 28.
5. Luc 1, 38.

que les jeunes veulent voir : ce silence. Le silence est un signe de notre union avec le Christ, de notre abandon à Lui, de notre appartenance totale à Lui, et pour que grandissent les vocations, nous devons leur apprendre ce silence. Parce que [...] nous avons besoin de ce silence pour apprendre à prier. [...] Les jeunes veulent apprendre à prier. Non pas dans le bruit, mais ils veulent prier dans le silence de leur cœur ; [nous devons leur] apprendre à entendre cette voix, à entendre Dieu dans leur cœur. Et donc ils veulent voir ce qu'est notre silence. Ils doivent apprendre ce silence en nous voyant, en étant avec nous, et, comme nous le savons, le silence ne peut pas non plus être corrigé. Il est tellement beau. Je vois ces jeunes pendant notre adoration (nous avons une heure d'adoration quotidienne). J'ai vu ces gens, ces jeunes sœurs, ces jeunes « qui viennent voir[6] », être vraiment et complètement unis à Jésus [...] parce que leur cœur a compris : « Tu es précieux pour Moi, tu es à Moi. »

PRENONS-NOUS LE TEMPS ?

Aujourd'hui, Dieu continue à nous appeler, vous et moi, mais est-ce que nous écoutons ? « Je t'ai choisi. Ce n'est pas toi qui M'as choisi[7]. » Avons-nous entendu Sa voix dans le silence de notre cœur ? Prenons-nous le temps de « rester tranquille et savoir [qu'Il est] Dieu[8] » ?

Car Dieu ne peut être entendu au milieu du tumulte et des clameurs du monde. Prenons-nous le temps de prier dans

---

6. *Come and sees* en anglais. Il s'agit des jeunes filles qui se sentent appelées à devenir m.c. mais qui ne sont pas encore entrées officiellement dans la congrégation comme aspirantes. *NdT.*
7. Jean 15, 16.
8. Psaume 46, 10.

notre journée ? L'aimons-nous suffisamment pour vouloir écouter Son appel à tout quitter et à Le suivre dans la liberté de la pauvreté, avec un amour sans partage dans la chasteté et à travers un abandon total dans l'obéissance ? Du haut de la Croix, Jésus s'écrie : « J'ai soif[9]. » Il avait soif des âmes alors même qu'Il était accroché là, mourant, seul, méprisé. Qui Lui apportera ces âmes pour apaiser cette soif du Dieu infini qui meurt d'amour ? Pouvons-nous, vous et moi, continuer à rester là, en simples spectateurs ? Ou bien passer notre chemin sans rien faire ?

*

Je m'appliquerai davantage à faire silence dans mon cœur afin de pouvoir entendre Ses paroles de réconfort dans le silence de mon cœur, et du trop-plein de mon cœur, je réconforte Jésus sous le déguisement désolant du pauvre.

*

Notre-Dame méditait Ses paroles dans son cœur. [...] Nous aussi, comme elle, nous devons apprendre que ce silence nous permettra de méditer Ses paroles dans notre cœur et grandir ainsi dans l'amour. Nous ne pouvons ni aimer ni servir si nous n'apprenons pas à méditer dans notre cœur. Connaître le Christ et Le reconnaître dans Ses pauvres nous mènera à l'amour personnel. Cet amour seul peut devenir notre lumière et notre joie dans le service joyeux les uns des autres.

---

9. Jean 19, 28.

CARTE DE VISITE

Le fruit du silence est la prière.
Le fruit de la prière est la foi.
Le fruit de la foi est l'amour.
Le fruit de l'amour est le service.
Le fruit du service est la paix.

Quelle bonne carte de visite ! Elle fait réfléchir les gens. Certains la tiennent en main et la lisent encore et encore. Parfois, ils me demandent de leur expliquer. Mais vous voyez, tout commence avec la prière qui naît dans le silence de notre cœur. Entre vous, et avec les sœurs et frères, vous pouvez partager vos expériences au sujet du besoin de prier, la manière dont vous y êtes parvenus, et quel a été le fruit de la prière dans votre vie.

Si vous avez faim d'entendre la voix de Dieu, vous entendrez. Pour entendre, il faut supprimer tout le reste.

La prière

Qu'est-ce que la prière ? Pour moi, la prière, c'est ne faire qu'un avec Dieu.

UN CŒUR PUR VOIT DIEU

Nous avons besoin de prier, car la prière donne un cœur pur et un cœur pur voit Dieu dans chaque personne. Si nous voyons Dieu dans les autres, naturellement, nous nous aimerons les uns les autres comme Dieu aime chacun de nous. L'amour engendre la paix. Les œuvres d'amour sont des œuvres de paix.

NOS FONDATIONS

Si notre vie est sans prière, elle est comme une maison sans fondations. L'autre jour, j'ai vu un bâtiment de dix étages, magnifique, complètement terminé, qui a dû être démoli parce que les fondations étaient prévues pour un bâtiment d'un seul étage. Ils ont été obligés de le démolir ; alors que tout l'intérieur était déjà peint et tout, mais il a fallu le démolir. Faisons en sorte que notre vie de prière soit les fondations, le commencement. Mais ensuite, cet abandon total et cette confiance aimante, ce sont les étages qui nous aident à grimper plus près, plus près. Dans notre cheminement, la première chose, c'est ce cœur pur et cette union réelle, cet attachement complet au Christ. Sans cela, c'est comme de construire un immeuble de dix étages sur des fondations prévues pour un seul étage. Et que se passe-t-il ? Cela s'effondre.

SOYEZ UNE ÂME DE PRIÈRE

Une Missionnaire de la Charité doit être une âme de prière. Si nous n'apprenons pas à prier au noviciat, toute notre vie nous serons comme handicapées. Donc, faites cela, écoutez Dieu parler dans votre cœur, faites silence avec votre langue, vos yeux, vos pieds (ne faites pas de bruit).

LA PRIÈRE, C'EST ÊTRE UNI À DIEU

Pour prier, nous avons besoin d'un cœur pur. La prière, c'est être uni à Dieu. Pourquoi Marie a-t-elle été choisie ? Parce que son cœur était pur, et la prière vous donnera toujours un cœur pur. Souvent, pendant la journée, ressentez le besoin de prier (quand vous faites la lessive, que vous étudiez) – cette union avec Jésus. Plus vous prierez, plus vous aimerez prier.

LA PRIÈRE EST UNION

La prière ne peut s'allumer ou s'éteindre avec un interrupteur. La prière est union. Il n'est pas possible d'avoir une plénitude d'attention, mais une plénitude d'intention [oui]. Pour qui ? Cet acte d'amour, c'est une petite chose.

APPRENDRE PAR LA PRIÈRE

Il n'y a aucun moment qui ne soit pas destiné à apprendre. Comment apprenons-nous ? Par la prière. Nous parlons avec

Dieu ; nous écoutons, puis nous parlons : c'est la prière. Si nous n'avons pas écouté, nous n'avons rien à dire. Donc nous devons prendre la peine d'écouter. Pour cela, nous avons besoin du silence de l'esprit, du silence du cœur, silence des yeux, silence des mains. [...]

Il est merveilleux d'apprendre à prier, car la prière nous donne toujours un cœur pur. Sans un cœur pur, vous ne pourrez pas parler à Dieu. Un cœur pur verra Dieu[1] et si nous voyons Dieu, nous pouvons obéir. Saint Ignace, ce grand homme, a dit : « Le son de la cloche est la voix de Dieu. » Il entendait Dieu lui dire : « Viens. » Et il obéissait, car il voyait la volonté de Dieu. Qui est celle qui a le mieux obéi ? Notre-Dame ! Elle a dit : « Je ne comprends pas, mais j'obéis. »

PRIEZ VOS PRIÈRES

Il n'est pas suffisant de *dire* ses prières, il faut *prier* ses prières ; prier avec l'esprit et le cœur. Faites attention à qui vous vous adressez, faites très attention à qui vous vous adressez précisément (à Jésus, à Notre-Dame, à Dieu, à votre ange gardien ou aux saints) parce qu'ils vous écoutent. Vous pouvez vous adresser à n'importe quel saint. Ils attendent : « Que va-t-elle dire ? » Immédiatement, vous obtenez la réponse si la prière est une vraie prière et si elle vient du cœur et alors des miracles se produisent. Et alors, vous êtes surprises de ce qui se passe : « C'est un miracle ! »

L'important n'est pas de dire ses prières, mais de prier ses prières. Prier avec le cœur, l'esprit, l'âme, du fond de son cœur. Dire ses prières, c'est simplement prononcer des mots, mais pas dans votre cœur. La prière est un cœur à cœur avec

1. Matthieu 5, 8.

Jésus. Si c'est [à] Marie, un cœur à cœur avec Marie, ou avec votre ange gardien, mais ce doit être un cœur à cœur.

LE SAINT-ESPRIT

J'ai lu quelque chose de très simple au sujet de la prière, [...] pas une grande explication théologique de la prière, mais juste quelque chose de très simple : la manière dont priait peut-être Marie, dont priait saint Joseph, dont prie notre ange gardien. Nous avons tous un ange gardien et il prie pour nous tout le temps, il intercède pour nous. Demandez à votre ange gardien de vous apprendre à prier. Et surtout, demandez au Saint-Esprit de prier en vous. Demandez à l'Esprit de venir en vous pour prier. [...] Apprenez à prier, aimez prier, et priez souvent. Ressentez le besoin de prier et de vouloir prier.

EMPLIES DE PRIÈRE

Soyez emplies de prière. C'est un beau don. Priez pour que nos pauvres se servent de leur pauvreté pour grandir en sainteté ; donc priez avec eux et pour eux et priez toujours pour que vous-mêmes grandissiez dans cette sainteté pour laquelle Notre Seigneur vous a créées. Il est désormais nécessaire de la faire nôtre afin de vraiment, vraiment aimer la prière, afin de répandre Son amour, Sa compassion, Sa présence partout où nous allons. Le silence est un temps pour parler avec Jésus. Plus nous sommes silencieuses, plus nous devenons proches de Jésus, et plus nous sommes semblables à Jésus, plus nous devenons saintes. Donc, approfondissez votre union avec Lui par votre vie de prière. Prions et demandons à Notre-Dame de prier pour que nous devenions saintes. Si nous savons prier, si nous savons parler à Jésus, nous sommes sûres de devenir saintes.

OÙ VAS-TU ?

Souvent, souvent, souvent, nous parlons beaucoup de prière ; beaucoup de livres ont été écrits sur la prière. Saint Ignace [dit qu'au début] de la prière, [il faut se demander] : Où vas-tu ? Devant qui te places-tu ? Parfois on se dépêche, on se dépêche. C'était un maître de la prière. Il n'a pas écrit beaucoup au sujet de la prière, sauf de petites choses : arrêtez-vous une seconde avant de prendre l'eau bénite, dites le bénédicité avant les repas ; toutes ces choses sont de petites choses et bien que certaines sœurs aient de grandes idées sur la prière, ce sont pourtant ces petites choses délibérées qui aident au silence du cœur et de l'esprit. Un très grand théologien, en venant chez nous, a vu l'eau bénite et a déclaré : « Ce doit être une communauté fervente, car il y a de l'eau bénite. » Même chose lorsque nous entendons la cloche le matin et les premières paroles que nous prononçons le matin, la première personne à qui nous nous adressons le matin. Les hindoues, elles portent cette *tikka*[2] ; elles la portent pour sa beauté, mais elle a une immense signification : « Centrée sur Dieu. »

MÉDITATION

La méditation, c'est parler à Jésus. Il ne s'agit pas juste de penser, sans quoi on est juste comme un philosophe, qui ne

2. Le point ou *bindi*, en général rouge, porté par les femmes hindoues sur le front en signe d'observance religieuse et traditionnellement symbole du mariage.

fait que penser. Il faut faire sienne la Parole de Dieu. C'est une profonde conversation intime avec Jésus. Vous devez L'entendre et Il doit vous entendre.

VOTRE TRÉSOR

Parfois, lorsque vous êtes en train de prier, votre esprit et votre cœur sont très loin, et alors vous ne priez pas du tout. Où vont votre esprit et votre cœur ? Là où est votre trésor, là aussi est votre cœur[3]. Dès que vous vous levez le matin, est-ce que votre esprit et votre cœur vont immédiatement à Jésus ? C'est cela, la prière : tourner son esprit et son cœur vers Dieu. Dans les moments difficiles, dans les peines, dans les souffrances, dans les tentations, et en toutes choses, vers quoi votre esprit et votre cœur se sont-ils tournés en premier ?

EN UNION AVEC LA PAROLE

Voici ce qu'un frère de la Parole doit être : en union complète avec la Parole de Dieu. Et cette Parole de Dieu que vous recevez dans la prière, dans l'adoration, dans la contemplation, dans cette solitude avec Dieu, cette même Parole, il vous faut la donner aux autres. Une chose réelle : laissez Dieu devenir chair tout au long de la journée, pendant votre méditation, pendant la Communion, pendant la contemplation, pendant l'adoration, pendant le travail en silence, et ensuite, cette parole en vous, donnez-la aux autres. C'est pourquoi il est nécessaire que la Parole vive en vous, que vous compreniez la Parole, que vous aimiez la Parole, que vous viviez la Parole. Vous ne serez pas en mesure de donner

3. Matthieu 6, 21 ; Luc 12, 34.

cette Parole à moins de l'avoir ici. Et pour l'avoir, un amour continuel et sans partage est nécessaire.

PAS DE COMPLICATIONS

Où puis-je apprendre à prier ? Jésus nous a appris à prier : « Priez ainsi : Notre Père [...]. Que Votre volonté soit faite [...]. Pardonnez-nous nos offenses comme nous pardonnons[4]. » C'est tellement simple et pourtant tellement beau. Cette prière traverse chaque journée de notre vie. Si nous prions le Notre Père et que nous le vivons, nous serons saintes. Tout y est : Dieu, moi-même, mon prochain. Si je pardonne, alors je peux être sainte et je peux prier. [...] Tout ceci vient d'un cœur humble et si nous avons cela, nous saurons comment aimer Dieu, nous aimer nous-mêmes et aimer notre prochain. Vous voyez en cela un amour simple pour Jésus. Il n'y a pas de complications ; et pourtant nous compliquons tellement nos vies par tant d'ajouts. Une seule chose compte : être humble, prier. Plus on prie, mieux on prie. Comment prie-t-on ? Il faut aller vers Dieu comme un petit enfant. Un enfant n'a pas de difficultés à exprimer ses petites idées avec des mots simples, ils expriment tant ! Jésus a dit à Nicodème : « Redeviens petit enfant[5]. » Si nous prions l'Évangile, nous permettrons au Christ de grandir en nous.

QUAND NOUS NE POUVONS PAS PRIER

Et quand il arrive un moment où nous ne pouvons pas prier, c'est très simple : si Jésus est dans mon cœur, je Le

4. Matthieu 6, 9-15.
5. Matthieu 18, 3 ; Jean 3, 3-8.

laisse prier, je Lui permets de prier en moi, de parler à Son Père dans le silence de mon cœur. Si je ne peux pas parler, Il parlera ; si je ne peux pas prier, Il priera. C'est pourquoi nous devrions souvent dire : « Jésus dans mon cœur, je crois en Votre amour fidèle pour moi. » Et souvent nous devrions être dans cette union avec Lui et Le laisser faire et lorsque nous n'avons rien à donner, donnons-Lui ce rien. Lorsque nous ne pouvons pas prier, donnons-Lui cette incapacité. [...] Laissons-Le prier le Père en nous. Demandons-Lui de prier en nous, car personne ne connaît le Père aussi bien que Lui. Personne ne peut prier mieux que Jésus. Et si mon cœur est pur, si dans mon cœur il y a Jésus, si mon cœur est un tabernacle du Dieu vivant qui sanctifie dans la grâce, Jésus et moi ne faisons qu'un. Il prie en moi, Il pense en moi, Il travaille avec moi et à travers moi, Il Se sert de ma langue pour parler, Il Se sert de mon cerveau pour penser, Il Se sert de ma main pour Le toucher dans le corps brisé.

Et pour nous, il y a le don précieux de la Communion chaque jour. Ce contact avec le Christ est notre prière. Cet amour pour le Christ, cette joie en Sa présence, cet abandon à Son amour est notre prière. Car la prière n'est rien d'autre que l'amour, un abandon total, une union complète.

CE QUE JÉSUS NOUS A APPRIS

Le plus important, c'est d'apprendre à prier. Très étrange : Jésus n'est pas entré dans de longues discussions, dans un langage sophistiqué, mais Il a dit : « Quand vous priez, priez ainsi : *Notre Père...* » – cette union intime avec le Père. Il était si intimement uni à Lui qu'Il voulait être comme Lui. Encore et encore ce mot simple et beau : *Père*. « Mon Père » – même les petits enfants peuvent le dire. Nous inventons toutes sortes de difficultés dans notre prière. Revenons à ce que Jésus nous a enseigné : une prière simple et intime – « Notre Père ». Évitez tout ce qui vous entraîne loin de cela, afin que, dans votre enseignement, dans votre vie, vous puissiez L'entendre dans tout ce qu'Il dit et faire la volonté du Père. Pour cela, il nous faut un cœur pur.

LE FRUIT DE LA PRIÈRE

Le fruit de la prière est un approfondissement de la foi, et le fruit de la foi est l'amour ; et le fruit de l'amour est le service, sous quelque forme que ce soit, même dans notre famille. L'amour commence à la maison. Et comment commence-t-il ? En priant ensemble ; car la famille qui prie ensemble, reste ensemble. Et si vous restez ensemble, vous aimerez Dieu comme Il vous aime. Vous vous aimerez les uns les autres comme Il vous aime. Quelle merveilleuse pensée, que Dieu m'aime, et que je peux vous aimer, et que vous pouvez m'aimer, comme Il nous aime. Quel merveilleux don de Dieu !

PRIEZ POUR AVOIR LA FOI

Rappelons-nous que Jésus faisait toujours l'éloge de la foi des gens[6]. Donc souvent, pendant la journée, nous prierons : « Jésus dans mon cœur, augmentez ma foi, fortifiez ma foi. Laissez-moi vivre cette foi par une obéissance vivante et humble. »

---

6. Matthieu 8, 10 ; 15, 28 ; Luc 5, 20 ; 7, 9 ; Marc 2, 5.

L'amour commence avec Dieu

L'amour, pour être vrai, doit commencer avec Dieu dans la prière. Si nous prions, nous serons capables de servir et donc, aujourd'hui, promettons toutes que nous donnerons nos mains pour servir les pauvres. Que nous donnerons nos cœurs pour les aimer, car eux aussi ont été créés pour de plus grandes choses ; ce sont des gens admirables, les pauvres.

« IL EST BON QUE NOUS SOYONS ICI »

Êtes-vous vraiment amoureuses de Lui, avec cet amour intime pour Lui, cet attachement personnel, comme saint Pierre ? « Il est bon que nous soyons ici[1]. » Est-il bon pour vous d'être avec Lui ?

VOTRE MAIN DANS SA MAIN

Mettez votre main dans la main de Jésus. Marchez seule avec Lui jusqu'au bout. Nous essayons de tenir autre chose – nous sommes des êtres humains ; c'est pour cela que les gens ont besoin de tenir quelque chose, c'est pour cela que nous tenons la main de Jésus.

---

1. Matthieu 17, 4 ; Marc 9, 5 ; Luc 9, 33.

CONNAISSONS-NOUS CET AMOUR ?

[Jésus] ne se plaignait pas des grands pécheurs. Il ne se plaignait pas des gens qui font des choses mauvaises. Il se plaignait des gens comme vous et moi, des chrétiens, qui devraient se reconnaître à cet amour des uns pour les autres[2]. Les chrétiens, vous et moi, le tabernacle du Dieu vivant – vous et moi qui Le recevons peut-être quotidiennement dans la Communion. Et Il a dit très clairement « Mes petits à moi ». Vous et moi sommes à Lui. Connaissons-nous cet amour? Avons-nous l'expérience de la joie d'aimer le Christ? Avons-nous l'expérience d'aimer les autres comme le Christ nous aime, vous et moi? Aussi, prions. Prions pour que chaque famille devienne une nouvelle Nazareth où adviennent la prière, la joie, l'amour et la paix; et s'il y a la paix, la joie, l'amour et la prière dans une famille, il y aura la sainteté.

RIEN NE NOUS SÉPARERA

La mère de Jésus nous aime tendrement. Parce qu'elle sait que nous appartenons à son Fils, qu'Il nous a choisis pour Lui-même. [Rappelons-nous] les paroles d'Isaïe au chapitre 43, lorsqu'il dit: « Je t'ai appelé par ton nom, tu es à Moi. Les eaux ne te submergeront pas, la flamme ne te brûlera pas. Je donnerai des nations pour toi. Tu M'es précieux. Je t'aime[3]. » C'est ce que dit Dieu à chacun d'entre nous. Nous Lui sommes précieux. Il nous aime. Et parce qu'Il nous a gravés dans la paume de Sa main[4], rien ne nous séparera jamais de l'amour du Christ, parce que nous Lui sommes précieux. Il nous aime.

---

2. Jean 13, 35.
3. Isaïe 43, 2-4.
4. Isaïe 49, 16.

L'amour est un don

Car Dieu a tant aimé le monde, tant aimé, qu'Il a donné Son Fils[1]. L'amour est une rue à sens unique. Il s'écarte en permanence du « soi » pour aller vers l'autre. L'amour est le don ultime de soi aux autres. Lorsque nous cessons de donner, nous cessons d'aimer ; lorsque nous cessons d'aimer, nous cessons de grandir et, à moins de grandir, nous n'atteindrons jamais l'épanouissement personnel ; nous ne nous ouvrirons jamais pour recevoir la vie de Dieu. C'est à travers l'amour que nous rencontrons Dieu.

UN DON

La charité est amour, c'est donner : comme Dieu aimait le monde, Il a donné Son Fils ; Jésus aimait le monde, Il a donné Sa vie et Il a dit : « Aimez-vous les uns les autres comme je vous ai aimés[2] », donc si nous nous aimons vraiment les uns les autres, nous devons donner jusqu'à en souffrir. C'est donner. C'est un amour bienveillant, qui comprend la faiblesse humaine, la misère humaine, la joie humaine, le bonheur humain et les accepte. [...] Très difficile à expliquer... il est plus facile de vivre et de partager. [...]

1. Jean 3, 16.
2. Jean 13, 34 ; 15, 12.

C'est pourquoi nous avons besoin d'un cœur pur pour être capables de le comprendre, [...] vous devez être capables d'aimer pour être capables de faire. Et avec Dieu, ce n'est pas la quantité de ce que vous donnez [qui compte], mais l'amour que vous mettez à le faire, et cet amour pour Dieu en acte est le service des pauvres ou le service de la famille. [...] Cela aussi peut vous sanctifier si vous le faites avec amour.

« NOUS VOULIONS PARTAGER LA JOIE D'AIMER »

[Un jeune couple hindou] est venu à notre maison. Ils m'ont donné beaucoup d'argent et je leur ai demandé : « Où avez-vous eu tout cet argent ? » et ils ont répondu : « Il y a deux jours, nous nous sommes mariés, mais nous avions décidé avant le mariage de ne pas acheter de vêtements de noces et de ne pas faire de banquet de mariage et de vous donner l'argent. » Je les ai regardés et je leur ai dit : « Mais comment ? Dans nos familles hindoues, cela ne se fait pas, pourquoi avez-vous fait [cela] ? » Et la réponse qu'ils m'ont donnée, je ne pourrai jamais l'oublier : « Mère, nous nous aimions tant que nous voulions partager la joie d'aimer avec les gens que vous servez. » Et pour des gens riches comme ils l'étaient tous les deux, elle avait un sari ordinaire, un sari en coton comme le mien. Et il avait des vêtements ordinaires. La seule chose qu'ils avaient, c'était leur alliance, rien d'autre. Elle aurait pu avoir un sari à 1 000 roupies et elle avait un sari à 40 roupies. Donc vous pouvez imaginer le sacrifice que ces jeunes gens ont fait pour partager la joie d'aimer. C'est pourquoi votre vocation est si grande : vous pouvez partager la joie d'aimer en permanence à chaque fois que vous prenez soin des malades.

CE N'EST PAS L'ARGENT QUI COMPTE

Hier, un riche Hollandais est venu et il m'a dit: « J'ai beaucoup d'argent. » Il a été choqué de m'entendre répondre: « Je n'ai pas besoin de votre argent. » Il m'a juste regardée. Il s'attendait à ce que je saute de joie et que je me mette à faire une liste des endroits où nous avons besoin d'argent pour ceci ou cela. Puis il a dit: « Mais je veux faire quelque chose. » Ensuite, bien sûr, je lui ai donné l'adresse de nos sœurs en Tanzanie, où les gens meurent de faim. [...] Lorsque je lui ai donné cette adresse, j'ai vu la joie sur son visage. D'abord il y avait eu la surprise, et ensuite la joie. Il faut que nous montrions aux gens que ce n'est pas leur argent qui compte, mais le fait de donner.

Cet homme qui était venu me voir a dit: « J'ai une grande maison en Hollande. Voulez-vous que j'y renonce? » J'ai dit: « Non. – Voulez-vous que je continue à habiter dans cette maison? » J'ai dit: « Oui. – J'ai une grosse voiture. Voulez-vous que j'y renonce à la place? » J'ai dit: « Non. Mais ce que je veux que vous fassiez, c'est que vous rentriez chez vous et que vous voyiez certaines des nombreuses personnes esseulées qui vivent en Hollande. Puis, de temps à autre, je veux que vous en invitiez quelques-unes à la fois chez vous. Amenez-les dans votre grosse voiture et laissez-les profiter quelques heures de votre belle maison. Alors, votre grande maison va devenir un foyer d'amour, plein de lumière, plein de joie, plein de vie. » Il a souri et il a dit qu'il serait très heureux d'inviter ces personnes chez lui, mais qu'il voulait renoncer à quelque chose dans sa vie. Donc je lui ai suggéré ceci: « Quand vous allez au magasin vous acheter un nouveau costume ou des vêtements, ou quand quelqu'un se charge de les acheter pour vous, au lieu d'acheter le meilleur qui coûterait cinquante-cinq dollars, achetez-en plutôt un à cinquante dollars et utilisez l'argent restant pour acheter quelque chose pour quelqu'un d'autre, ou, mieux encore, pour les pauvres. » Lorsque j'ai eu fini de dire ça, il a eu l'air vraiment stupéfait et s'est exclamé : « Oh, c'est comme cela qu'il faut faire, Mère ? Je n'y avais jamais pensé. » Quand il est finalement parti, il avait l'air si heureux et si plein de joie à l'idée d'aider nos sœurs, et il prévoyait déjà d'envoyer des choses dès son retour en Hollande.

II

Jésus

Invitée à s'exprimer sur le fait que beaucoup de gens ont aujourd'hui du mal à accepter pleinement la présence du Christ, Mère Teresa donna à celui qui l'interrogeait une réponse simple et franche : « C'est parce que vous ne Le connaissez pas. » On ne pouvait certes pas en dire autant d'elle-même.

Jésus se trouvait sans conteste au centre de son existence, comme quiconque la connaissait bien peut en témoigner. Le Fils de Dieu incarné n'était pas un concept, un Être lointain ou une image au mur, mais une réalité vivante, une Personne qu'elle connaissait et avec laquelle elle entretenait une amitié profonde et intime. Elle aimait Jésus avec « toute la puissance d'un cœur de femme », au point qu'elle désirait « L'aimer comme Il n'a jamais été aimé ». C'est elle qui décrit le mieux le caractère intime et total de cette relation : « Pour moi, Jésus est mon Dieu. Jésus est mon Époux. Jésus est ma Vie. Jésus est mon seul Amour. Jésus est mon Tout en Tout. Jésus est Tout pour moi. » Il occupait la première place dans son existence et « ni rien ni personne » n'aurait pu la séparer de Lui.

Mère Teresa chercha à comprendre, apprécier et imiter les différents aspects de la vie de Jésus sur terre. Ainsi, l'existence simple et cachée que le Fils de Dieu s'était choisie en Se faisant homme ne cessa jamais de l'inspirer. Cette vie à Nazareth, une obscure bourgade, ce travail d'humble charpentier qui le vit pendant trente ans accomplir les gestes ordinaires de la vie quotidienne par obéissance à la volonté de Son Père et en Se soumettant à Ses propres créatures, révélaient combien Dieu était proche de nous et combien l'ordinaire avait de la valeur. Une vie d'humilité et de simplicité, de service silencieux et dévoué dans l'obéissance à la volonté de Dieu : voilà ce qu'elle s'efforça d'imiter.

Durant Sa courte vie publique, Jésus alla « faisant le bien » (Actes 10, 38). L'apostolat de Mère Teresa en tant que Missionnaire de la Charité fut de suivre l'exemple de Jésus, en particulier dans Son amour de prédilection pour les pauvres et Son amour miséricordieux pour les pécheurs. Par ses œuvres d'amour pour les plus défavorisés, elle prit part à la mission que le Christ avait confiée à Son Église et qui s'était réalisée à travers différents charismes[1] au fil des siècles.

De tous les mystères de la vie de Jésus, ce fut cependant Sa Passion qui imprima le plus fortement sa marque sur l'âme de Mère Teresa. Elle était pleine de révérence devant la profondeur et l'ampleur de l'amour divin que montraient les dernières heures de Jésus sur terre, depuis Son agonie au jardin des Oliviers jusqu'à la crucifixion. La Croix était la preuve suprême de Son amour : « Nul n'a plus grand amour que celui-ci : donner sa vie pour ses amis » (Jean 15, 13). Mère Teresa médita et commenta souvent les événements de la Passion de Jésus et, surtout, fonda sa réponse à la souffrance (composante inévitable de toute vie humaine) sur l'exemple de Jésus Lui-même. Désireuse de ne faire qu'un avec son Bien-Aimé, qui avait aimé jusqu'au bout, souffrant tout par amour pour nous, elle embrassa ses nombreuses souffrances en union avec Lui, comme un

---

1. Un charisme est une manière distinctive de vivre sa vie spirituelle et de servir les autres.

moyen de montrer un « plus grand amour » de Dieu et d'obtenir la grâce pour les âmes.

Si la fréquente méditation des mystères de la vie de Jésus tels qu'ils sont révélés dans le Nouveau Testament approfondissait sa connaissance et son amour de Lui, l'Eucharistie, dans tout son mystère et sa réalité sacramentelle, était la voie privilégiée par laquelle Mère Teresa Le rencontrait quotidiennement. L'Eucharistie était indispensable à sa vie d'union avec Lui, et la Messe, où les mystères de la foi qui prenaient leur source dans le passé étaient à nouveau rendus présents, constituait le moment le plus important de la journée. Pour faire de sa vie un vrai sacrifice d'amour, Mère Teresa s'unissait au sacrifice de Jésus dans la célébration de l'Eucharistie et s'offrait avec Lui pour être rompue et donnée aux plus pauvres des pauvres. Pendant la Messe, elle recevait les grâces nécessaires pour réaliser ce que Dieu désirait d'elle ce jour-là. Lorsque des occasions se présentaient de compléter en sa chair ce qui manquait aux souffrances du Christ[2], elle les acceptait comme une façon de vivre sa Messe.

L'adoration quotidienne du Saint Sacrement était une occasion supplémentaire de s'asseoir aux pieds du Seigneur pour L'écouter. C'était un temps pour L'aimer et se laisser aimer par Lui ; pour Lui parler de son amour et de son désir d'étancher Sa soif. Elle était là pour Le consoler et se trouvait à son tour consolée par Lui, non pas en sentiments mais dans la réalité de la foi. Bien que silencieuse, Sa présence emplissait Mère Teresa de paix, de force et de zèle pour rayonner Son amour auprès des autres, particulièrement des plus pauvres des pauvres qu'Il l'appelait à servir.

---

2. Colossiens 1, 24.

Le Verbe fait Chair

Il était venu nous donner la Bonne Nouvelle de la tendresse et de l'amour d'un Père, à qui nous sommes précieux parce qu'Il nous a créés à Sa propre ressemblance pour de plus grandes choses : aimer et être aimés.

Nous lisons dans les Écritures que Dieu a tellement aimé le monde qu'Il a proféré le Verbe et que le Verbe S'est fait chair ; et Il vient demeurer en nous et avec nous[1].

COMMENT JÉSUS NOUS AIME-T-IL ?

Jésus est venu du ciel, S'est fait homme, S'est fait pauvre, est mort sur la Croix (de nos jours, nous voyons une belle Croix avec des vêtements etc.), mais Il est venu nous donner le message que Dieu nous aime. J'ai posé une question à un grand théologien à Bombay : « Comment Jésus nous aime-t-il? Dieu a aimé Jésus en nous Le donnant et Jésus nous a aimés en nous donnant au monde. C'est comme ça que je le comprends. » Et le père a dit : « C'est un mystère. » Nous entrons dans ce mystère et nous proclamons ce mystère – que Dieu aime cette personne.

1. Jean 1, 1 et Jean 1, 14.

CONFIANCE INCONDITIONNELLE

La confiance de Jésus est *inconditionnelle*. Il a accepté de Se faire homme, semblable à nous en toutes choses à l'exception du péché. Nous ne nous rendons pas compte de ce que cela signifie : « Lui qui S'est fait pauvre, de riche qu'Il était[2]. » Lui qui est « Dieu, né de Dieu, Lumière, née de la Lumière, engendré non pas créé, consubstantiel au Père, et par Lui tout a été fait [...], Il a pris chair de la Vierge Marie ». Le Créateur a choisi de Se faire créature, un avec nous, semblable à nous, d'être dépendant des autres, d'avoir besoin de nourriture à manger, de vêtements à porter, de boisson pour étancher Sa soif, d'avoir besoin de repos, d'être fatigué comme nous. [...] Un avec nous en toutes choses. Pourquoi ? Par amour pour nous, avec une confiance inconditionnelle en Son Père. Il a choisi de naître d'une femme, la Vierge Marie, de prendre chair et sang humains. De vivre à Nazareth[3]. « De Nazareth, peut-il sortir quelque chose de bon ? » demandait Nathanaël[4]. Le Christ a accepté de venir de cette ville humble entre toutes et qui n'avait pas bonne réputation, de travailler comme charpentier. « Celui-là n'est-Il pas le fils de Marie et Joseph[5] ? » Vous savez que le Christ ne fut pas accepté à Nazareth parce qu'il avait accepté d'avoir Marie et Joseph comme parents. Sa prédication ne fut pas acceptée là-bas et on voulut Le lapider parce qu'Il Se disait Fils de Dieu[6]. Il fut totalement rejeté. « Il est venu chez Lui et les Siens ne L'ont pas accueilli[7]. »

2. 2 Corinthiens 8, 9.
3. Luc 1, 26-35 et Luc 2, 1-7.
4. Jean 1, 46.
5. Marc 6, 3.
6. Jean 10, 33.
7. Jean 1, 11.

LE CHOIX DE JÉSUS

Au ciel, la Sainte Trinité a dû en discuter : « Quelle est la meilleure manière ? » Dieu a tant aimé le monde (c'est-à-dire vous et moi) [qu'Il a choisi] non pas les richesses, non pas la grandeur, mais de Se faire si petit, non pas dans un palais, de naître d'une vierge ; si petit, pas même [né] comme un enfant ordinaire et naturel, mais dans une crèche. La Vierge Marie, elle ne s'attendait pas à ce qu'Il naisse de cette manière, si étrange... Pourquoi ? Arrêtons-nous pour réfléchir : pourquoi ? La pauvreté doit être tellement belle au ciel pour que Jésus Se fasse si petit – une simplicité d'enfant, les animaux – la pauvreté doit être tellement belle au ciel. Ce n'est pas parce que Jésus ne pouvait pas avoir, mais Il a choisi. Il aurait pu avoir un palais. Demandez-vous : « Pourquoi Jésus a-t-Il choisi ? » Pour que cela devienne facile, nous devons savoir réellement [ce qu'est la pauvreté] ; pour pouvoir comprendre [les] pauvres, nous devons savoir ce qu'est la pauvreté. Pourquoi Jésus s'est-Il fait si pauvre ? Pour pouvoir comprendre ma pauvreté, mon insignifiance, ma faiblesse, ma petitesse.

IL EST VENU DONNER LA PAIX DU CŒUR

Il nous avait dit la Bonne Nouvelle quand Il avait dit : « Je vous laisse Ma paix, Je vous donne Ma paix[8]. » Il n'est pas venu donner la paix de ce monde, qui est seulement l'absence de disputes entre nous, Il est venu donner la paix du cœur, qui naît de l'amour, du bien qu'on fait aux autres. Et Dieu a tant aimé le monde qu'Il a donné Son Fils ; c'était un don. Dieu a

8. Jean 14, 27.

donné Son Fils à la Vierge Marie et qu'a-t-elle fait? La même chose. Dès que Jésus est entré dans la vie de Marie, immédiatement, elle est allée en hâte donner la Bonne Nouvelle et quand elle est entrée chez sa cousine Élisabeth, l'Écriture nous dit que l'enfant à naître, l'enfant dans le sein d'Élisabeth[9], a tressailli de joie en voyant le sein de Marie. Jésus a apporté la paix à Jean-Baptiste, qui a tressailli de joie dans le sein d'Élisabeth. Et comme si cela ne suffisait pas que le Fils de Dieu devienne l'un d'entre nous et apporte la paix et la joie alors qu'Il était encore dans le sein de Marie, Jésus est aussi mort sur la Croix pour montrer ce plus grand amour[10]. Il est mort pour vous et pour moi, et pour ce lépreux, et cet homme qui meurt de faim, et cette personne nue couchée dans la rue non seulement à Calcutta, mais en Afrique et partout.

L'HUMANITÉ DU CHRIST

Le temps de Noël nous montre à quel point Dieu est petit. Allez devant la crèche et voyez à quel point Dieu S'est fait petit. [...] Nous devons prendre conscience, mes sœurs, que Dieu, qui a tout fait et qui nous a faites, vous et moi[11], S'est fait si petit. À quel point Il a pleinement vécu cet abandon total. Nous chantons de si beaux cantiques, mais cela dut être terrible pour Marie et Joseph dans ce froid. C'est pourquoi nous devons apprendre, mes sœurs, à être cet enfant, dans un abandon complet, une confiance et une joie complètes. Voyez la joie de Noël et la joie de l'Enfant-Jésus. Ne soyez jamais de mauvaise humeur, mes sœurs, ne laissez jamais rien vous enlever cette joie. Noël nous montre à quel

9. Luc 1, 39-45.
10. Jean 15, 13.
11. Jean 1, 1-3.

point le ciel apprécie l'humilité, l'abandon, la pauvreté, puisque Dieu Lui-même, qui nous a faites, vous et moi, S'est fait si petit, si pauvre et humble.

PAS DE JÉSUS, PAS DE MARIE

La dernière fois que je suis allée en Hollande, un protestant est venu avec sa femme et il m'a dit sans détour : « Vous les catholiques, vous êtes tellement entichés de Notre-Dame. » Je lui ai juste dit que, sans Marie, il n'y avait pas de Jésus. Il ne m'a rien dit sur le moment, mais, au bout de quelques jours, il m'a envoyé une grande carte postale et en haut il y avait écrit en grand : *Sans Marie, pas de Jésus !* Voyez comme il avait changé de point de vue ! Cela devrait être la même chose pour nous. Vous rappelez-vous le premier miracle à Cana ? Marie a remarqué l'embarras de l'hôte et, quand le vin a manqué, elle l'a dit à Jésus. Après l'avoir dit à Jésus, elle a dit aux serviteurs : « Faites tout ce qu'Il vous dira. » Voyez combien elle était intelligente ; comme elle connaissait bien Jésus, elle a pu leur dire : « Faites tout ce qu'Il vous dira[12]. »

Quand nous avons lu l'Évangile, j'ai été tellement frappée par quelque chose. Il était question de Notre-Dame au moment de l'Annonciation. Dieu ne lui a pas parlé, Il a envoyé l'ange lui transmettre ce message important. Elle a répondu à l'ange : « Qu'il m'advienne selon ta parole[13]. » La parole de qui ? La parole d[e l]'ange. [L']ange n'est qu'une créature. Nous voyons [Notre-Dame] plus tard à Bethléem, à côté de la crèche avec un petit lange[14]. Je suppose qu'elle

12. Jean 2, 1-10.
13. Luc 1, 28-36.
14. Luc 2, 7.

ne s'attendait pas à donner naissance à ce moment-là, alors elle n'avait pas grand-chose, seulement le strict nécessaire. Voyez la crèche pleine de paille et rien d'autre. Plus tard, nous la voyons chercher Jésus et, au bout de trois jours, Le trouver, et elle Lui a dit : « Ton père et moi, nous Te cherchions. » La réponse de Jésus : « Ne saviez-vous pas que Je dois m'occuper des affaires de Mon Père[15] ? » Avec la foule, [Notre-Dame] s'avance aussi vers le Calvaire. Elle rencontre Jésus en chemin, face à face. Elle a dû voir son corps meurtri, couvert de plaies, la tête sanglante sous la couronne [d'épines], le visage souillé par les crachats et enflé par les coups, les mains pleines de sang. Quelle vision ! Ce qu'elle a dû ressentir. Elle a eu le courage de regarder son Fils et de souffrir avec Lui. Nous n'entendons pas sa voix. Elle a suivi Jésus jusqu'à la Croix – l'amour désintéressé d'une mère. Elle s'est tenue près [de Lui] dans Ses humiliations, jusqu'à la Croix[16]. Elle a dû entendre les gens médire de Lui, le grand prêtre, les pharisiens et les autres, qui Le maudissaient et disaient des choses méchantes. Son silence fut grand ; elle savait qui était son Fils. Elle n'est pas tombée à terre, n'a pas cherché à attirer l'attention sur elle. Elle s'est tenue près de la Croix. Elle n'a pas jugé, elle n'a pas récriminé, elle ne les a pas injuriés. Mais, chose surprenante, à la Résurrection, son nom n'apparaît pas. Marie-Madeleine, Jean, Pierre et tous sont là, sauf Marie[17]. Elle n'est pas là pour la gloire. Le véritable amour d'une mère se manifeste quand ses enfants souffrent. C'est à ce moment-là que nous voyons la maternité de Marie. Nous pourrions l'oublier.

15. Luc 2, 49-51.
16. Jean 19, 25.
17. Jean 20.

DOUX ET HUMBLE DE CŒUR

Toute la vie de Notre Seigneur – depuis le début, au milieu, à la fin – douceur et bonté.

Je crois qu'au passage de Jésus, les enfants s'écriaient : « La douceur passe. » Dans la communauté, aimez comme Marie aimait Jésus, et Jésus, Marie. Joseph, quand il a appris que Notre-Dame attendait un enfant, il aurait pu rendre cela public, [mais] voyez sa douceur[18]. Il n'a rien fait de spécial. Il aurait pu être dur avec Marie, mais il était prêt à risquer sa propre vie. [...] Voyez Jésus dans Sa Passion : Il n'a fait aucun reproche, Il n'a pas crié[19]. « Pourquoi me frappes-tu[20] ? » – seulement cette unique question. Voyez la douceur délicate de Jésus. Il a toujours su ce que Judas allait faire[21]. Demandons cette douceur. Gardons cette douceur, cette bonté, cette attention aux autres. Jésus voulait enseigner l'humilité : Il leur a lavé les pieds[22] ; Il n'a pas expliqué. « Mettez-vous à mon école, car je suis doux et humble de cœur[23]. » Jésus enseignait simplement. Nous avons besoin de douceur, d'attention aux autres. Prenons garde à nos mots. Un seul mot – tant de souffrance. Jésus enseignait la douceur dans de petites choses – Bethléem, Nazareth.

---

18. Matthieu 1, 18-25.
19. Matthieu 27, 11-55 ; Luc 23-24 ; Jean 18-19.
20. Jean 18, 22-23.
21. Jean 13, 21-30.
22. Jean 13, 2-7.
23. Matthieu 11, 29.

QUI EST JÉSUS ?

Dans l'Évangile, nous lisons que les gens demandaient : « Qui es-tu[24] ? » à Jésus. Aujourd'hui ils posent toujours la même question : « Qui es-tu ? » Les disciples de Jean[-Baptiste] vinrent aussi demander à Jésus : « Es-tu le Messie ou devons-nous en attendre un autre[25] ? » La Bible nous dit que Jésus leur répondit ceci : « Allez dire à Jean : les aveugles voient, les boiteux marchent, les muets parlent, les lépreux sont purifiés, les morts ressuscitent et la Bonne Nouvelle est annoncée aux pauvres. » Nous faisons le même travail. Que notre vocation est merveilleuse ! Par nos œuvres, nous rendons aussi Jésus présent dans notre monde d'aujourd'hui. Nous proclamons [que] Jésus est le Christ, le Messie, et qu'Il est au milieu de nous. Les gens continuaient à demander « Qui es-tu ? », mais Jésus ne leur répondait pas directement. Il laissait les bonnes œuvres proclamer la Bonne Nouvelle et les gens rencontrer Dieu. Ils voient l'amour de Dieu vivant !

IL DEVAIT RAYONNER LA JOIE

« Le Christ voulut partager Sa joie avec Ses apôtres : "Que Ma joie soit en vous et que votre joie soit complète[26]." » Très clair. Quelqu'un disait : « Je me demande s'il arrivait à Jésus de sourire. » Je n'ai jamais vu d'image. Avez-vous jamais vu une image ? Avec un grand sourire ? Mais Il devait rayonner la joie. La joie doit se voir dans votre regard, votre attitude, votre démarche, votre écoute. Tout cela forme un tout.

---

24. Jean 1, 21-22 ; Jean 8, 25.
25. Luc 7, 18-22.
26. Jean 15, 11.

Le Christ nous enseigne, et Il dit que lorsque nous mourrons, nous serons jugés sur ce seul point; et Il dit: « J'ai eu faim et vous M'avez donné à manger; J'étais nu et vous M'avez vêtu; J'étais sans logis et vous M'avez accueilli[27]. »

La faim n'est pas seulement l'absence de pain, c'est la faim d'amour, d'être aimé, d'être désiré. Cette terrible solitude des vieillards et des gens isolés est une faim terrible. La nudité n'est pas seulement l'absence d'un morceau de tissu; la nudité, c'est aussi ce manque de dignité, ce beau don de Dieu, la perte de la pureté du cœur, de l'esprit, du corps. Être sans logis, ce n'est pas seulement l'absence d'une maison faite de briques; être sans logis, c'est aussi être rejeté, être un « rebut » de la société, indésirable, mal aimé, négligé. Là, au milieu de ces gens, vous pouvez mettre et je peux mettre mon amour de Dieu en actes vivants. Il y a beaucoup de gens, j'en suis sûre, dans les hôpitaux, qui n'ont personne pour leur rendre visite. Peut-être que rien qu'une petite visite, un petit sourire, une petite poignée de main peuvent apporter de la joie dans la vie de ces gens isolés qui n'ont personne.

APPRENEZ-NOUS À AIMER JÉSUS

Demandons à Notre-Dame de nous apprendre à aimer Jésus comme elle L'aimait. Personne ne peut aimer Jésus davantage que Marie, alors elle sera la mieux placée pour nous apprendre à aimer Jésus. Voyez sainte Marguerite-Marie: quand Jésus lui a demandé de L'aimer comme Il l'aimait, elle a dit: « Comment puis-je? Si Vous me donnez Votre Cœur et que Vous prenez mon cœur, alors je pourrai

27. Matthieu 25, 31-40.

Vous aimer comme Vous m'aimez. » Jésus a encore soif[28]. Écrivez-le : « Dis à Mère Teresa : "J'ai soif." » Demandez-vous pourquoi Jésus a soif. [Est-ce parce que] je ne suis pas ce que je devrais être et qu'à cause de cela Jésus a encore soif ?

28. Jean 19, 28.

Notre-Dame et la Sainte Famille

ANNONCIATION

Voilà ce que dit la tradition : la Sainte Trinité discutait de la façon dont le péché avait pénétré l'homme, de la façon dont l'homme devait être sauvé. Et alors la Deuxième Personne de la Sainte Trinité a dit : « Mon Père, servez-Vous de moi. J'irai. Je deviendrai l'un d'entre eux. » Marie était d'une pureté tellement immaculée qu'elle a attiré la présence de Dieu, à tel point que, avant même l'heure, Il S'est fait homme. Voyez quelle gratitude nous devons à Marie, d'avoir donné sa chair. Il n'aurait pas pu naître en n'importe qui. Le Saint-Esprit ne pouvait pas entrer dans une personne pécheresse. Aucun autre être humain n'est intervenu. [...] Même saint Joseph... j'ai un grand amour pour saint Joseph à cause de sa charité si profonde.

LA PREMIÈRE COMMUNION DE MARIE

Ce que Marie a reçu, nous aussi nous le recevons quand nous communions. Mgr Fulton Sheen avait l'habitude de dire « L'Annonciation fut la Première Communion de Marie », et nous recevons Jésus tous les jours ! Quelle belle chose.

CE QU'EST L'AMOUR

Quand [saint Joseph] a vu que Notre-Dame était enceinte, qu'elle allait avoir un bébé, immédiatement il a été blessé. Mais il aimait Notre-Dame. Tout au fond de son cœur, il l'aimait et, dans sa tête, il savait : « Si je vais voir le prêtre pour lui dire, immédiatement ils vont la lapider. » Il ne savait pas que Notre-Dame avait conçu par la puissance de l'Esprit, mais il savait que, s'il le disait, elle allait être lapidée[1] – et que, s'il gardait le silence, lui-même allait être lapidé. Alors qu'a-t-il décidé ? « Je ne vais pas le dire. Je vais la quitter et m'en aller, et les gens me blâmeront[2]. » Voilà ce qu'est l'amour.

LA PREMIÈRE MISSIONNAIRE DE LA CHARITÉ

Elle est belle entre toutes, car, de toutes les créatures, c'est elle qui reflète le plus parfaitement la ressemblance de Dieu. C'est une créature et pourtant elle est la plus semblable au Créateur. De tous les êtres humains, c'est Marie qui ressemble le plus à Dieu. Marie est la Reine du ciel et de la terre, la médiatrice de toute grâce. Toutes les grâces que vous avez reçues, que vous recevez ou que vous recevrez, ne viennent que par Marie. Je crois qu'aucune de vous n'a conscience de la part la plus merveilleuse de la mission de notre congrégation.

La congrégation est consacrée au Cœur Immaculé de Marie, Cause de notre Joie et Reine du monde. À nouveau, nous rencontrons ce terme de « monde ». Que faisons-nous

---

1. Deutéronome 22, 20-21.
2. Matthieu 1, 18-19.

dans le monde ? Par notre vie et nos actes d'amour, nous rendons l'Église pleinement présente dans le monde aujourd'hui. La congrégation a été fondée pour étendre le royaume du Cœur Immaculé au milieu des plus pauvres des pauvres. Marie est la première personne de toute la Création à avoir reçu Jésus physiquement dans son corps et elle est celle qui apporta Jésus à Jean. Elle se rendit en hâte[3]. Elle est la première à Le soigner, à Le vêtir, à Le nourrir, à s'occuper de Lui, à prendre soin de Lui, à L'instruire[4]. [...] C'est pourquoi elle est la première m.c., porteuse de l'amour de Dieu, et, comme elle, nous faisons ce qu'elle a fait : recevoir Jésus et Le donner en hâte.

Pensez seulement combien Notre-Dame devait être pure et attirante pour pousser Jésus à quitter le ciel et descendre pour être en elle, avec elle, pour recevoir sa chair et son sang, son amour et son affection, ses soins et sa dévotion. Saint Bernard disait que la pureté de Notre-Dame était si grande et si attirante que même avant l'heure, Dieu décida de Se faire homme. Il y avait bien des générations dans lesquelles le Christ aurait pu naître ; Il aurait pu naître plus tard, mais Il n'a pas pu attendre tellement Marie était belle. Même Dieu Tout-Puissant tomba amoureux d'elle.

ELLE PEUT VOUS CONDUIRE À JÉSUS

Vous ne pourrez jamais être seulement tout à Jésus si votre amour pour Notre-Dame n'est pas une réalité vivante. Approchez-vous si près de Notre-Dame qu'elle puisse vous conduire à Jésus. Évitez [d'avoir] de nombreux sujets de

3. Luc 1, 26-44.
4. Luc 2, 5-51.

distraction. Soyez seules avec Jésus et demandez encore et encore à Notre-Dame : « Faites que je sois seulement tout à Jésus. » Soyez saintes comme Jésus et Marie. Pensez à cela, priez pour cela.

SAINT JOSEPH

Ensuite, nous savons ce qui s'est passé : la nuit, l'ange est venu. « Non, tu ne pars pas. L'enfant de Marie est de l'Esprit et tu prendras soin de tous les deux. » Saint Joseph avait décidé : « Qu'ils me tuent. » Il ne savait pas comment et de qui Marie avait conçu, seulement qu'elle avait un bébé. Mais quand on lui dit « de l'Esprit », [...] il accepte[5]. Qu'aurions-nous fait ?

C'était un homme juste, c'est-à-dire un homme saint. Il rendait à Dieu ce qui Lui appartenait et aux créatures ce qui leur appartenait[6]. Être « juste », c'est rendre à chaque personne ce qui lui revient. Nous devons leur montrer de l'amour parce qu'ils appartiennent tous à Dieu. Dieu nous aime nous et les autres aussi. Nous croyons que nous sommes des tabernacles du Dieu vivant ; les autres sœurs aussi ; les gens aussi. [...] Saint Joseph [avait] deux talents, la fidélité et l'amour, pour servir Jésus. C'était un simple charpentier et il est devenu le père nourricier de Jésus et l'époux de la Mère de Dieu. En toute sincérité, tout le monde doit pouvoir dire : « Je me suis servi de ce que j'avais. » Je dois être « juste » avec les autres. [...] Les gens qui veulent devenir saints doivent prier saint Joseph.

---

5. Matthieu 1, 18-25.
6. Matthieu 22, 21 ; Marc 12, 17 ; Luc 20, 25.

LA PLUS BELLE PRÉSENCE

Nous lisons dans l'Écriture que Dieu a tant aimé le monde qu'Il lui a donné Son Fils Jésus[7] ; et qu'Il a donné Jésus à une vierge, Marie, la Mère très pure, et que lorsqu'Il est entré dans sa vie, immédiatement elle est partie en hâte donner la joie de la présence du Christ à sa cousine Élisabeth[8]. Et là commence l'histoire absolument merveilleuse de l'enfant à naître. Ce fut l'enfant à naître qui reconnut la présence du Christ dans le monde. Nous lisons dans l'Écriture que l'enfant tressaillit de joie lorsque Marie vint avec Jésus en son sein. Voilà la plus belle présence et la plus merveilleuse présence de l'amour de Dieu pour le monde : l'enfant.

MARIE AU PIED DE LA CROIX

Au pied de la Croix, Jésus donna Marie à Jean. Jésus dit : « Voici ta Mère, voici ton fils[9]. » [À partir] de ce moment-là, Jean veilla sur Marie. Est-ce que je veille sur Marie ? Quelle place occupe Marie dans ma vie ? Est-elle ma Mère ? Est-ce que je lui [confie] tout ? Veillez sur elle, elle vous enseignera comment aller à Jésus.

---

7. Jean 3, 16.
8. Luc 1, 39-44.
9. Jean 19, 26-27.

Une si grande preuve de Son amour

Quand vous faites le chemin de Croix, à la dixième station, vous demandez à Jésus de prendre tout ce qui n'est pas Lui en vous, tout ce qui est orgueil, si vous voulez vraiment être saintes. La sainteté, c'est « Lui en vous » – si nous sommes dépouillées de nous-mêmes. Et dites aussi la prière très appropriée que disait saint François [de Sales] : « Jésus doux et humble de cœur, prenez mon cœur et rendez-le semblable au Vôtre. » Le chemin de Croix n'est rien d'autre qu'un acte d'humilité continuel. Regardez la sixième station : voyez-vous, il est très possible que le linge donné par Véronique ait été une chose ordinaire, disons un mouchoir, une serviette ou je ne sais quoi – elle a eu le courage. Examinez : avez-vous aidé une sœur dans votre communauté ou une personne pauvre dans votre ville ? Vous et moi, demandons cette grâce d'avoir le courage d'être Véronique dans notre communauté. Je peux vivre ces stations si je les relie à ma vie. Les stations du chemin de Croix sont de merveilleuses prières si vous les faites vôtres, dans votre travail.

J'AI CHERCHÉ QUELQU'UN QUI ME CONSOLE

Dans la Bible, il est écrit : « J'ai cherché quelqu'un qui Me console, et Je n'ai trouvé personne[1]. » Jésus a passé quarante

1. Psaume 69, 21.

jours seul avec Son Père et Il a prié[2]. Pendant ces quarante jours, prenez la peine d'être ce quelqu'un. « J'ai cherché quelqu'un. » Êtes-vous là ? Pouvez-vous dire : « Oui, je suis là » ? Est-ce que j'appartiens vraiment à Jésus comme Lui appartient au Père ? Et la volonté du Père était cette terrible solitude au jardin des Oliviers[3], sur la Croix[4] – Il était complètement seul. Si nous sommes de vrais disciples de Jésus, nous devons aussi faire l'expérience de la solitude du Christ. Il a transpiré du sang[5]. Ça a été si difficile pour Lui de subir les humiliations de Sa Passion[6]. Ce qui explique cette phrase : « J'ai cherché quelqu'un qui Me console, et Je n'ai trouvé personne[7]. » Il est allé vers les apôtres et ils dormaient à poings fermés[8]. Bien des fois, Jésus vient vers nous dans la souffrance. Le Carême, c'est justement cela, prendre part à la Passion du Christ. Nous ne pouvons pas le faire à Jésus comme les apôtres étaient invités à le faire. Ils étaient appelés à prendre part à Sa Passion. Cet amour, cette compassion que nous aurions aimé Lui donner à ce moment-là, nous sommes appelées à les donner ici même, car l'amour commence à la maison.

*

Quand Judas est venu Le trahir [...], [Il a dit] : « Ami, c'est par un baiser que tu Me trahis[9] ? » Il n'a jamais dit : « Espèce

2. Matthieu 4, 1-11 ; Luc 4, 1-12.
3. Matthieu 26, 36 ; Marc 14, 30-40 ; Luc 22, 40-46.
4. Matthieu 27, 46 ; Marc 15, 34.
5. Luc 22, 44.
6. Luc 22, 42.
7. Psaume 69, 21.
8. Matthieu 26, 40.
9. Matthieu 26, 48-50 ; Luc 22, 47-48.

de traître. » Même chose au lavement des pieds[10] : même si Son Cœur était à l'agonie, [...] Il n'a jamais été dur. Plus tard, alors qu'Il était suspendu à la Croix, qu'Il regardait Sa Mère, qu'Il regardait saint Jean, Il a pensé à nous[11]. Qui prendra soin de Ma mère ? Qui prendra soin de Jean ? À chaque fois que quelqu'un vous corrige, vous réprimande, au lieu de devenir amères, pensez à Jésus, à la façon dont Il pensait aux autres même dans Son agonie et Sa souffrance. Ne permettez jamais à l'amertume de rester dans votre cœur.

*

Très souvent, je pense à Jésus... dès le début, Il a su que Judas Le trahirait. Pendant trois ans, Jésus a su et, même à la fin, quand [Judas] est venu Le trahir, Jésus ne l'a pas traité de traître, Il ne l'a pas repoussé, mais Il l'a appelé « ami »[12]. Merveilleux, merveilleux exemple du tendre amour de Jésus.

PARDONNER À PIERRE

Cette façon dont tous les apôtres avaient dit : « Nous resterons à Tes côtés, jamais nous ne Te quitterons[13] », et pourtant, le moment venu, ils se sont enfuis[14]. Pierre, qui deux jours avant proclamait vraiment que Jésus était le Fils de Dieu, quand la femme lui a dit : « Toi aussi, tu es un

10. Jean 13, 2-5.
11. Jean 19, 26-29.
12. Matthieu 17, 22 et 20, 18 ; Jean 13, 11 et 13, 21-30 ; Matthieu 26, 49-50.
13. Matthieu 26, 33-35 ; Marc 14, 29-31.
14. Marc 14, 50 ; Matthieu 26, 47-56.

disciple », par crainte de cette femme, il a répondu : « De quoi parles-tu ? Je ne Le connais pas ! » Quels grands mots dans sa bouche ! Jésus lui avait dit : « Avant que le coq chante deux fois, tu M'auras renié trois fois. » Lisez attentivement la Passion. Quand [Pierre] a regardé et vu Jésus, que s'est-il passé ? Il est sorti et il a pleuré, pleuré amèrement, parce que lui, Pierre, avait renié [Jésus] avec de grands, grands mots – « Je n'ai rien à voir avec Lui. » Qu'a fait Jésus ? Le regard de Jésus a croisé le regard de Pierre[15]. Quelle réalité vivante. Quelle peine immense Pierre a causée à Jésus… et pourtant quel tendre amour il y avait dans le regard de Jésus ; et Pierre a vu ce pardon dans le regard de Jésus, il est sorti et il a pleuré amèrement. J'ai lu dans un livre que Pierre avait tant pleuré qu'il en avait des rides. Après la Résurrection, quand Jésus a demandé à Pierre : « M'aimes-tu[16] ? » Pierre a sanglo-té. C'est cela, la charité. Quand quelqu'un vous blesse, regardez-le avec bonté, ne conservez jamais d'amertume dans votre cœur – prenez cette résolution. Jésus aurait pu dire : « Pierre, que dis-tu là ? » ou bien Il aurait pu le regarder avec colère. Nous recevons le pardon de Jésus [pour] pouvoir nous aussi donner ce pardon. Gardez votre cœur pur. Si vous avez fait quelque chose, allez vous confesser.

LA CROIX AURAIT DÛ SUFFIRE

Quand nous regardons la Croix et que nous regardons le tabernacle, nous nous demandons pourquoi, après une si grande preuve de Son amour et de Sa miséricorde (mourir pour nous), Jésus nous a laissé l'Eucharistie. Une [preuve]

---

15. Matthieu 26, 69-75 ; Marc 14, 66-72 ; Luc 22, 54-62.
16. Jean 21, 16-18.

aurait certainement dû suffire, mais Jésus a pensé à nous et nous a donné l'occasion de prendre part à Sa crucifixion, de la continuer dans notre vie. Pendant la Cène, Il savait, pour les épines, les crachats... Il savait tout et pourtant, Il a relié cette souffrance et cette crucifixion au tabernacle, Son Corps à l'Eucharistie, pour que Son Corps soit pour ainsi dire à nouveau brisé en morceaux. Son sacrifice [est] répété chaque jour[17].

17. Matthieu 26, 20-29; Marc 14, 17-26; Luc 22, 14-20; 1 Corinthiens 11, 23-25.

« J'ai soif », des mots d'amour

Marie a appris près de la Croix. Elle s'est tenue au pied de la Croix[1]. Jésus était complètement couvert de sang ; nous ne pouvons pas le voir sur nos croix maintenant, mais je crois que le sol était complètement mouillé, plein de sang. Est-ce que nous l'entendons parfois, est-ce que je le reconnais, est-ce que nous pouvons l'entendre ? Jésus Lui-même a dit « J'ai soif[2] », sur la Croix elle-même, des mots d'amour. Il n'a rien dit d'autre après cela.

Essayez d'approfondir votre connaissance de « J'ai soif ». C'est une vie à vivre, pas un acte de dévotion, côte à côte avec Jésus. Aussitôt que quelqu'un dit « J'ai soif », je cours apaiser. Aussitôt qu'à Kalighat quelqu'un dit « J'ai soif », je vais vite chercher de l'eau. Ce sont les mots de Jésus, « J'ai soif » – d'amour, des âmes, pas d'eau. Alors écoutez.

Approfondissons notre connaissance de « J'ai soif ». Nous ne pouvons pas aimer ce que nous ne connaissons pas. Qu'a fait Notre-Dame en réalité quand elle a entendu « J'ai soif » ? Elle a dû regarder autour d'elle pour trouver une bouteille d'eau ou quelque chose. Elle ne pouvait rien faire. Ce que Jésus souffrait dans Son Corps, elle le souffrait dans son âme. Demandons-lui de comprendre réellement. Que Notre-Dame nous instruise : « J'ai soif. » « J'apaise » doit être le but

1. Jean 19, 25.
2. Jean 19, 28.

et la joie de votre vie. Avec un grand amour et une grande confiance, tenez-vous avec Notre-Dame près de la Croix. C'est un don de Dieu ; nous avons été choisies dans la congrégation pour apaiser la soif de Jésus.

*

[De] quoi a-t-Il soif ? Naturellement, c'était une soif physique (Il avait perdu du sang), une soif torturante. Aujourd'hui en Éthiopie – torturante – en sang, une soif terrible, même leurs vêtements ont soif d'eau. Mettez-vous là, devant Jésus. À côté de [cette] terrible [soif] du corps, la terrible soif née de la souffrance du péché. Lui n'avait pas péché, mais personne ne comprenait le péché mieux que Lui. Il voulait nous purifier du péché et des effets du péché. Il avait soif de notre amour et le péché corrompait nos cœurs.

QUAND NOUS DONNONS DE L'AMERTUME

« Étancher la soif des âmes de Jésus », c'est-à-dire [une soif] d'amour – de mon amour et de l'amour des autres. Alors que Jésus mourait sur la Croix, Il s'est écrié : « J'ai soif. » Nous avons ces mots dans toutes les chapelles des m.c. pour qu'ils nous rappellent pourquoi les m.c. sont là : pour étancher la soif des âmes de Jésus, soif d'amour, de bonté, de compassion, d'amour délicat. Quand Jésus souffrait sur la Croix, le soldat (par bonté et avec l'intention très louable d'aider Jésus à oublier Sa douleur en L'endormant, comme avec un tranquillisant) prépara la boisson amère au vinaigre et la donna à boire à Jésus. Jésus, pour ne pas faire de peine au soldat, la prit, mais Il ne fit qu'y goûter. Il ne la but pas, parce qu'Il ne voulait pas oublier la douleur et Ses souffrances[3]. Non. Il m'aimait et Il est mort pour moi[4]. Il a souffert pour moi. Très souvent, nous offrons nous aussi une boisson amère à Jésus. Cette amertume vient du fond de nos cœurs et sourd dans nos paroles, notre attitude les unes avec les autres. « Tout ce que vous faites au plus petit de Mes frères, c'est à Moi que vous le faites[5]. » Quand nous donnons cette amertume à l'une de nos sœurs, [quand nous nous la donnons] entre nous, nous la donnons à Jésus.

ENTENDEZ VOTRE PROPRE NOM

Il y a un certain temps, j'ai reçu une lettre d'un prêtre, un saint prêtre. Il avait écrit une longue lettre où il disait qu'il était en train de prier sans penser en rien à nous quand il avait entendu Jésus lui dire clairement : « Dis à Mère Teresa : "J'ai soif." » Il ne voulait pas dire Mère Teresa seulement, Il voulait dire chacune de vous. Essayez aujourd'hui d'entendre votre propre nom et Jésus qui dit : « J'ai soif. » Quelle sera votre réponse ? Entendez Jésus le dire clairement. Soyez convaincues que c'est Jésus qui l'a dit et je suis bien sûre que cela devait être Jésus. Mettez-vous simplement devant le tabernacle. Ne laissez rien vous déranger. Entendez votre propre nom et « J'ai soif ». J'ai soif de pureté, J'ai soif de pauvreté, J'ai soif d'obéissance, J'ai soif de cet amour de tout cœur, J'ai soif de cet abandon total. Vivons-nous réellement une vie profondément contemplative ? Il a soif de cet abandon total.

---

3. Matthieu 27, 33-34 ; Jean 19, 28-30.
4. Galates 2, 20.
5. Matthieu 25, 40.

TOUT DÉCOULE DE « J'AI SOIF »

Grandissez dans cet amour intime et vous comprendrez non seulement « J'ai soif », mais tout. Humainement, nous ne pouvons pas comprendre « Aimez-vous les uns les autres comme Je vous ai aimés[6] », « Soyez saints comme Je suis saint[7] ». Mais tout découle de « J'ai soif ». Le fruit de la foi est la compréhension de « J'ai soif ». [...] Défaites-vous vite du péché pour que nous puissions entendre Jésus dire : « J'ai soif de votre amour. » La chose la plus importante, c'est qu'il nous faut rencontrer la soif de Jésus, mais cette rencontre de la soif de Jésus est une grâce.

---

6. Jean 13, 34.
7. Lévitique 11, 44-45 ; 19, 2 ; 20, 7 ; Matthieu 5, 48.

Il est là pour nous aimer maintenant

Vous avez besoin de Jésus plus que vous n'avez besoin de quoi que ce soit dans la vie. Souvent, je me demande ce que serait le monde s'il n'y avait pas de tabernacle – pas de Jésus.

L'EUCHARISTIE

Dans notre congrégation, nos vies sont étroitement tissées avec l'Eucharistie. Nous commençons par la Messe et la Communion et chaque jour nous avons une heure d'adoration dans toutes nos maisons, et nous sentons que nos vies [ont besoin] d'être tissées avec l'Eucharistie : Jésus dans le Pain de Vie[1] et Jésus sous le déguisement désolant des pauvres[2]. Alors priez pour nous afin que nous puissions être fidèles à cet amour, à cette unité de l'Eucharistie et des plus pauvres des pauvres.

*

L'Eucharistie dépasse l'entendement – nous devons l'accepter avec une foi et un amour profonds. Jésus nous a délibérément laissé l'Eucharistie afin que nous n'oubliions

1. Jean 6, 35 ; Jean 6, 48.
2. Matthieu 25, 35-40.

pas tout ce qu'Il était venu montrer et faire. Dans l'Évangile, il y a ces quelques petits mots pour décrire Sa Passion et Sa mort : Il fut couronné[3], flagellé[4], la cible de crachats[5] – ces quelques petits mots que nous pourrions facilement avoir oubliés à présent. Les Évangiles sont très brefs dans leur explication de la Passion. Ils évitent une grande description. Il a été « flagellé », mais cela ne dit pas si c'était quarante coups de fouet, ni de quoi ils se sont servis pour Le flageller, juste des mots que nous aurions facilement oubliés. Jésus comprenait notre nature humaine. Il comprenait que loin des yeux, c'est aussi loin du cœur. Imaginez un peu ce que seraient nos vies sans l'Eucharistie. Qu'y aurait-il pour nous Le faire aimer ? Qu'y aurait-il pour nous faire renoncer à tout ? Je ne pense pas qu'aucune de nous serait ici sans l'Eucharistie !

Aujourd'hui, ne lisons pas beaucoup, ne méditons même pas beaucoup, mais permettez juste à Jésus de vous aimer. Nous voulons toujours dire « Jésus, je Vous aime », mais nous ne permettons pas à Jésus de nous aimer. Aujourd'hui, dites souvent : « Jésus, je suis là, aimez-moi. »

Tout être humain a un ardent désir de Dieu. « Mon âme a soif de Dieu[6]. » Les chrétiens peuvent même aller plus loin : non seulement ils désirent Dieu avec ardeur, mais ils ont toujours le trésor de Sa présence avec eux. Nous avons non seulement cela, mais la joie de nous approcher encore davantage de Lui en Le recevant quand nous communions. Jésus ne S'est pas simplement contenté de nous nourrir avec [le] Pain de Vie, Il S'est fait l'affamé sous le déguisement

3. Matthieu 27, 29 ; Marc 15, 17 ; Jean 19, 2.
4. Matthieu 27, 26 ; Marc 15, 15 ; Jean 19, 1.
5. Matthieu 27, 30 ; Marc 15, 19.
6. Psaume 42, 2.

désolant des pauvres. Pour nous les m.c., il n'est pas possible de dire que nous aimons Jésus dans l'Eucharistie, mais que nous n'avons pas de temps pour les pauvres. Si vous aimez réellement Jésus dans l'Eucharistie, vous voudrez naturellement mettre cet amour en actes. Nous ne pouvons pas séparer ces deux choses : l'Eucharistie et les pauvres.

LA GRANDEUR DE CE DON

Prendre conscience de la grandeur du don – la première fois qu'Il S'est fait pain pour les apôtres : « Ceci est Mon Corps[7]. » Quelle grande foi, quel grand amour avaient les apôtres pour recevoir le Corps de Jésus. Pour rendre cela facile aux apôtres, pour nous rendre cela facile, Jésus a donné aux apôtres cette foi spéciale et cette grâce spéciale de comprendre – une foi profonde et un grand amour. Nous avons nous aussi besoin de cette grâce spéciale, de cette foi profonde, d'amour, de confiance. Parfois, nous allons communier sans préparation, l'esprit dispersé. Rappelez-vous la première fois que vous avez communié, ce désir ardent – un grand désir ardent, une grande foi, un grand amour. Si nous sommes tentées d'aller sans préparation, nous aurons beaucoup de mal à prendre conscience ; il nous faut une grande foi, un grand amour et un grand désir avant de communier.

DITES À JÉSUS DE VOUS ACCOMPAGNER

Le moment le plus important de la journée est notre Messe. Quand vous faites le signe de Croix, faites-le bien ;

7. Matthieu 26, 26 ; Marc 14, 22 ; Luc 22, 19 ; 1 Corinthiens 11, 24.

une croix bien faite. Quand vous sortez, allez à la chapelle et dites à Jésus de vous accompagner. Jésus mourant sur la Croix fut une réalité. Et maintenant la Messe est la réalité. Avant-hier, un pasteur protestant a dit : « Comme vous avez toutes de la chance d'avoir le Dieu vivant dans la chapelle. » Il est là pour nous. Un jour, s'il y a une persécution, nous Le voudrons, mais nous ne L'aurons pas. Quand je vois une sœur distraite, je sais que cette sœur n'est pas en présence de Dieu. Ici [se trouve] le Roi des rois qui S'est humilié pour venir parmi nous [...], pour Se faire Pain de Vie[8] [...], mais cela nous est égal. Tôt le matin, essayez d'être la première à la chapelle et de voir le lien entre vous et l'Eucharistie.

RECEVEZ COMME MARIE

Nous aussi, nous recevons Jésus, comme Marie. Nous devons Le recevoir avec un grand amour, avec une grande humilité, comme Notre-Dame. Comment saurons-nous que nous recevons Jésus comme Marie ? Par quelque chose qui nous arrive entre nous, quelque chose qui nous fait partager notre joie, ce pardon. Comme cette femme [qui] a dit « Si je touchais seulement Ses vêtements[9] » (quelque chose d'extérieur à Lui, pas Sa chair), et quelque chose a changé en elle. Et nous, nous touchons Sa chair ! Que nous arrive-t-il quand nous disons cette parole méchante ou que nous nous blessons les unes les autres juste après la Communion ? Comment ? Nous n'avons pas cru qu'Il est venu à nous.

Élisabeth a dit : « Comment se fait-il que la Mère de mon Seigneur vienne à moi, [...] car l'enfant a tressailli de joie en

8. Jean 6, 30-58.
9. Matthieu 9, 21 ; Marc 5, 28.

mon sein[10]. » Notre préparation à la venue de Jésus : demain matin et chaque matin, recevons-[Le] comme la servante du Seigneur et demandons-Lui Sa force, Sa joie. Prions. Accrochons-nous à Notre-Dame et demandons-lui de nous enseigner sa façon de porter Jésus. Demandons à sainte Élisabeth de nous obtenir une foi profonde. Demandons à saint Jean[-Baptiste] de tressaillir de joie par amour pour Jésus et de partager cela avec tous ceux que [nous] rencontrons, spécialement nos sœurs. Que nos yeux brillent de joie. Comme saint Jean Berchmans[11] : à chaque fois qu'il rencontrait une personne, il s'inclinait devant Jésus en cette personne. Partageons la joie de recevoir en partageant les unes avec les autres et avec nos pauvres.

DEUX CHOSES

Chaque jour à la Communion, je Le remercie de deux choses : je Le remercie de me donner de la persévérance aujourd'hui et je Lui demande de m'apprendre à prier. Qu'est-ce qui donnait à saint Paul cette conviction : « Rien ne peut me séparer de l'amour du Christ[12] » ? Vous devez être fatiguées de m'entendre dire cela, mais je ne vais pas arrêter : j'appartiens à Jésus, rien ne peut me séparer de l'amour du Christ. Hier, le père parlait de cet homme qui demandait : « Avez-vous rencontré Dieu ? » Si je crois en l'Eucharistie, alors, oui, je L'ai rencontré. Si je crois en les pauvres, oui, je L'ai rencontré.

---

10. Luc 1, 43-45.
11. Saint Jean Berchmans (1599-1621), séminariste jésuite, se fit connaître par sa piété et son humilité. Il est le saint patron des servants d'autel.
12. Romains 8, 38-39.

EST-CE QUE JE CROIS CELA ?

Ce matin, j'ai reçu Jésus en communiant ; est-ce que je pense à cela pendant la journée ? Est-ce que je me tourne vers Jésus en moi ? C'est le même Jésus qui vient à nous, ce Jésus dont nous parlent les Évangiles. Cette femme voulait juste toucher la frange de son vêtement et elle savait qu'elle serait rétablie[13]. Le centurion a dit : « Je n'ai pas besoin de Te voir. Dis seulement une parole et mon serviteur sera guéri. Je ne suis pas digne que Tu viennes à moi[14]. » C'est le même Jésus qui vient à nous dans la Communion. Est-ce que je crois cela ?

COMMUNAUTÉ

Comment pouvons-nous aimer Dieu et Ses pauvres si nous n'aimons pas celles avec qui nous vivons et rompons chaque jour le Pain de Vie ? Voilà mon vœu pour chacune de vous à l'occasion de ma fête : que vous puissiez vous reconnaître les unes les autres à la fraction du Pain, vous aimer les unes les autres dans la consommation de ce Pain de Vie et vous servir les unes les autres et Le servir dans ses pauvres en donnant votre service de tout cœur. [...] Lorsqu'Il rompit le Pain, ils Le reconnurent[15]. Est-ce que je reconnais la beauté de ma sœur, épouse du Christ, à la fraction du Pain, à la Messe quotidienne que nous vivons ensemble ?

---

13. Matthieu 9, 21 ; Marc 5, 28.
14. Matthieu 8, 7 ; Luc 7, 1-10.
15. Luc 24, 30-32.

LA JOIE D'UNE ENFANT

Quel don immense Dieu a fait aux prêtres en leur permettant de dire : « Ceci est mon Corps[16]. » Nous avons dans notre foyer une enfant mentalement et physiquement attardée. Mais à chaque fois que nous avions adoration [du Saint Sacrement], j'emmenais cette enfant à la chapelle et chaque fois que je regardais cette enfant, la façon dont cette enfant regardait le Saint Sacrement, j'étais absorbée par le rayonnement, par la joie qui se lisait sur le visage de cette enfant, parce qu'elle avait le regard si droit et qu'elle savait qui elle était en train de regarder. Un jour, j'ai demandé au père : « Père, ayez la bonté… cette enfant semble savoir, ayez la bonté de lui donner la Communion. » Il a dit : « Mère, comment ? [Elle] doit préparer quelque chose. » Mais elle ne pouvait pas, elle ne pouvait pas parler, elle ne pouvait pas. Alors ensuite, j'ai dit : « Père, je vais lui faire passer un examen. » Et j'ai pris un morceau de pain et j'ai pris une hostie, une hostie ordinaire, et j'ai pris la Croix et je les ai posés devant l'enfant. Et j'ai demandé (en faisant un signe à l'enfant) et l'enfant a posé le doigt sur le pain et elle a mis ce doigt dans sa bouche. Et ensuite elle a posé son doigt sur l'hostie et elle a posé ce doigt sur la Croix. Le père a dit : « Elle sait », et il lui a donné la Communion. Voyez combien est immense le désir ardent de Dieu de venir à nous. Et cette petite, si infirme, si handicapée… pourtant, tout au fond de son cœur, c'était Jésus qui désirait ardemment venir à elle dans la plénitude de la joie. Et le prêtre était si reconnaissant à Dieu de pouvoir donner cette joie à cette enfant.

---

16. 1 Corinthiens 11, 23-25.

MON TOUT, MA JOIE

Quelqu'un m'a demandé : « Mais comment se fait-il que vous soyez toujours en mouvement comme ça ? Comment se fait-il que vous souriiez tout le temps ? » J'ai dit : « Mais pourquoi Jésus S'est-Il fait Pain de Vie ? Il est venu à moi ce matin pour cette raison, pour être ma force, ma vie, mon amour, ma joie, et Il est les vôtres. »

AIMONS-NOUS LES UNS LES AUTRES

Il nous a aimés. Aimons-nous les uns les autres comme Il nous a aimés sur la Croix, comme Il nous aime maintenant dans l'Eucharistie.

Adoration

J'ai vu un très grand changement dans notre congrégation. [...] Une fois par semaine, nous avons une journée de récollection. Chaque jour, nous sortons toutes, mais chaque semaine, une fois par semaine (chaque jeudi), nous restons à l'intérieur pour une journée de récollection. Et, ce jour-là, nous avons confession et instruction par un prêtre et aussi une heure d'adoration. Ensuite, en 1973, quand nous avons eu le chapitre (nous étions soixante et une à ce chapitre) et, d'un seul coup, quand nous nous sommes réunies, ça a été unanime : « Mère, nous voulons avoir adoration [du Saint Sacrement] tous les jours. Une heure. » J'ai dit : « Non, ce n'est pas possible, nous avons trop de travail à faire, nous avons beaucoup de travail à faire, les malades, les mourants, les lépreux, les enfants. » J'ai dit : « C'est très difficile. » Et, je ne sais pas ce qui s'est passé, nous avons prié, j'ai prié, prié, prié, et alors nous avons pu avoir adoration chaque jour sans réduire le travail, sans priver les pauvres du travail. Et je peux vous dire que depuis ce temps, l'amour intime de Jésus a beaucoup grandi, vraiment toutes essaient de tomber amoureuses de Jésus, et donc l'amour bienveillant a beaucoup grandi entre nous, beaucoup grandi. Et en plus, cela a approfondi notre amour des pauvres. Nous avons une meilleure compréhension de leur souffrance, une meilleure compréhension de ce qu'il faut être et de la façon de leur donner et, plus encore, nous avons tant de merveilleuses vocations. En ce moment même au noviciat, entre les quatre noviciats, nous avons près de quatre cents novices de trente-cinq nationalités. Et c'est merveilleux de voir la générosité, l'amour… Je dis toujours que c'est le fruit de l'Eucharistie, de la présence du Christ, de notre adoration.

*

Quand j'étais au dernier synode, le Saint-Père… par fidélité, j'ai dû y aller, alors j'ai dû parler à tous ces grands évêques et cardinaux. Je n'avais pas peur du Saint-Père, mais j'étais terrifiée par tous les autres. La première chose que j'ai demandée au Saint-Père : « Donnez-nous de saints prêtres et alors nous les religieuses et nos familles, nous serons saintes. » Et donc quand je suis rentrée, j'ai discuté avec les sœurs de ce que nous pouvions faire pour grandir dans cette sainteté, pour aider les prêtres à être saints afin que nous puissions devenir saintes en conséquence, et nous avons trouvé que c'était par le Sacré-Cœur. Notre Seigneur avait demandé à sainte Marguerite-Marie cette heure d'adoration la veille du premier vendredi [du mois] de onze heures à minuit. Alors nous avons commencé le [soir du premier jeudi] en janvier – cela devait être le quatre janvier ; donc nous avons eu [adoration] (dans notre congrégation, depuis le tout début, nous faisons neuf jours de neuvaine avant le premier vendredi. Chaque premier vendredi, nous faisons cette préparation de neuf jours). Et donc nous avons commencé à faire cette adoration le soir et puis le premier vendredi, nous ne cuisinons rien, nous ne déjeunons pas, nous jeûnons et nous appelons cela un « jeûne m.c. » ; et ce jeûne, cet argent que nous économisons en ne cuisinant rien, nous l'utilisons pour réparer les maisons de nos pauvres.

LE TABERNACLE

Allez devant le Saint Sacrement – Il est là. Quand nous regardons la Croix, nous savons combien Il nous a aimés; quand nous regardons le tabernacle, nous savons combien Il nous aime maintenant. « A aimés », au passé; « aime », au présent. Pas seulement au passé. Il nous aime maintenant. Il m'aime tendrement.

LE SILENCE DU TABERNACLE

Dans le tabernacle, Jésus est silencieux. Je peux comprendre la majesté de Dieu, mais je ne peux pas comprendre l'humilité de Dieu. Un petit morceau de pain! Jésus a créé le monde entier et Jésus, dont le Précieux Sang a lavé mes péchés, est dans le tabernacle. [...] Ce silence du tabernacle, ce silence parfait. Le seul signe qu'Il est là est la lampe allumée, pas de grandeur, pas de démonstration, absolument rien. C'est pourquoi nous devons nous assurer que la lampe brûle. S'il n'y avait pas de lampe, aucune de nous ne ferait de génuflexion, mais parce qu'il y a une lampe nous faisons une génuflexion. C'est pour cela [que] je ne veux pas de lampe électrique, parce que cette lampe allumée rend l'union réelle. Il S'est fait Pain de Vie, mes sœurs, pour satisfaire notre faim de Son amour, pour rendre l'union réelle. Quand mari et femme se marient, ils s'attachent l'un à l'autre, ils ne font plus qu'un, et alors naît la famille. Dans la Bible, il est écrit qu'ils s'attachent l'un à l'autre[1] et c'est la même chose pour nous avec le Christ dans l'Eucharistie. Pour réaliser cette union, Jésus nous donne l'Eucharistie.

1. Genèse 2, 24; Matthieu 19, 5; Marc 10, 7; Éphésiens 5, 31.

Dans le silence du tabernacle, Il est là, ici même. Ce n'est pas une imagination ; [le] Dieu vivant est réellement là.

DIEU EST LÀ

Quand on va au palais du gouverneur, on voit le drapeau hissé qui flotte au vent. Le drapeau est là si le gouverneur est dans la maison. Quand il sort, le drapeau est abaissé et cela signifie qu'il n'est pas là. La lampe allumée [à côté du] tabernacle [est] une petite chose, et pourtant elle exprime une grande chose : la présence de Dieu – qu'Il est là.

LE PAIN DE VIE

Jésus a souffert de nous aimer. Il en a souffert. Pour s'assurer que nous nous souviendrions de Son grand amour, Il S'est fait Pain de Vie pour satisfaire notre faim de Son amour[2], notre faim de Dieu, parce que nous avons été créés pour cet amour. Nous avons été créés à Son image[3]. Nous avons été créés pour aimer et être aimés, et Il S'est fait homme afin qu'il nous devienne possible d'aimer comme Lui nous a aimés. Il Se fait l'affamé, le nu, le sans-logis, le malade, le prisonnier, l'isolé, l'indésirable, et Il dit : « C'est à Moi que vous l'avez fait[4]. » Il a faim de notre amour, et cette faim est celle de nos pauvres. C'est la faim que vous et moi devons découvrir. Elle est peut-être dans notre propre maison.

2. Jean 6, 35.
3. Genèse 1, 26.
4. Matthieu 25, 35-40.

III

Ce qui m'empêche d'aimer

Créés par Dieu et pour Dieu, qui est infiniment bon, nous sommes faits pour vivre dans une relation aimante avec Lui et les uns avec les autres. Non seulement le Créateur a placé dans chaque cœur humain un code moral fondamental afin d'inciter chaque personne à faire le bien et à rejeter le mal, mais Il a aussi expliqué dans les dix commandements comment vivre dans l'amour. Malheureusement, nous découvrons en nous-mêmes de nombreux obstacles qui nous empêchent d'aimer et nous luttons pour les surmonter. Héritiers du péché de nos premiers parents qui ont abusé de la liberté que Dieu leur avait donnée et désobéi à Son ordre, nous avons tendance à nous préférer nous-mêmes plutôt que Dieu et à agir contre Sa volonté et contre notre propre bien. Mère Teresa le résume abruptement : « Quand je choisis le mal, je commets un péché. C'est là que ma volonté entre en jeu. Lorsque je cherche quelque chose pour moi-même aux dépens de tout le reste, je choisis délibérément le péché. Disons, par exemple, que je sois tentée de dire un mensonge et qu'ensuite j'accepte de dire ce mensonge. Eh bien, mon esprit est impur. Je me suis chargée d'un fardeau. J'ai mis un obstacle entre Dieu et moi. Ce mensonge a gagné. J'ai préféré le mensonge à Dieu. »

Pour atteindre le bonheur en vue duquel nous avons été créés, nous devons faire constamment usage de notre volonté pour agir contre toute inclination au péché et rejeter tout péché, car il nous écarte de Dieu et nous rend esclaves de nos désirs déréglés.

Dans la mesure où il fait partie de la race humaine déchue, toute personne est un pécheur et porte un péché « radical » contre lequel il lui faut lutter. C'est pourquoi nous devons nous abstenir de juger ou de condamner les autres pour leurs faiblesses et leurs péchés. À cet égard, Mère Teresa préconisait : « Nous ne devons pas juger, [...] nous ne pouvons pas dire qu'ils font quelque chose de bien, mais pourquoi ils le font, nous ne le savons pas. » Tout en étant toujours miséricordieuse à l'égard du pécheur, elle ne reculait pas devant le devoir de dénoncer les comportements peccamineux.

Elle parlait souvent de « manquement à la charité », principalement au sujet des péchés en parole : la médisance et la calomnie, ou toute forme de ragot. Ces péchés la peinaient profondément. De sa propre mère, elle avait retenu quelques leçons salutaires sur le respect de l'honneur et de la réputation d'autrui, surtout en parole. Refusant de se focaliser sur les défauts ou de laisser ces travers interférer avec son choix d'aimer, elle trouvait toujours quelque chose de positif à dire, même devant la situation la plus difficile. On hésitait instinctivement à critiquer en sa présence. Si quelqu'un faisait une remarque négative ou critiquait quelqu'un, en particulier les pauvres, elle attirait immédiatement son attention sur cette réalité qui fait réfléchir : « Si nous étions à leur place, nous ne savons pas comment nous serions ni ce que nous ferions – peut-être pire. »

Une autre faute en apparence mineure qui occupait une place importante dans sa liste de péchés « lourds de sens » était la récrimination. Pour elle, récriminer indiquait un manque de foi concrète, une incapacité à discerner la main de Dieu dans des circonstances particulières, une réticence à se livrer à Sa volonté. Récriminer ou murmurer tue la joie, détruit la joie de donner et la joie d'aimer. Par son propre exemple, elle a montré qu'il est bien plus constructif et bénéfique pour tous de faire ressortir le côté positif d'une situation, si imparfaite soit-elle.

Mère Teresa considérait l'amertume comme un obstacle important à l'amour et un handicap dans la vie spirituelle. Le refus de pardonner engendre la rancœur et l'amertume ou un désir de vengeance et c'est un « maillon » robuste dans la chaîne du mal. Dans le cours de nos relations avec les autres, il est inévitable que nous soyons blessés et que nous blessions les autres, la plupart du temps involontairement. Refuser d'oublier les choses qui nous ont blessés et en garder rancune est préjudiciable à tout le monde, surtout à celui qui ne pardonne pas. Sensible de nature, Mère Teresa souffrait vivement de certaines meurtrissures, mais elle était décidée à ce que cela ne détermine ni n'influence ses choix. Au lieu de se concentrer sur elle-même, elle se concentrait sur la personne qui l'avait blessée, jusqu'à éprouver de la peine pour elle, sachant que la personne se faisait surtout du mal à elle-même en réalité. Par son pardon, elle offrait à chacun la possibilité de prendre un nouveau départ.

« La mauvaise humeur est une maladie. » Avec cette déclaration lapidaire, Mère Teresa plaçait la mauvaise humeur sur la liste des maux spirituels qui entravent considérablement l'amour. La mauvaise humeur, une forme de vengeance passive qui se manifeste par un silence obstiné, révèle bien des péchés cachés : l'orgueil, la colère, le refus de pardonner, la rancune. La mauvaise humeur a un effet paralysant sur les autres (qu'il s'agisse de la communauté ou de la famille), mais plus encore sur celui ou celle qui cède à cette faute, car elle inhibe sa capacité à aimer et à grandir dans l'amour. Si la joie est contagieuse, le manque de joie l'est aussi.

Le commandement de Dieu de nous aimer les uns les autres ne laisse pas de place à l'indifférence, aucune exception à l'obligation d'aimer, aucune excuse au manque de sollicitude. Il nous est demandé, comme le disait Mère Teresa, d'avoir « des yeux qui voient » les besoins de nos frères et sœurs et de faire quelque chose pour les aider. L'indifférence ou la dureté de cœur devant la douleur et les souffrances d'autrui était un mal contre lequel elle se battait. Au message « C'est le cadet de mes soucis » porté par certains, les actions de Mère Teresa répondaient : « C'est mon premier souci. »

Rejeter ou éviter les autres en raison de leur pauvreté, ou leur en faire le reproche, était une grande injustice aux yeux de Mère Teresa. Quelles que soient les causes des difficultés d'une personne, elle était persuadée que celle-ci avait droit à de l'aide et des soins. Sa première réaction lorsqu'elle rencontrait une personne en détresse était d'essayer de lui procurer une aide immédiate et efficace, et ensuite seulement de chercher les causes de ses difficultés. Prenant la défense des pauvres lorsque quelqu'un les blâmait pour leur pauvreté, elle posait la question : « Que feriez-vous si vous étiez à leur place ? » En fait, elle amenait ses interlocuteurs à prendre conscience qu'ils avaient peut-être dans cette pauvreté une plus grande part de responsabilité qu'ils ne le pensaient.

Autre sujet qu'elle abordait fréquemment lors de ses interventions publiques : le respect de la vie humaine, depuis la conception jusqu'à la mort naturelle. Dans son respect et son amour profonds pour Celui qui donne la vie, elle défendait vigoureusement Ses droits en s'opposant à toute forme de violence contre la vie humaine, prenant la parole en faveur des êtres humains les plus faibles et les plus vulnérables.

Elle considérait l'avortement comme le plus grand destructeur de paix au monde. Son raisonnement était logique : une fois qu'il est permis et acceptable socialement de tuer la chair de sa chair, ceux avec qui l'on ne possède aucun lien familial ont encore moins « droit » à notre amour, à notre considération et à la vie ; on peut encore plus facilement « s'en débarrasser » à sa guise. Si, dans le but de préserver des intérêts souvent injustes et égoïstes tels que l'amour du confort et du plaisir, une société s'en prend directement à l'enfant dans le sein de sa mère, elle finira par éliminer aussi sans scrupules d'autres êtres sans défense. La pente peut devenir très glissante.

Les personnes âgées, les malades ou les infirmes, de plus en plus souvent considérés comme un « fardeau » pour la société, font partie des plus vulnérables dans le monde d'aujourd'hui. Mère Teresa déplorait particulièrement toute forme d'indifférence ou de négligence à l'égard des parents âgés qui ont besoin de soins. Dans la mesure où « l'amour commence à la maison », nous avons d'abord une responsabilité envers nos proches. Les infirmités ou les souffrances ne diminuent pas la dignité foncière de chacun. La souffrance fait partie de toute vie humaine et, en fonction de notre attitude, elle peut se révéler source de grâces immenses, non seulement pour celui ou celle qui souffre mais aussi pour ses proches. L'amour et les soins donnés ou reçus permettent de se rapprocher les uns des autres, de se rapprocher de Dieu et de progresser dans la connaissance du véritable but de notre existence : connaître, aimer et servir Dieu et atteindre ainsi le bonheur éternel.

Un autre thème récurrent des discours publics de Mère Teresa était le caractère sacré du mariage et l'importance de la vie de famille, puisque la famille constitue la cellule de base de la société. Le bien-être de la société repose sur le bien-être de la famille. Cette « école domestique de l'amour » fournit aux enfants les repères dont ils ont besoin, en terme d'autorité, de stabilité et de relation avec les autres, afin qu'ils puissent devenir des adultes responsables, capables de contribuer à la construction d'une société saine. Son opposition au divorce, qui a été sévèrement critiquée par certains, était fondée sur sa foi en la permanence du mariage, lien sacré entre un homme et une femme. Consciente des difficultés qui peuvent exister, elle plaidait qu'il est possible d'apprendre à vivre ensemble dans l'amour.

Le foyer est (ou devrait être) l'environnement premier et naturel dans lequel l'amour est donné et reçu. L'amour et l'unité de la famille servent de fondations au développement des enfants et leur procurent le sentiment de savoir qui ils sont, ainsi que la paix, la confiance, la sincérité et la joie qui les prépareront à prendre leur place dans la société. De petits gestes d'attention à l'égard de nos proches feront qu'ils se sentiront bienvenus, acceptés, dignes et appréciés. Le foyer familial offre de nombreuses occasions de partager des joies, traverser ensemble des épreuves, fournir un soutien dans la souffrance, se mettre à la disposition des autres, en cherchant à servir plutôt qu'à être servi – toutes attitudes qui expriment notre amour. Là où « la tendresse, le pardon, le respect, la fidélité et le service désintéressé sont de règle[1] », les membres de la famille, parents comme enfants, grandiront en sainteté.

---

1. *Catéchisme de l'Église catholique*, § 2223.

Cependant, Mère Teresa savait bien qu'une famille est affectée par les faiblesses et les péchés de chacun de ses membres, et que le foyer familial peut devenir un lieu de profonde souffrance. Elle insistait sur le besoin de pardon et de réconciliation, sans se faire d'illusion sur les efforts que cela pouvait exiger. « Une famille qui prie ensemble reste ensemble », répétait sans relâche Mère Teresa, citant le père Patrick Peyton, csc. Comme les saints avant elle, elle était sûre que toutes les difficultés peuvent être surmontées grâce à la prière.

Face à la tentation du péché – un manque d'amour – le premier conseil de Mère Teresa était de chercher de l'aide là où elle est toujours disponible : se tourner vers Dieu dans la prière. Elle savait que la grâce de Dieu accompagnerait toujours la bonne volonté et l'effort. De cette façon, les tentations deviennent des occasions de grandir et de faire (encore plus !) le bien. Compter sur l'aide divine et s'ouvrir à cette aide sont des stratégies importantes pour combattre la tentation et surmonter les entraves à l'amour.

Résister aux tentations nécessite une ferme résolution de rester sur le droit chemin. « Je ne le veux pas », conseillait-elle de répondre à la tentation du péché. L'on ne doit pas être influencé par ses émotions, ses humeurs ou par l'opinion des autres. Elle citait souvent sainte Thérèse d'Avila : « Satan a terriblement peur des âmes résolues. » Pour Mère Teresa, tout dépendait de ces deux phrases : « je veux » ou « je ne veux pas ». Ainsi, une « forte résolution » était essentielle pour accomplir le bien et éviter le mal.

Une âme résolue, affirmait-elle, ne doit pas avoir de crainte, même du diable, car « personne, pas même le diable, ne peut vous faire faire ce que vous ne voulez pas faire ». Consciente des écueils que l'on peut rencontrer en chemin, Mère Teresa mettait en garde contre les tactiques du « père des mensonges », qui vient déguisé sous les traits d'un « ange de lumière ». Elle commentait avec humour : « Si je devais décerner un prix Nobel de patience à quelqu'un, ce serait au diable, car il est plein de ressources et il a une patience infinie. »

« Ne cachez rien » était une autre de ses maximes. En s'ouvrant avec franchise de ses difficultés aux personnes qualifiées (c'est-à-dire la supérieure, le directeur spirituel ou le confesseur), on évite de devenir préoccupé voire obsédé de soi-même et de ses problèmes. Elle conseillait de « parler à temps », car elle savait combien une parole avisée peut être d'une grande aide dans l'épreuve.

« Occupez-vous », recommandait enfin Mère Teresa face à des tentations ou pensées impures. Faire quelque chose d'utile afin de distraire son attention de telles pensées peut s'avérer très salutaire. Ne pas s'appesantir sur un problème et ne pas se débattre avec lui jusqu'à l'obsession – tels étaient d'autres conseils pratiques que Mère Teresa donnait aux gens pour les aider à ne pas perdre leur équilibre. Mère Teresa ne cédait jamais au découragement lorsqu'elle rencontrait un manque d'amour chez elle-même ou chez les autres. Sachant que la miséricorde de Dieu est plus grande que n'importe quel péché, elle se tournait vers Lui pour implorer son pardon et encourageait les autres à faire de même. Le sacrement de réconciliation (ce don merveilleux de l'amour de Dieu qui guérit) était le principal moyen de se réconcilier avec le Seigneur et avec tous ses frères et sœurs. Se reconnaissant comme pécheresse, elle s'approchait du sacrement de réconciliation après un examen de conscience minutieux, admettant ses torts, se repentant et décidant d'amender son comportement. De cette rencontre avec Jésus, elle émergeait pardonnée, guérie et fortifiée. Mère Teresa répétait souvent : « Nous allons à la confession pécheurs chargés de péché et nous en ressortons pécheurs sans péché. »

Si elle avait causé du tort à quelqu'un, Mère Teresa était prompte à reconnaître sa faute et à s'excuser. Il faut du courage et de l'humilité pour dire « pardon », mais c'est souvent le seul chemin vers la réconciliation et la paix. Non seulement elle cherchait la réconciliation avec toute personne à qui elle pouvait avoir fait du tort, mais aussi avec ceux qui lui en avaient fait à elle. Mettant fidèlement en application les principes qu'elle enseignait à ses sœurs, elle était « la première à demander pardon » même si elle n'était pas la fautive, afin de donner à l'autre l'occasion de se réconcilier et de repartir sur de bonnes bases. Allant même plus loin, elle acceptait d'être accusée à tort, voyant là l'occasion d'imiter Jésus : « Lorsque quelqu'un vous fait un reproche, si vous avez la conscience tranquille, remerciez Dieu. Saisissez cette belle chance. C'est la meilleure manière de vous rapprocher de Jésus. »

Le péché

Tout dépend de ma volonté. Il dépend de moi que je devienne un saint ou un pécheur.

« JE NE SERVIRAI PAS »

Remontons jusqu'au ciel, où, au milieu des anges, Dieu a posé la question. Quelle était cette question ? Que Dieu le Fils allait Se faire homme et qu'ils devraient Lui obéir. Les anges sont plus intelligents en tous points que les hommes. Lucifer, le plus puissant d'entre eux, [a dit] : « Je ne servirai pas[1]. » *Non serviam*, une expression latine [qui] a une signification profonde. Combien de fois disons-nous : « Je ne servirai pas » ? L'enfer a été créé [à ce moment-là]. Avant cela, il n'y avait pas d'enfer. Et une fois qu'on y entre, on n'en ressort plus. On ne peut en ressortir que sous la forme d'un démon qui vient tenter les gens ; à part cela, il n'y a aucune permission de quitter l'enfer. [Il n'y a] ni miséricorde ni purification des péchés, il n'y a pas de confession en enfer. Aussi mes sœurs, faites bon usage de la confession.

Il y avait un homme et une femme, beaux, tellement beaux. Jésus n'était pas dans le monde à cette époque. Aujourd'hui il y a des millions et des millions de gens, mais il y en avait seulement deux [à ce moment-là]. Et il y avait aussi

1. Isaïe 14, 12-15 ; Apocalypse 12, 1-8.

de beaux arbres dans un jardin magnifique. Et Dieu Lui-même leur a parlé. Il leur a demandé une toute petite, petite chose. Dieu leur a dit : « Vous pouvez manger de tous ces arbres, des centaines d'autres arbres, plein d'arbres, mais ne mangez pas le fruit de cet arbre-ci[2]. » Et au lieu de s'asseoir sous cet arbre-là ou celui-là, elle [Ève] va s'asseoir sous l'arbre interdit. Et Lucifer se déguise. Il est dans l'arbre et elle est dessous et il commence à lui parler : « Je crois que vous n'avez pas le droit de manger de cet arbre. Je sais pourquoi : parce que si vous mangez de cet arbre, vous deviendrez comme Dieu ; si vous mangez de cet arbre, vous saurez tout. » Et Adam la cherchait partout, et au lieu de lui dire de s'écarter, c'est elle qui l'appelle et qui dit : « Tu vois, j'ai mangé de ce fruit. Je suis pleine de vie, je sais, maintenant. » Et pour lui faire plaisir, Adam en a aussi mangé. Je ne pense pas qu'ils aient mangé deux ou trois pommes ; juste une[3]...

Alors mes sœurs, écoutez bien. Je veux que vous réfléchissiez profondément. Si Ève ne s'était pas assise sous cet arbre, le diable ne l'aurait très probablement pas tentée. Voyez cette imprudence. Ce péché de désobéissance a amené tant de mal dans le monde. Je veux que vous écoutiez bien. Où cette tentation a-t-elle commencé ? Si Ève avait évité de s'asseoir sous cet arbre, il n'y aurait pas eu le diable pour les tenter. Mais l'imprudence les a conduits au péché.

INCAPABLE D'AIMER

Pécher, [c'est être] incapable d'aimer. Que signifient ces mots pour moi ? Notre Seigneur était très triste lorsqu'Il parlait à Marguerite-Marie ; elle lui a demandé pourquoi Il

2. Genèse 2, 7-9 ; 15-17.
3. Genèse 3, 1-6.

était ainsi et Il a répondu : « Ces âmes toutes proches de moi, ce sont leurs péchés qui me causent le plus de souffrance. » Le péché est un mal qui n'a pas été créé par Dieu, mais par le fruit de la désobéissance. [Au] commencement de la vie, nous avons été créés à l'image de Dieu. Chaque petite chose était si belle... « De cet arbre seulement ne mangez pas les fruits[4]. » Et Il n'a pas donné de raison... une si petite chose.

EST-CE QUE QUELQUE CHOSE DIVISE MON AMOUR POUR JÉSUS ?

« Mon cœur est-il pur ou bien y a-t-il quelque chose qui divise mon amour pour Jésus ? »

En tant que porteurs de l'amour de Dieu, il faut que nous passions un peu de temps sur nous-mêmes. Supposons que vous veniez de mourir : vous devriez être confrontés à vous-mêmes et voir, à la claire lumière de Dieu, si quelque chose s'interpose entre vous et Lui. Certains théologiens disent que ceux qui vont au purgatoire n'y sont pas envoyés par Dieu mais y vont d'eux-mêmes parce qu'ils se rendent compte qu'ils ne sont pas encore capables d'aimer Dieu complètement, que leur amour a besoin d'être purifié. Ils se rendent compte qu'entre Dieu et eux, il n'y a pas de lien. Je crois qu'ils sont heureux d'y aller pour devenir d'une pureté immaculée.

Je dois me préparer pour ce jour-là et non l'attendre. Faire mon examen de conscience et voir ce qui me retient, voir en particulier quels sont mes attachements. Pas seulement à un être humain, il peut s'agir d'une petite chose. Saint [Jean de la Croix] dit qu'il n'est pas nécessaire d'être retenu par une

4. Genèse 2, 17.

épaisse chaîne mais qu'un mince fil de soie [suffit]. À combien de fils est-ce que je me raccroche dans ma vie? Nous devons être complètement libres pour appartenir entièrement à Jésus-Christ. Puis-je dire en toute sincérité : « Jésus vit véritablement en moi maintenant » ? Suis-je parvenue à connaître Jésus en réalité, pas seulement en imagination ? Extérieurement, je suis peut-être très recueillie et priante, mais cela ne compte pour rien, mes sœurs, si vous ne voyez pas que, tout au fond de vous, Jésus est réellement présent.

Condamnez le péché et non le pécheur

Jésus a dit très clairement : « Ne jugez pas. Si vous ne jugez pas, vous ne serez pas jugés[1]. » Mais lorsqu'une sœur fait quelque chose de mal, vous ne pouvez pas dire que c'est bien. L'acte est mauvais, mais pourquoi elle agit ainsi, vous ne le savez pas, [...] son intention, vous ne la connaissez pas. Lorsque nous jugeons, nous jugeons l'intention de la sœur, ou du pauvre.

*

Nous devons nous rappeler : nous ne pouvons pas nous empêcher de voir les fautes de nos [...] gens et de nos enfants, mais [...] nous ne devons jamais émettre de jugement sur leurs intentions – l'intention, seul Jésus la connaît. C'est pourquoi Jésus est si bon et miséricordieux, car Il sait à chaque fois ce que nous voulons faire en réalité.

*

Évitez de juger, tout comme vous évitez le diable ; même si une sœur a commis une grosse erreur.

---

1. Matthieu 7, 1 ; Luc 6, 37.

*

Peut-être que nous ne nous battons pas avec des pistolets et des couteaux, mais avec nos critiques et notre jugement hâtif. Des remarques, préservez-vous; il est facile d'y céder. Par exemple, si je vous ai dit un mensonge et que vous savez que c'est un mensonge: tout de suite, vous dites que je suis une menteuse. Peut-être que tout de suite après avoir dit ce mensonge, je m'en rends compte et je m'excuse. Vous savez que c'est mal de mentir, mais pourquoi j'ai dit ce mensonge, vous ne le savez pas. Je ne peux pas nier le fait que c'est mal [de mentir]. Ayez cette attitude: ne pas émettre de jugements, ni en paroles, ni même dans [votre] esprit.

*

L'une des sœurs avait une langue terrible [...] [et] un jour elle s'est enflammée une nouvelle fois. Tout le monde s'est énervé. Je l'ai convoquée et elle m'a montré son carnet: dix-neuf fois elle s'était dominée, une seule fois elle avait chuté, mais personne n'avait vu ces dix-neuf fois et tout le monde avait vu sa chute. Elles ont récriminé, cela a dû l'aider à devenir plus humble. Nous voyons la faute, mais nous ne connaissons jamais la raison. C'est pourquoi Jésus a dit que nous ne devions pas juger[2]. Personne n'a vu le combat dans le cœur de cette enfant. Maintenant veillez à débarrasser votre cœur de tout cela: la critique, le dénigrement, le jugement. Ouvrez les yeux et voyez le bien chez vos sœurs. Saint Jean Berchmans avait de grandes difficultés dans la communauté, donc il s'est inventé une litanie des saints:

2. Matthieu 7, 1 ; Luc 6, 37.

Frère Jean, humilité, priez pour moi. Frère Paul, belle voix, priez pour moi. [...] Cela a sauvé sa [vocation] et fait de lui un saint. Éprouvez de la joie à vivre ensemble. Partagez les unes avec les autres. Soyez complètement à l'aise, ouvertes et aimez-vous les unes les autres. Nous ne pouvons pas raconter de mensonges à Jésus. Si nous ne nous aimons pas les unes les autres, notre amour [de Jésus] n'est pas vrai.

*

Ne jugez pas ; nous ne savons pas. Ne vous laissez pas aller à des pensées désobligeantes. Nous devons être bonnes parce que nous aimons. Il est tellement facile d'être désobligeant lorsqu'on juge. Contrôlez vos jugements[3].

*

Un frère était en train de mourir et son supérieur s'inquiétait pour lui parce qu'il riait au lieu de demander pardon à Dieu. Il disait : « Je n'ai jamais critiqué, jamais récriminé contre personne. Je sais que je vais aller tout droit à Dieu. » Vous pouvez mentir toute votre vie, mais quand vous êtes en train de mourir, vous ne pouvez jamais mentir [...] et il était là, avec un grand sourire. Il disait : « Je n'ai jamais jugé personne et Dieu ne me jugera jamais[4]. »

---

3. Jacques 4, 11-12.
4. Luc 6, 37.

Le manque de charité

Lorsque je manque de bonté, de charité, c'est cette gifle que je donne à Jésus ; c'est une humiliation pour Dieu. Ce fut la souffrance la plus difficile à accepter pour Jésus : cette gifle[1]. Faites le lien entre Sa Croix et la croix que vous portez sur votre habit. Aujourd'hui, ai-je essuyé le sang du visage de Jésus ?

COMME NOUS SOMMES DIFFÉRENTES DE LUI !

Comme nous sommes différentes de Lui ! Nous avons si peu d'amour, si peu de compassion, si peu de pardon, si peu de bonté que nous ne sommes pas dignes d'être si près de Lui, de pénétrer dans Son cœur. Car Son cœur est encore ouvert pour nous accueillir. Sa tête est encore couronnée d'épines, Ses mains clouées à la Croix aujourd'hui. Il nous faut découvrir : « Ces clous viennent-ils de moi ? Ce crachat sur Son visage vient-il de moi ? Quelle partie de Son corps ou de Son esprit a-t-elle souffert à cause de moi ? » Sans angoisse ni crainte, mais avec un cœur doux et humble, découvrons quelle partie de Son corps a [souffert], [quelles sont] les blessures infligées par mon péché. Ne marchons pas seules, mais mettons notre main dans la Sienne. Il est là pour

1. Jean 18, 22-23.

pardonner soixante-dix fois sept fois[2] ; tant que je sais que mon Père m'aime, qu'Il m'a appelée d'une manière spéciale, qu'Il m'a donné un nom, je Lui appartiens avec toute ma misère, mon péché, ma faiblesse, ma bonté, [...] je suis à Lui.

VIDEZ VOS CŒURS DE TOUT MANQUE DE CHARITÉ

Combien d'entre nous ont réellement écouté Dieu parler dans le silence du cœur ? Du trop-plein du cœur, la bouche parle[3]. [...] J'ai répété que nous associons la violence au meurtre ou à un coup de fusil. À chaque fois, une seule balle sort. [...] Je veux que vous examiniez tout spécialement ceci : Avez-vous entendu la voix de Dieu ? Mon cœur est-il silencieux ? Si des mots amers, coléreux sortent de votre bouche, alors votre cœur n'est pas plein de Jésus. La bouche parle du trop-plein du cœur et, dans le silence du cœur, Dieu parle. Je veux que vous vidiez votre cœur de tout manque de charité, toute amertume, toute fausseté que vous voyez et que vous entendez.

SE COUPER DE JÉSUS

Dieu nous connaît mieux que personne. Il connaît nos capacités. Sa connaissance de chacun de nous est complète. Une fraction de Sa beauté est en chaque personne. Nous sommes faits à l'image de Dieu[4]. Son caractère aimable est en chacun de nous, alors voyons ce qu'il y a de Dieu en chaque personne. Pour cela, il nous faut un regard pur et un cœur pur, pour pouvoir voir cette beauté. Lorsque nous

2. Matthieu 18, 21-22.
3. Luc 6, 45.
4. Genèse 1, 27 ; 9, 6.

sommes désobligeantes, orgueilleuses ou dures, demandons-nous : « Pourquoi suis-je dure aujourd'hui ? » Mon cœur n'est pas pur. Quelque chose me coupe de Jésus.

VOYEZ VOS PAROLES

Demandez-vous si vous êtes sainte. Si vous voulez savoir si vous êtes vraiment sainte, examinez votre langue. Tous les plus gros péchés sont là : mensonges, récriminations[5]. [...] Toutes les belles choses aussi : la Parole de Dieu. C'est par la langue que Jésus pénètre dans nos cœurs. Comme la langue doit être sainte ! « Silence du cœur de Jésus, parlez-moi. » Je ne sais pas comment vous pouvez prier – il y a du bavardage partout. [...] La langue est étroitement liée au cœur. [Du] trop-plein du cœur, la langue parle[6]. [...] Nous sommes surpris de voir comment les gens ont blessé Jésus : ils L'ont giflé, Lui ont craché dessus[7]. Ce que nous jetons dans le caniveau, nous le jetons sur Jésus. Et Jésus... pas un mot. Chaque fois que nous disons des choses méchantes, des paroles peu charitables, nous faisons la même chose à Jésus. « C'est à Moi que vous l'avez fait[8]. » Terrible [...], jeter, cracher... c'est là que Véronique est intervenue et a essuyé Son visage. Cracher sur Notre Seigneur : « C'est à Moi que vous l'avez fait. » Quand ? En ce moment. Nous croyons que ce qu'ils ont fait, nous n'en sommes pas responsables ; c'est exactement ce qu'ils Lui ont fait [que] nous sommes en train de faire. Aujourd'hui, je veux que vous alliez devant le Saint Sacrement et que vous regardiez directement Jésus. Ce que

5. Jacques 3, 6-10.
6. Luc 6, 45.
7. Matthieu 26, 67 ; 27, 30 ; Marc 14, 65 ; 15, 19 ; Jean 18, 22-23.
8. Matthieu 25, 40.

vous avez fait à cette sœur, à ce pauvre : « Je crache sur Lui. » [...] Imprégnez-vous de cela et vous verrez comme votre attitude tout entière changera. Ce matin encore, j'étais avec Jésus. Au lieu de mots d'amour, je lui ai donné de la saleté – le péché, c'est de la saleté. Jésus nous donne un mot d'amour. Si vous voulez savoir si votre cœur va bien, voyez vos paroles.

AYEZ DU RESPECT LES UNES POUR LES AUTRES

Nous *devons* être capables de vivre dans la paix, la joie et l'unité. Comment ? Ayez du respect les unes pour les autres. Si Dieu m'a choisie, Il vous a choisies. S'Il m'aime, Il vous aime. S'Il a confiance en moi, Il a confiance en vous. N'utilisez jamais de paroles méchantes les unes au sujet des autres. N'essayez pas de voir ce qui est mauvais. Découvrez ce qui est bien en chacune. Le pape Paul [VI] essayait de trouver le meilleur en chacun. Peut-être suis-je jalouse. Elle a quelque chose que je n'ai pas. La jalousie est [un] problème cruel. Elle détruit la communauté. Un orgueil profondément enraciné. Je vous supplie d'agir ainsi : ayez une profonde confiance et un profond respect les unes des autres. En premier lieu, ce respect ; respectez-vous les unes les autres. J'ai l'habitude de m'incliner devant Jésus dans le cœur de chaque personne.

LA CRITIQUE

La première arme, l'arme la plus cruelle, est la langue. À présent, faites votre examen de conscience : quel rôle votre langue a-t-elle joué pour créer la paix ou la violence ? Nous pouvons vraiment blesser une personne, nous pouvons tuer une personne rien qu'avec notre langue.

UNE POMME POURRIE

Une âme qui est humble et sincère [...] ne s'abaissera jamais à la critique, qui dans la vie spirituelle est appelée « cancer du cœur ». Elle dévore tout l'amour de Dieu, toute l'énergie que nous avons pour les intérêts de Dieu. Elle est aussi particulièrement contagieuse. Si une sœur se met à critiquer, en peu de temps nous en aurons deux, quatre, huit, dix qui prendront sa suite. Quand nous étions petits, ma mère a voulu nous montrer ce que provoquent les mauvaises fréquentations, alors elle a apporté un panier de pommes au milieu duquel elle a mis exprès une pomme pourrie. Au bout de quelques jours, elle nous a appelés autour du panier et nous avons vu [que] toutes les pommes, qui étaient belles quelques jours plus tôt, étaient pourries. Elle nous a ensuite expliqué comment une pomme pourrie avait contaminé toutes les autres. De la même manière, de mauvais compagnons peuvent nuire aux autres. Et la critique produit cet effet sur les âmes. Une âme vraiment généreuse ne doit jamais s'abaisser à la critique. En général, les gens qui critiquent ne le font jamais ouvertement, mais ils le font en chuchotant. C'est un péché. Aujourd'hui, quand vous irez devant le Saint Sacrement, demandez à Jésus de vous garder du cancer de la critique. La critique n'est pas un manquement, ni une faiblesse humaine ; c'est quelque chose qui touche le cœur. Si nous y avons cédé par moments, prenons la résolution de l'éviter et supplions le Christ de nous en préserver. Pour nous garder de la critique, nous devons être humbles.

UNE FOIS QUE LES PAROLES ONT ÉTÉ PRONONCÉES

Ici même, à Rome, saint Philippe Néri était le directeur spirituel d'une dame qui avait une langue terrible. Il lui disait toujours qu'il fallait qu'elle la contrôle. Un jour, pour essayer de lui faire entrer cela dans la tête, il l'a amenée à la basilique Saint-Pierre, tout en haut, et il lui a dit d'ouvrir l'oreiller qu'elle avait apporté. C'était un oreiller plein de plumes. Elle l'a ouvert et les plumes se sont répandues partout. Puis il lui a dit : « À présent, prenez l'oreiller vide et allez ramasser toutes les plumes. » Elle n'a pas réussi à en ramasser plus de dix. Il a dit : « Ce sont les paroles que vous prononcez avec votre langue. » Ainsi, c'est la même chose pour nous : une fois que les paroles ont été prononcées, elles ne peuvent jamais être retirées. Ne répétez jamais ; ne dites jamais des choses que vous ne pourriez pas répéter à Jésus devant le Saint Sacrement. Le silence ne peut pas être corrigé.

FACILE DE SE PLAINDRE

Ne refusez rien, ne demandez rien, et ainsi vous ne vous plaindrez jamais. Se plaindre est très facile, mais se réjouir d'être le bâton sur lequel n'importe qui peut s'appuyer est très difficile. Nous perdons tellement lorsque nous récriminons ! Quelle perte d'énergie ! Comme nous sommes bêtes. Nous devons toutes faire attention parce que nous avons toutes cette tendance ; ne laissons pas nos goûts et nos dégoûts être la mesure de nos actions. Rappelons-nous, nous sommes venues pour accomplir la volonté de Celui qui nous a appelées. Surveillez-vous, mes sœurs. Personne ne peut faire ce travail à votre place, vous devez vous exercer à être heureuses en disant toujours « oui » à Dieu. Essayez de dire un « oui » de tout cœur à Dieu dans votre vie et vous verrez que vous vous rapprocherez de plus en plus de Dieu.

RÉCRIMINER

Une sœur qui récrimine ne peut pas prier. Et on peut voir sur son visage que quelque chose la soucie. Lorsque j'essaie de découvrir de quoi il s'agit, c'est toujours à cause de récriminations, de malentendus, de rumeurs. Si cela se produit lorsque vous êtes quatre ou lorsque vous êtes six, la vie en communauté va devenir si difficile ; cela va lorsque vous êtes une grande communauté. Tout comme les Américains vont faire des bilans [de santé] (« Est-ce que j'ai le cancer ? »), nous devons vérifier cela. Les récriminations et la critique sont toujours le fruit de la jalousie. Et la jalousie, une fois encore, n'est rien d'autre que de l'orgueil caché.

LES PRÉJUGÉS

Abstenez-vous de tout préjugé, c'est-à-dire d'avoir une idée arrêtée contre quelqu'un, et ce quelqu'un peut être ma supérieure. C'est très triste lorsque cela devient partie intégrante de ma vie. Pour nous religieuses, avoir des préjugés est particulièrement indigne. Murmurer, toujours insatisfaite… comme c'est mal ! Si vous n'y prenez pas garde, vous serez la proie du murmure, car c'est une maladie particulièrement contagieuse.

NOTRE HUMEUR

Nos vies doivent être reliées au Christ qui vit en nous. Si nous ne vivons pas en présence de Dieu, nous ne pouvons pas continuer. Il manque une chose de plus : le silence. Lorsque deux [sœurs] sont ensemble, elles se mettent à parler. Alors, sans le silence, il n'y aura pas de bonnes prières.

Nous devons aussi contrôler notre mauvaise humeur. Les éclats de mauvaise humeur sont une manifestation d'orgueil. Nous devons contrôler notre mauvaise humeur pour l'amour de Dieu. Dans une bonne famille, une famille ordinaire, il n'arrive pas que l'on perde patience et que l'on se réponde mal. Cela ne devrait pas se produire ici non plus.

LA JALOUSIE

« Bienheureux les cœurs purs, car ils verront Dieu[9]. » Une des choses qui font que notre cœur n'est pas pur est la jalousie ; je veux détruire ce que quelqu'un d'autre possède, je récrimine, je murmure : « Pourquoi moi, pourquoi pas elle ? » La critique, tout ceci est le fruit de l'orgueil. L'orgueil a tant de ramifications, nous ne savons jamais par où il nous pénètre. [...] La jalousie, c'est être triste de la bonté des autres. Y a-t-il quelque chose comme cela dans mon cœur ?

9. Matthieu 5, 8.

Les péchés par omission

Je veux que vous priiez et que vous fassiez votre examen de conscience [au sujet] des péchés par omission. Ayez le courage de demander pardon. La meilleure manière de s'excuser, c'est de faire le contraire en action. Si vous avez été de mauvaise humeur, soyez heureuse. [...] Je veux [...] non pas que vous changiez de place ou de travail, mais que vous changiez votre cœur. La mort peut survenir à n'importe quel moment.

*

La plus grande maladie aujourd'hui n'est pas la lèpre ou la tuberculose, mais plutôt le sentiment d'être indésirable, négligé, déserté par tout le monde. Le plus grand mal est le manque d'amour et de charité, la terrible indifférence envers ceux qui sont victimes de l'exploitation, de la corruption, de la pauvreté et de la maladie. L'amour doit se construire sur le sacrifice. Nous devons donner jusqu'à en souffrir.

MON FRÈRE ALLONGÉ LÀ

L'autre jour, je suis allée dans la rue ici [au Japon] [...] J'ai vu un homme de l'autre côté de la rue, complètement perdu. Certes, il était ivre, mais c'est mon frère. Mon frère. Cela m'a fait souffrir. Je ne pouvais rien faire. J'étais tellement désolée qu'il n'y ait pas une seule main (beaucoup de gens passaient), mais il n'y avait pas une seule main pour le relever. Même pour le mettre sur le trottoir. Je ne pouvais pas le faire. Je ne connais pas les règles ici parce que je suis arrivée il y a seulement quelques jours. Mais j'ai souffert. J'ai senti que mon frère était allongé là et je suis passée à côté. C'était Jésus sous le déguisement désolant. C'était cette faim d'amour, et je n'ai pas donné. C'était la nudité de la dignité humaine. C'est un homme. Il doit être le père de quelqu'un. Il doit être le fils de quelqu'un. Il doit être le frère de quelqu'un, allongé là au milieu de la rue. Même les voitures devaient le contourner. Même les gens devaient le contourner. Comment ? C'est là, si vous voulez vraiment aimer, que commence l'amour ; l'amour commence à la maison. Juste là. Nous ne devons pas avoir peur d'aimer. Nous ne devons pas avoir peur d'aimer jusqu'à en souffrir parce qu'aimer, c'est donner jusqu'à en souffrir.

JE N'AI PAS LE TEMPS

[Jésus] a tant aimé le monde et [...] Il S'est fait Lui-même lépreux, Il S'est fait ce malheureux malade mental qu'on voit dans la rue, pour que vous et moi puissions L'aimer, pour que vous et moi puissions satisfaire Sa faim de notre amour, et c'est pourquoi Il dit qu'à l'heure de notre mort, vous et moi allons être jugés, non pas sur les grandes choses que nous aurons faites, mais sur ce que nous aurons été pour les pauvres : cet homme affamé, cet homme qui est venu à notre porte, cette personne isolée, cet aveugle qui passait dans la rue, cette personne si seule, si indésirable, si mal aimée jusque dans ma propre famille. Peut-être que j'ai un père âgé, une mère âgée, peut-être que j'ai un enfant malade et que je n'ai pas le temps. Je suis tellement occupée, je n'ai pas le temps. Je n'ai pas le temps de sourire aux autres. Ma fille infirme, ma femme infirme, mon mari malade, je n'ai pas le temps et c'est Jésus sous le déguisement désolant. C'est Jésus qui a faim, juste là, dans ma famille, dans ma communauté, dans ma sœur et nous n'avons pas le temps. Nous n'avons même pas le temps aujourd'hui de nous sourire les uns aux autres, et pourtant Jésus nous aime d'un amour éternel. Et Jésus a dit : « Aimez comme Je vous ai aimés[1]. » Non, Il n'a pas comparé Son amour avec aucun autre amour. « Comme le Père M'a aimé, Je vous ai aimés[2]. Aimez-vous les uns les autres comme Je vous ai aimés[3]. »

OÙ ÊTES-VOUS ?

Peut-être n'avez-vous pas de gens qui ont faim de pain ou de riz, ou de ce que vous mangez ici, mais il y a des gens affamés, des gens seuls, ces gens dans la rue, tant de gens dans la rue. Et quand j'ai changé d'endroit, pareil, des gens dans la rue, indésirables, mal aimés, négligés, des gens affamés d'amour. Ils avaient trois, quatre bouteilles près d'eux, mais ils boivent parce qu'il n'y a personne pour leur donner autre chose. Où êtes-vous ? Où suis-je ? Dans ce cas, la nudité n'est pas le manque d'un morceau de tissu. La nudité ; nos gens ont perdu leur dignité, cette dignité humaine d'enfant de Dieu. Être sans logis, ce n'est pas seulement manquer d'un abri fait de briques, mais être rejeté, indésirable, mal aimé, négligé, mis au rebut, le « rebut » de la société. Nous avons tellement de gens comme cela, au cœur de New York, au

1. Jean 13, 34.
2. Jean 15, 12.
3. Jean 13, 34.

cœur de Londres, dans ces grandes villes européennes, avec seulement un morceau de journal [comme couverture], allongés là. Nos sœurs sortent le soir de 22 heures à 1 heure du matin dans les rues de Rome et elles apportent des sandwiches, elles apportent quelque chose de chaud à boire et [...] un froid terrible et seulement un journal. À Londres, j'ai vu des gens rester debout contre le mur de l'usine pour se réchauffer. Comment ? Pourquoi ? Où sommes-nous ? Donc je crois qu'il est bon pour nous de commencer par aimer à la maison. Puis, une fois que nous aurons appris à aimer de cet amour qui fait souffrir, alors nous serons capables de donner cet amour, nos yeux s'ouvriront, nous verrons, nous verrons. Très souvent, nous regardons mais nous ne voyons pas, ou bien nous voyons mais nous ne voulons pas regarder, et donc commençons à nous exercer à la maison. Cet amour tendre pour nos proches, du mari pour sa femme, pour les enfants, pour les gens qui travaillent dans votre usine.

CONNAISSONS-NOUS NOS PAUVRES ?

Ce qui se passe, tous ces avortements, tout cela, « Je ne veux pas de toi »... tout ceci est le meurtre de cet amour. C'est la plus grande pauvreté de ce pays. Tout pays qui tue, qui détruit l'amour, est le plus pauvre des pauvres, et vous et moi qui avons tant reçu, nous devons regarder nos gens en face. Savons-nous vraiment qui sont les pauvres ? Dans notre propre maison, dans notre quartier, dans la ville où nous habitons, dans le monde. Et si nous les connaissons, naturellement, nous les aimerons. Et si nous les aimons, il est entendu que nous les servirons. Et nous ne pouvons pas les servir en leur donnant simplement quelques dollars ou quelques roupies que nous tirons de notre abondance. Nous devons donner jusqu'à en souffrir. Nous devons donner nos cœurs pour les aimer et nos mains pour les servir, qui qu'ils soient, où qu'ils soient.

CONNAISSONS-NOUS CEUX QUI NOUS ENTOURENT ?

Nous devons donner jusqu'à en souffrir. L'amour, pour être vrai, doit faire souffrir. Cela a fait souffrir Jésus de nous aimer. Cela a fait souffrir Dieu de nous aimer parce qu'Il a dû donner. Il a donné Son Fils. Aujourd'hui nous sommes rassemblés ici – je ne peux rien vous donner, je n'ai rien à donner – mais ce que je veux de vous, c'est que lorsque nous regardons ensemble et que nous voyons les pauvres dans notre propre famille, que nous commencions dans notre maison à aimer jusqu'à en souffrir. Que nous ayons le sourire aux lèvres, que nous ayons du temps pour nos proches. Si nous connaissons nos proches, alors nous connaîtrons nos voisins. Nous les connaîtrons. Connaissons-nous les gens autour de nous ? Il y a tellement de gens seuls.

L'autre jour, je marchais dans la rue et un homme s'est approché et m'a dit : « Êtes-vous Mère Teresa ? » Et j'ai dit : « Oui. – S'il vous plaît, envoyez quelques-unes de vos sœurs chez nous. Je suis à moitié aveugle et ma femme est presque folle et nous nous languissons tout simplement d'entendre une voix humaine. Nous avons tout sauf... » Quand j'ai envoyé les sœurs là-bas, elles ont découvert que c'était vrai. Ils ne manquaient de rien, mais la solitude de ces deux-là... sans aucun proche. Leurs fils et leurs filles devaient sans doute habiter très loin d'eux. Et maintenant ils sont indésirables, inutilisables pour ainsi dire, improductifs, et cela les condamne à mourir de pure solitude.

Éviter les autres

Je pense qu'il est très difficile de se rendre compte de ce qu'est la solitude avant d'y être confronté, tout comme les gens qui parlent de la faim. Avant d'en avoir fait l'expérience dans leur vie, c'est très difficile pour eux de comprendre la souffrance de la faim. Même chose pour la solitude et le sentiment d'être indésirable, mal aimé, négligé. Comme par exemple nos patients qui sont évités par tous, les lépreux (nous prenons soin d'environ 46000 lépreux). Et je pense que plus que la maladie elle-même, je pense [à] cette solitude terrible, le fait que tout le monde les évite, que tout le monde s'enfuie devant eux. Je pense que c'est bien pire que la lèpre elle-même.

NÉGLIGÉS

La lèpre est une maladie très dure, certes. Mais [elle] n'est pas aussi douloureuse que la douleur d'être évité par les gens, d'être indésirable, négligé, tout simplement laissé seul. Je n'oublie jamais une journée en particulier. Nous avions organisé une fête pour nos lépreux dans l'un de nos centres de Calcutta et ce monsieur, complètement couvert et défiguré par la lèpre, s'est levé et a dit : « Il y a longtemps, bien des jours, je faisais partie de la haute administration. J'avais tout. J'avais des gens qui me suivaient à chaque pas. Et puis quand la maladie m'a frappé, j'ai dû me retirer et, pour épargner ma famille, pour épargner à mes filles et mes fils de devenir indésirables, je me suis retiré. Et retiré encore et je suis arrivé à ce stade. Je n'ai personne maintenant. Personne ne m'aime. Personne ne veut de moi à part ces sœurs qui ont donné leur vie pour nous. » Voilà la souffrance que ressentent nos gens. Ou bien celui que nous avions ramassé dans la rue et qui a dit : « J'ai vécu comme un animal dans la rue, mais je vais mourir comme un ange. » C'est ce dont nos gens ont besoin. Ils ont besoin de vos mains pour les servir, et ils ont besoin de vos cœurs pour les aimer.

INDÉSIRABLES

Je n'oublierai jamais une nuit en particulier, tard le soir (minuit), j'ai entendu la cloche de notre maison et je suis descendue et il y avait un petit enfant qui pleurait et je lui ai demandé pourquoi, que s'était-il passé. Et il a dit : « Je suis allé voir mon père, mon père n'a pas voulu de moi. Je suis allé voir ma mère, ma mère n'a pas voulu de moi, mais je sais que vous voulez de moi. Je suis venu chez vous. » Est-ce que votre enfant se sent indésirable, mal aimé ?

TANT DE SOUCIS

Un jour, j'ai demandé à une femme pauvre, une femme très bonne et très sainte : « Quelle est votre première pensée le matin ? » J'ai posé cette question parce que j'étais sûre qu'elle priait, et elle a dit : « Je pense à ce que je vais donner à manger à mes enfants aujourd'hui. » C'était une femme bonne, mais elle devait faire face à ce genre de souci. Nous n'avons pas à penser à ce genre de choses.

L'injustice

Pour moi, la plus grande injustice faite aux pauvres n'est pas tant que nous les avons privés de choses matérielles, mais que nous les avons privés de cette dignité d'enfant de Dieu, du respect que nous devons à une personne dont [nous] pensons « elle n'est bonne à rien, elle est paresseuse, elle est ceci, elle est cela » – tant d'adjectifs que nous rajoutons. Pour moi, c'est cela, la plus grande injustice [...] et je leur dis toujours : « Que feriez-vous si vous étiez à leur place ? Si vous aviez l'estomac vide jour après jour et que vous voyiez vos enfants mourir de faim, de froid ? » [...] Nous n'avons pas vécu cela. Aucun d'entre nous n'a vécu cela. Je n'oublie jamais que j'ai ramassé un jour une enfant de six ou sept ans dans la rue et à voir le visage de cette enfant, [elle avait] faim, vraiment faim. Donc je lui ai donné du pain, et elle s'est mise à manger le pain miette par miette, comme ceci. Je lui ai dit : « Mange le pain, tu as faim. Mange le pain. » Et elle a dit : « J'ai peur d'avoir de nouveau faim quand le pain sera fini. » Si petite, elle avait peur d'avoir faim de nouveau. Elle avait déjà vécu la souffrance de la faim. [...] C'est pourquoi il est facile pour nous qui avons l'estomac plein de proférer ce genre d'adjectifs. Et c'est la plus grande injustice.

LES CONNAISSONS-NOUS PAR LEUR NOM ?

Connaissons-nous nos gens par leur nom ? Chaque enfant, chaque personne ? Reconnaissez-vous l'enfant qui n'a pas mangé en regardant son visage ? Vous les punissez quand ils sont agités sans trouver la vraie raison de leur agitation. Vous êtes rassasiées – tellement facile pour vous dont l'estomac est plein – alors vous ne les comprenez pas. Ce qui m'a frappée durant la fête du jubilé d'argent de Nirmal Hriday : les pauvres qui emportaient la boîte pleine chez eux pour partager avec les autres membres [de leur famille] qui n'avaient pas mangé.

L'autre jour, j'ai reçu une lettre. Il était écrit : « Il y a tant de problèmes dans ce pays ; c'est la faute des pauvres et du gouvernement. » J'ai répondu : « Il est très facile pour vous de perturber le pays alors que vous avez l'estomac bien plein – tellement facile pour vous, qui avez l'estomac plein, de perturber le gouvernement et de créer des troubles et du mécontentement en écrivant cet article. »

LA CHARITÉ, UNE DROGUE POUR LES PAUVRES ?

L'autre jour, j'ai lu dans un article, écrit par un père jésuite, que la charité est comme une drogue pour les pauvres, que lorsque nous donnons aux gens des choses gratuitement, c'est comme si nous leur donnions de la drogue. J'ai décidé de lui écrire et de lui demander : « Pourquoi Jésus avait-il pitié des gens ? » Il a dû les droguer aussi lorsqu'Il les a nourris par la multiplication des pains et des poissons[1]. Il est venu apporter la Bonne Nouvelle aux gens[2], mais lorsqu'Il a

1. Matthieu 14, 13-21 ; Marc 6, 31-43 ; Jean 6, 1-14.
2. Luc 4, 18.

vu qu'ils avaient faim et qu'ils étaient fatigués, Il les a d'abord nourris. Une autre question que je vais lui poser : « Avez-vous déjà ressenti la faim des pauvres ? Avez-vous déjà senti la morsure du froid sans avoir une couverture pour vous réchauffer la nuit ? Avez-vous déjà eu un terrible mal de tête sans pouvoir prendre d'aspirine ? » C'est tellement facile pour lui et pour nous de parler de la pauvreté des pauvres, mais nous en connaissons si peu de choses en réalité. Aujourd'hui, juste après la Messe, sans y songer, nous nous sommes toutes assises pour prendre le petit-déjeuner. Nous avons mangé notre part de chapattis et bu autant de thé que nous le voulions – mais avons-nous eu à nous demander s'il en resterait assez pour demain, ou combien coûte une tasse de thé ou si nous pouvions nous permettre de racheter du sucre ?

LA PREMIÈRE VIOLENCE

Qu'est-ce que la violence ? Nous pensons en premier lieu aux armes, aux couteaux, au meurtre, etc. Nous ne pensons jamais à lier la violence à notre langue. La première violence qui est arrivée dans le monde était « un mensonge ». Le diable a raconté un mensonge à Ève, et par ce seul mensonge tout le genre humain est devenu pécheur. Quel était ce mensonge ? « Si vous mangez de ce fruit, vous deviendrez comme Dieu[3]. » Pensez-y… cet unique mensonge ; une fausseté. Nous pouvons mentir à des étrangers, nous mentir les uns aux autres, mais nous ne pouvons pas mentir à Dieu. Le diable nous fait croire que nous pouvons mentir à Dieu. Même à nous-mêmes, nous ne pouvons pas mentir, car nous

3. Genèse 3, 1-6.

ne pouvons rien nous dissimuler à nous-mêmes, nous savons ce qu'il en est réellement. Nous essayons de croire, mais nous ne faisons que nous duper. Le diable dit mille mensonges pour nous faire croire un seul mensonge.

UN MENSONGE

Il ne suffit pas que nous disions : « J'aime Dieu, mais je n'aime pas mon prochain. » Saint Jean dit que vous êtes un menteur si vous dites que vous aimez Dieu, mais que vous n'aimez pas votre prochain[4]. Comment pouvez-vous aimer Dieu, que vous ne voyez pas, si vous n'aimez pas votre prochain, que vous voyez, que vous touchez, avec qui vous vivez ? Donc il est très important que nous nous rendions compte que l'amour, pour être vrai, doit faire souffrir.

4. 1 Jean 4, 20.

Le respect pour la vie a disparu

La vie est un don de Dieu, créée par Dieu Lui-même, pour aimer et être aimé, et donc nous n'avons pas le droit de détruire ce qui appartient à Dieu Lui-même. En détruisant la vie, [vous] détruisez l'amour, [...] détruisez la présence de Dieu, [...] détruisez tout ce qui est beau.

L'IMAGE DE DIEU

L'autre jour, j'ai lu quelque chose qui disait que l'enfant à naître n'est pas un enfant tant qu'il n'est pas né. Je ne sais pas, je ne sais pas comment quiconque peut dire une chose pareille. Car il y a la vie, la vie de Dieu dans l'enfant, et cet enfant a été créé pour de plus grandes choses, pour aimer et être aimé. Et si nous avons tant de malheur dans le monde aujourd'hui, c'est parce que nous oublions comment aimer et être aimés jusqu'à en souffrir.

Alors prions, avec vous tous qui vous êtes réunis ici. Peu importe ce que vous croyez, quelle est votre foi. Mais demandons tous à Dieu d'ôter de nos propres familles, de nos propres cœurs, tout ce qui est susceptible de détruire la belle image de Dieu, d'ôter tout ce qui détruit la paix dans nos familles ; faisons tous les sacrifices et aidons les autres à se rapprocher de Dieu en les aidant à s'aimer les uns les autres, en nous pardonnant les uns aux autres. Parce que s'il n'y a pas de pardon, il est très difficile d'avoir la paix, il est très difficile d'avoir l'amour. Vous savez, toutes les œuvres d'amour sont des œuvres de paix. Donc remercions Dieu pour cette belle occasion [qui nous est donnée].

TUER

Dans l'avion en venant, j'ai passé mon temps à écrire des lettres et, à chaque fois que je levais les yeux, tout ce que je voyais, c'était le film qui passait, rien que des coups de feu et des meurtres, des coups de feu, des coups de poing, des bagarres, une chose très pénible. Je reposais ma tête, je levais les yeux : meurtres, revolvers, armes à feu… si fatigant. Après cela, je suis allée au bureau d'Air India et je les ai gentiment grondés. Je leur ai dit : « Vous faites tout pour que le voyage soit confortable, mais vous perturbez l'esprit des gens, car c'est comme ça qu'ils apprennent. » Et ils m'ont dit qu'ils n'y avaient jamais pensé, donc j'ai répondu : « Vous feriez bien de commencer à y penser maintenant. Le mal se répand, les gens sont fatigués et ils ont besoin de se reposer ; à chaque fois que je levais les yeux, je ne voyais jamais rien de beau qui élève l'esprit et le cœur, mais seulement des coups de feu, des meurtres, des revolvers. » Il faut vraiment que nous priions beaucoup.

*

Aujourd'hui en Yougoslavie[1], les gens tuent, se massacrent, sans aucun sentiment. Je dis toujours : « Si une mère peut tuer son propre enfant, que reste-t-il à l'homme comme interdit ? » Combien de millions d'avortements, de bébés tués ! C'est le fruit des avortements, tous ces meurtres,

1. Référence à la guerre en ex-Yougoslavie dans les années 1990.

ces guerres ; nous devons vraiment prier. Je ne sais pas jusqu'où tout cela va aller. Même chose en Inde, dans les petits villages, ces meurtres… partout tant de troubles.

LA PEINE DE MORT

Il y a quelque temps, on m'a téléphoné des États-Unis. On s'apprêtait à exécuter un homme qui avait commis de très graves crimes. On m'a demandé de parler au gouverneur, d'essayer de faire quelque chose pour cet homme. Dieu m'a aidée ; j'ai dit les premiers mots qui me sont venus : « Faites ce que Jésus ferait s'Il était à votre place. » [L'homme] n'a pas été exécuté ; il est toujours en prison.

LA VIE DÉLIBÉRÉMENT DÉTRUITE

Chacun de nous est ici aujourd'hui parce que nous avons été aimés par Dieu qui nous a créés et par nos parents qui ont accepté et se sont suffisamment souciés de nous pour nous donner la vie. La vie est le plus beau don de Dieu. C'est pourquoi il est si douloureux de voir ce qui se passe aujourd'hui dans tellement d'endroits dans le monde : la vie délibérément détruite par la guerre, par la violence, par l'avortement. Et nous avons été créés par Dieu pour de plus grandes choses : aimer et être aimés.

DES ENFANTS CONTINUENT À SOUFFRIR

Chaque enfant est un don de Dieu, né de l'amour, infiniment précieux pour Dieu, créé pour de plus grandes choses : aimer et être aimé. Pourtant un si grand nombre d'entre eux sont oubliés, abandonnés, maltraités, livrés aux plus atroces souffrances dans leur âme et leur corps. J'ai regardé dans les yeux des enfants; certains brillaient de faim, certains étaient ternes et vidés par la douleur. J'ai tenu d'innombrables bébés dans mes bras, qui mouraient par manque d'un peu de lait, d'un médicament. Et pourquoi tout ceci se produit-il? Pourquoi? Ces enfants sont mon frère, ma sœur, mon enfant. S'il y a de si terribles souffrances pour les enfants aujourd'hui dans le monde, c'est parce que les hommes et les femmes ont oublié de prier, de remercier Dieu qui est l'auteur de la vie pour ce précieux don de la vie. Et des enfants continueront à souffrir, et à souffrir terriblement, aussi longtemps que les hommes et les femmes accepteront et permettront le meurtre d'enfants dans le sein de leur propre mère. C'est si clair. Si nous permettons l'avortement, comment pouvons-nous empêcher quiconque de blesser délibérément un enfant, ou de le torturer et de le tuer? C'est le même enfant, qu'il soit dans le sein de sa mère ou en dehors.

LA CONTRACEPTION

Je sais que les couples ont besoin de planifier leur famille et pour cela, il y a les méthodes naturelles. La [bonne] manière de planifier la famille, c'est d'appliquer les méthodes naturelles, pas la contraception. En détruisant le pouvoir de donner la vie par la contraception, [on] se fait quelque chose à soi-même. En faisant cela, on prête attention à soi-même et ainsi cela détruit le don de l'amour en l'homme ou en la femme. Par amour, le mari et la femme doivent tourner leur attention l'un vers l'autre comme cela se passe avec les méthodes naturelles et non vers eux-mêmes comme cela se passe avec la contraception. Une fois que cet amour vivant est détruit par la contraception, l'avortement suit très facilement. Je sais aussi qu'il y a de grands problèmes dans le monde, que beaucoup de conjoints ne s'aiment pas suffisamment l'un l'autre pour pratiquer les méthodes naturelles. Nous ne pouvons pas résoudre tous les problèmes du monde, mais n'introduisons jamais le pire problème de tous, c'est-à-dire la destruction de l'amour. Et c'est ce qui se produit quand nous disons aux gens de pratiquer la contraception et l'avortement.

Les pauvres sont des gens tout à fait admirables. Ils peuvent nous enseigner tant de belles choses. Un jour, une femme pauvre est venue nous remercier de lui avoir appris les méthodes naturelles, puisque ce n'est rien d'autre que la maîtrise de soi par amour l'un de l'autre, et ce que cette personne pauvre a dit est très vrai. Les pauvres n'ont peut-être rien à manger, ils n'ont peut-être pas de maison où vivre, mais nous voyons que ce sont des gens admirables lorsqu'ils sont riches spirituellement.

Quand je ramasse dans la rue une personne qui a faim, je lui donne une assiette de riz, un morceau de pain ; pour la personne qui est exclue, qui se sent indésirable, mal aimée, [...] rejetée par la société, cette pauvreté spirituelle est bien plus dure à surmonter. Or l'avortement, qui suit souvent la contraception, amène les gens à la pauvreté spirituelle, et c'est la pire des pauvretés et la plus difficile à surmonter.

LA PLUS GRANDE PAUVRETÉ

Une grande pauvreté ! Voici l'enfant : l'enfant à naître, un petit enfant dans le sein de sa mère. Et elle ne veut pas de cet enfant. Elle a peur de l'enfant. « Si je dois nourrir un enfant de plus, si je dois éduquer un enfant de plus, je ne pourrai pas m'acheter une autre voiture, je ne pourrai pas avoir de télévision couleur ; donc je dois tuer l'enfant. » L'avortement : un meurtre ! Par qui ? Par la mère. Par le médecin. C'est si terrible. Ce petit enfant innocent ; cet enfant indésirable ; cet enfant avorté. Une grande pauvreté ! Grande pauvreté. Juste là, dans la famille. Peut-être que dans votre famille, personne ne va mourir par manque d'un morceau de pain. Mais là, ce petit doit mourir parce que vous ne voulez pas de lui.

*

Pour moi, c'est la plus grande des pauvretés que ce pays, que cette nation, que vous et moi ne puissions pas nous permettre de nourrir un enfant de plus, ne puissions pas nous permettre d'éduquer un enfant de plus, ne puissions pas habiller un enfant de plus… l'enfant doit mourir. Et c'est cela, je pense, qui a amené tant de malheur dans le monde : le cri de l'enfant à naître.

L'AMOUR DE DIEU ET DU PROCHAIN

Pensez seulement que Dieu crée la vie humaine à Sa propre image, dans le même but que celui pour lequel Il existe. Dieu existe pour nous aimer ; vous et moi et ce petit enfant à naître, nous avons été créés dans le même but : pour aimer et être aimés. C'est pourquoi je crois que l'avortement est un acte contre Dieu Lui-même parce qu'ils essaient de se débarrasser de la présence de Dieu, de l'image de Dieu.

LA MISÉRICORDE DE DIEU

J'ai le sentiment que dans tout avortement il y a deux meurtres, deux assassinats : l'enfant et la conscience de la mère. Donc prions pour que Dieu leur donne la grâce de Lui demander pardon, de faire la paix dans leur âme et de comprendre que le pardon de Dieu est bien plus grand, la miséricorde de Dieu est bien plus grande que leur erreur, et témoignons-leur cette tendresse et cet amour afin qu'elles comprennent : « Oui, Dieu m'aime, Dieu m'a pardonné. » [...] C'est très important qu'elles sentent qu'elles ont été pardonnées et que nous leur donnions une belle occasion de ne jamais recommencer et [l'assurance] qu'elles seront capables d'apporter ce tendre amour et ces soins au petit enfant à naître.

LA DOULEUR DANS LE CŒUR DE LA MÈRE

Récemment, je parlais avec une dame qui s'était fait avorter huit ans plus tôt et que m'a-t-elle dit? « Mère, j'ai une souffrance dans mon cœur. À chaque fois que je vois un enfant de huit ans, je me dis toujours que mon enfant aurait eu huit ans. L'an dernier, c'était sept ans... c'est une douleur dans mon cœur. » C'est une hindoue, non chrétienne, qui ne comprend peut-être pas, mais au fond, chrétienne ou non chrétienne, cet amour maternel, cet instinct maternel est là. Jusqu'à la fin de sa vie, elle saura : « J'ai tué mon enfant, j'ai détruit mon enfant. »

MA MÈRE

Je remercie ma mère d'avoir voulu de moi. Si elle n'avait pas voulu de moi, je ne serais pas Missionnaire de la Charité aujourd'hui. Donc je dois à ma mère une profonde gratitude et même les pauvres doivent à ma mère une profonde gratitude pour avoir voulu de moi.

LE PLUS GRAND DESTRUCTEUR DE PAIX

Nos enfants, nous les voulons, nous les aimons, mais qu'en est-il des autres millions ? Beaucoup de gens sont très, très inquiets pour les enfants d'Inde, pour les enfants d'Afrique, où un grand nombre meurent, peut-être de malnutrition, de faim etc., mais des millions meurent délibérément par la volonté de leur mère. Et c'est cela qui est le plus grand destructeur de paix aujourd'hui, parce que si une mère peut tuer son propre enfant, qu'est-ce qui m'empêche de vous tuer et qu'est-ce qui vous empêche de me tuer ? Il n'y a plus aucune barrière.

DÉBARRASSEZ-VOUS DES FILLES

À Bombay et à Delhi, ils pratiquent quelque chose de nouveau. Ils veulent se débarrasser des filles, car quand les filles se marient, les parents doivent fournir une dot très importante. Donc maintenant ils ont découvert un moyen. Au bout de deux mois, on peut voir si c'est une fille ou un garçon, s'il est infirme ou handicapé. D'après les calculs, bientôt il y aura cent hommes pour vingt femmes et la conclusion sera le péché. Imaginez le péché qui va en résulter ; cela détruit la vie de famille. Nous devons faire l'effort de prier et de ramener la prière dans les familles.

PERSUADER AVEC AMOUR

Comment persuader une femme de ne pas se faire avorter ? Comme toujours, nous devons la persuader avec amour et nous rappeler qu'aimer veut dire [être] prêt à donner jusqu'à en souffrir. Jésus a même donné Sa vie pour nous aimer, donc la mère qui pense à avorter doit être aidée à aimer, c'est-à-dire à donner jusqu'à en souffrir (ses projets ou son temps libre) pour respecter la vie de son enfant. Le père de cet enfant, quel qu'il soit, doit aussi donner jusqu'à en souffrir. Par l'avortement, la mère n'apprend pas à aimer, mais elle va jusqu'à tuer son propre enfant pour résoudre ses problèmes et, par l'avortement, le père n'a aucune responsabilité à prendre pour cet enfant qu'il a amené au monde. Le père a de fortes chances de mettre d'autres femmes dans la même situation et ainsi l'avortement conduit juste à d'autres avortements. Tout pays qui accepte l'avortement enseigne à ses citoyens non pas à aimer mais à recourir à n'importe quelle violence pour obtenir ce qu'ils veulent.

L'ADOPTION

Nous luttons contre l'avortement par l'adoption. En fournissant des soins à la mère et une adoption pour son bébé, nous avons sauvé des milliers de vie. Nous avons envoyé un message aux dispensaires, aux hôpitaux et aux postes de police : « S'il vous plaît, ne détruisez pas l'enfant, nous prendrons soin de lui, nous prendrons l'enfant. » Donc faites toujours dire aux mères qui ont des ennuis : « Venez, nous prendrons soin de vous. Nous trouverons un foyer pour votre enfant. » Et nous avons une demande immense de la part de couples qui ne peuvent pas avoir d'enfant, mais je ne donne jamais d'enfant à un couple qui a fait quelque chose pour ne pas en avoir. Jésus a dit : « Quiconque accueille un enfant en Mon nom M'accueille[2]. » En adoptant un enfant, ces couples accueillent Jésus, mais en avortant d'un enfant,

2. Matthieu 18, 5 ; Marc 9, 37 ; Luc 9, 48.

un couple refuse d'accueillir Jésus. S'il vous plaît, ne tuez pas l'enfant. Je veux cet enfant. S'il vous plaît, donnez-moi l'enfant. Je suis prête à accepter n'importe quel enfant qui aurait été avorté et à donner cet enfant à un couple marié qui aimera l'enfant et sera aimé de l'enfant. Rien que dans notre foyer pour enfants de Calcutta, nous avons sauvé plus de 3 000 enfants de l'avortement. Ces enfants ont apporté tant d'amour et de joie à leurs parents adoptifs et ont grandi si remplis d'amour.

DIEU NOUS AIME

Si nous nous souvenons que Dieu nous aime et que nous pouvons aimer les autres comme Il nous aime, alors l'Amérique pourra devenir un signe de paix pour le monde. D'ici, un signe de sollicitude pour le plus faible des faibles (l'enfant à naître) doit partir vers le monde pour devenir un flambeau de justice et de paix dans le monde. Alors, vraiment, vous serez fidèles à ce que les fondateurs de ce pays ont voulu. Que Dieu vous bénisse tous.

Familles brisées

Tout comme l'amour commence à la maison, le mal commence aussi à la maison, le péché commence à la maison.

LE MONDE EST SENS DESSUS DESSOUS

C'est vous et moi qui pouvons donner cette joie de l'amour, de la paix dans la famille. Aujourd'hui, le monde est sens dessus dessous, tant de haine, tant de meurtres, tant de malheur, parce que l'amour, la paix et la joie dans la famille sont brisés. Les familles ne prient plus. Et parce qu'elles ne prient pas, elles ne peuvent pas rester ensemble. Et s'ils ne restent pas ensemble, les membres de la famille ne peuvent pas s'aimer les uns les autres. Et si une mère peut tuer son propre enfant, alors qu'est-ce qui empêche d'autres gens de s'entretuer ?

L'AMOUR COMMENCE À LA MAISON

Saint Jean a dit : « Comment pouvez-vous dire que vous aimez Dieu, que vous ne voyez pas, si vous n'aimez pas votre prochain, que vous voyez[1] ? » Il emploie des mots très forts, il dit : « Tu es un menteur si tu dis que tu aimes Dieu et que tu

1. 1 Jean 4, 20.

n'aimes pas ton prochain[2]. » Je pense que c'est quelque chose que nous devons tous comprendre, que l'amour commence à la maison. Aujourd'hui, nous voyons de plus en plus que toutes les souffrances du monde ont commencé à la maison. Aujourd'hui, nous n'avons même plus le temps de nous regarder les uns les autres, de nous parler les uns aux autres, de profiter les uns des autres, et encore moins d'être ce que nos enfants attendent de nous, ce que le mari attend de sa femme, ce que la femme attend de son mari. Et ainsi, nous sortons de plus en plus de chez nous et nous sommes de moins en moins en contact les uns avec les autres.

L'AMOUR DANS LA FAMILLE

Je n'oublie jamais ma propre mère. Elle était très occupée toute la journée, mais dès que venait le soir, ses gestes se faisaient plus rapides car elle se préparait à accueillir mon père. À ce moment-là, nous ne comprenions pas, cela nous faisait sourire, rire, et nous la taquinions, mais maintenant je me souviens de l'amour immense et délicat qu'elle avait pour lui. Quoi qu'il se soit passé, elle était toujours prête à l'accueillir avec le sourire. Aujourd'hui nous n'avons plus le temps. Le père et la mère sont tellement occupés. Les enfants rentrent à la maison, il n'y a personne pour les aimer, pour leur sourire.

SI OCCUPÉS

Dans le monde d'aujourd'hui, les gens mariés ont de grandes difficultés parce qu'il n'y a pas cet approfondissement

---

2. *Ibid.*

de l'amour intime l'un pour l'autre ; ils sont occupés à tant de choses.

*

De nos jours, nous voyons de nombreuses familles, nous avons de plus en plus de foyers brisés. Pourquoi ? Parce que les mères âgées et les pères âgés doivent aller en maison de retraite. Le père est tellement occupé, la mère est tellement occupée, l'enfant rentre à la maison et personne n'est là pour l'aimer, pour plaisanter, pour parler, pour sourire etc., et l'enfant n'a plus qu'à sortir dans la rue. Je ne sais pas si vous avez vu cela, mais j'ai vu tant et tant de jeunes garçons et de jeunes filles dans les rues de Londres, de Rome, et aux États-Unis. Et nous avons des sœurs partout dans le monde maintenant et nous constatons cette terrible pauvreté, et donc c'est quelque chose que vous et moi devons comprendre : l'amour commence à la maison, l'amour commence dans notre propre communauté. Là, nous nous voyons très souvent. Nous pouvons nous négliger les uns les autres en n'ayant même pas de temps les uns pour les autres.

L'ENFANT, OÙ COMMENCENT L'AMOUR ET LA PAIX

J'ai été surprise en Occident de voir tant et tant de garçons et de filles s'adonner à la drogue et j'ai essayé de savoir pourquoi. Pourquoi est-ce ainsi alors que les gens en Occident ont tellement plus de choses qu'en Orient ? Et la réponse était : parce qu'il n'y a personne dans leur famille pour les accueillir. Nos enfants dépendent de nous pour tout : leur sécurité, leur apprentissage de la connaissance et de l'amour de Dieu. Pour tout cela, ils nous regardent avec confiance, espoir et attente, mais souvent le père et la mère sont trop occupés. Ils n'ont pas de temps pour leurs enfants. Ou peut-être qu'ils ne sont même pas mariés ou qu'ils ont renoncé à leur couple, et du coup les enfants vont dans la rue et tombent dans la drogue ou autre chose. Nous parlons de l'amour de l'enfant, et c'est là que l'amour et la paix doivent commencer.

PRIER ENSEMBLE

Un jour, j'ai ramassé une femme dans une poubelle. Elle brûlait de fièvre. J'étais sûre qu'elle était vraiment à la dernière extrémité, mais elle n'arrêtait pas de dire : « J'ai mal, c'est mon fils qui m'a fait cela. » Je l'ai sortie et emmenée chez nous. J'ai dû passer beaucoup de temps à prier avec elle, prier, prier pour qu'elle pardonne à son fils. Il m'a fallu beaucoup de temps. Si elle avait eu faim de pain, j'aurais pu lui donner du pain, terminé. Mais il m'a fallu beaucoup de temps pour l'aider à dire : « Je pardonne à mon fils. » Grâce à Dieu, juste avant de mourir, elle a dit : « Je pardonne à mon fils. » Voyez cette terrible souffrance. Nous n'en avons aucune idée, mais je l'ai vue encore et encore dans des pays riches ; cette solitude est terrible. Donc je crois qu'aujourd'hui, c'est peut-être la raison pour laquelle nous sommes rassemblés pour prier pour les malades, peut-être que nous avons des gens comme ça dans notre propre famille. L'amour commence à la maison. L'amour commence dans notre communauté. L'amour commence à la maison. Et comment commence-t-il ? En priant ensemble. Car une famille, une communauté qui prie ensemble reste ensemble. Et si nous restons ensemble, eh bien, naturellement, nous nous aimerons les uns les autres comme Dieu nous aime. Et ces œuvres d'amour sont des œuvres de paix. Dans cette famille, naturellement, nous vivons en paix.

LES FILLES VICTIMES D'ABUS

Il est triste de savoir combien l'amour impur se répand avec cette terrible pratique : de très jeunes filles sont impliquées. C'est une pratique qui blesse Jésus. Ces filles n'ont pas de travail, alors elles vendent leur corps pour vivre. Prenez soin de ces filles. Elles sont dans les grands hôtels et chaque soir elles vont là-bas pour que les hommes se servent d'elles. Essayez d'en savoir un peu plus sur les endroits où sont ces filles et comment vous pouvez les protéger ; peut-être pourrions-nous leur trouver du travail. Elles se servent de la nuit comme travail ; elles sont payées pour qu'on se serve d'elles. Cela dépend de qui se sert d'elle et en fonction de cela elles sont payées. Parfois plus et parfois moins. Je me souviens de deux ou trois filles qui étaient venues me voir, elles ont été forcées d'aller dans cet endroit et quand elles y sont allées et qu'elles ont vu ce qui se passait (un homme qui sortait nu), elles ont sauté par la fenêtre et elles sont venues me voir. Aidez ces filles, s'il vous plaît, faites quelque chose pour elles, ayez un endroit spécial pour les protéger afin qu'elles puissent vivre une vie ordinaire et trouver un vrai mari. Nous avons une belle œuvre à accomplir et il ne s'agit pas seulement de filles mais aussi de femmes qui sont maltraitées ou abandonnées par leur mari. Des hommes doivent payer un prix important pour avoir ces femmes. Mettez ces gens dans vos prières et faites de vrais sacrifices pour eux. J'ai sauvé beaucoup de filles dans notre Shishu Bhavan, et maintenant elles sont installées dans la vie. Celles qui sont maltraitées sont de belles filles.

OÙ SONT NOS PERSONNES ÂGÉES AUJOURD'HUI ?

Je crois que c'est là que commence l'amour : il commence à la maison. Où sont nos personnes âgées aujourd'hui ? Elles sont dans des maisons de retraite. Où est l'enfant à naître ? Où ? Mort. Pourquoi ? Parce que nous ne voulons pas de lui. Je trouve que c'est une grande, grande pauvreté qu'en Occident, ici dans ce pays[3], un enfant meure parce que nous avons peur de nourrir un enfant de plus, d'éduquer un enfant de plus. L'enfant doit mourir avant d'être né. N'est-ce pas une grande pauvreté ? La peur d'avoir une personne âgée de plus à nourrir dans la famille signifie que cette personne doit être mise de côté ; et pourtant, un jour, nous aussi nous devrons rencontrer le Maître. Et quelle sera la réponse ? Que Lui répondrons-nous au sujet de ce petit enfant, de ce vieux père, de cette vieille mère, car ils sont Sa création, ils sont des enfants de Dieu. Dieu a mis tout Son amour dans la création de cette vie humaine et c'est pourquoi nous n'avons aucun droit de la détruire, surtout nous qui comprenons que le Christ est mort pour cette vie, pour sauver cette vie. Le Christ est mort et a tout donné pour cet enfant et si nous sommes vraiment chrétiens, alors pour nous aussi, comme le dit l'homme hindou : « C'est un don. »

LE CARACTÈRE SACRÉ DU MARIAGE

Mari et femme, pour rester fidèles l'un à l'autre [...] s'attachent à vie par le vœu du mariage. Les deux côtés doivent rester purs et sains pour apporter de la joie à la famille. L'Église a institué le mariage et, avec le caractère

---

3. Il s'agit du Royaume-Uni.

sacré du mariage, beaucoup de paix et d'amour sont échus à la famille. Il ne peut être brisé et c'est l'occasion pour les membres de nos familles de rester fidèles les uns aux autres. Aujourd'hui, il y a beaucoup de bouleversements dans le monde. Le divorce est terrible : il brise cette union. Prions pour que les membres des familles restent fidèles les uns aux autres dans l'amour ; un seul cœur dans le cœur de Jésus et Marie.

*

Briser le vœu du mariage (d'être fidèle jusqu'à la mort) n'est pas seulement contraire à l'amour vrai, cela fait aussi du mal aux enfants en particulier.

Nos enfants dépendent de nous pour tout : leur santé, leur éducation, les soins, les valeurs, les conseils et, par-dessus tout, notre amour. Mais dans certains cas, le père et la mère n'ont pas de temps pour leurs enfants, ou bien l'unité des parents est brisée et donc les enfants quittent la maison et errent çà et là, et le nombre de ces jeunes ne cesse d'augmenter de jour en jour.

MONTRER CE QU'EST AIMER

Si un père et une mère ne sont pas prêts à donner jusqu'à en souffrir, à être fidèles l'un à l'autre et à leurs enfants, ils ne montrent pas à leurs enfants ce que cela signifie d'aimer. Et si les parents ne montrent pas à leurs enfants ce qu'est l'amour, qui d'autre va leur montrer ? Ces enfants en grandissant vont devenir pauvres spirituellement, et cette sorte de pauvreté est bien plus difficile à surmonter que la pauvreté matérielle.

Il est vrai que de nombreuses familles ont vécu de grandes souffrances à cause de la violence, de l'alcoolisme et des mauvais traitements, qui ont souvent mené à une rupture de la relation.

Travail bâclé

Vous devez tout spécialement prier, car dans notre congrégation, le travail n'est que le fruit de la prière [...], notre amour en action. Si vous êtes vraiment amoureuses du Christ, quelle que soit la petitesse du travail, il sera mieux fait, il sera fait de tout cœur. Si votre travail est bâclé, alors votre amour pour Dieu est bâclé. Votre travail doit prouver votre amour.

CE QUE LES GENS ATTENDENT DE NOUS

Il S'est fait Pain de Vie pour satisfaire ma faim de Lui[1]. Et puis Il S'est fait Lui-même affamé de la Parole de Dieu pour que je puisse satisfaire Son amour pour moi. Donc, Lui aussi a faim, tout comme nous avons faim de Lui. Et ainsi ceci comblera la faim de Dieu pour nous et notre faim de Dieu. [...] Cette Parole doit d'abord s'incarner en chacune d'entre nous; cette Parole doit être vécue ici, cette Parole doit s'incarner entre vous dans l'amour, dans l'unité, dans la paix, dans la joie et ensuite vous pourrez sortir. [...] Cet homme assis dans le parc, ivre et seul. Je me souviens de la première fois où les sœurs sont allées le voir. Elles étaient toutes habillées de blanc comme vous et priaient leur chapelet. Donc elles se sont approchées de cet homme et cet homme

1. Jean 6, 35.

les a vues et il a dit : « Oh je ne suis pas prêt, je ne suis pas prêt, je ne suis pas prêt. » Et puis les sœurs se sont encore approchées de lui. « Nous sommes religieuses. Jésus vous aime, Jésus vous aime. » Il a dit : « Je ne suis pas prêt, vous êtes venues du ciel, des anges venus du ciel pour m'emporter. Je ne suis pas prêt. » Il pensait que les anges étaient venus pour l'emmener. C'est beau, cela montre ce que les gens attendent de nous. Ils n'attendent pas de nous que nous soyons médiocres.

PAS ASSEZ DE FOI

Souvent nous « bâclons » notre travail parce que nous n'avons pas assez de foi. Si nous croyons vraiment que c'est à Jésus que nous le faisons, nous ferons bien notre travail. Mes sœurs, priez, priez beaucoup pour avoir la foi, priez après la Communion, à l'adoration, priez Notre-Dame de vous donner plus de foi. Elle vous dira certainement : « Faites ce qu'Il vous dira[2]. »

2. Jean 2, 5.

La tentation

Un jour, un homme a apporté un bébé à notre portail et a dit que la mère s'était enfuie. Comme je la connaissais, je suis partie à sa recherche et je l'ai retrouvée ; je lui ai demandé comment tout cela était arrivé et elle m'a raconté quelque chose qui semble très étrange, et pourtant vrai : « Je me tenais dans la véranda et cet homme est arrivé et le premier jour, nos regards se sont croisés, c'est tout. Le deuxième jour, de nouveau, seuls nos regards se sont encore croisés, mais cette fois-ci, c'était un regard spécial. Le troisième jour, je suis sortie délibérément : je voulais le voir. Cela a duré quelques jours. Puis un jour, il est entré, et finalement le jour est arrivé où je me suis enfuie avec lui. » Et tout ce temps-là, elle n'a jamais rien dit à son mari ; cette dissimulation lui a fait commettre une terrible erreur. [...]

Elle n'a rien dit à son mari. Elle s'est cachée et elle a été attrapée. Ces choses arrivent nécessairement dans notre vie (le besoin d'être aimé, le besoin d'être désiré), mais parlez à temps, n'ayez pas peur. Lorsque vous avez peur, c'est une tentation du diable. Parlez à temps.

SE CACHER EST UN GROS MENSONGE

La première chose que l'on fait lorsqu'on commence à être impur est de se cacher. Satan est le père des mensonges[1]. Il ne fait rien d'autre que proférer des mensonges. Lorsque nous commençons à faire quelque chose de mal (écrire une lettre, parler seul à seul à un homme), nous avons l'impression que nous ne devons rien dire. Se cacher est un gros mensonge. Dès que vous vous voyez faire cela, soyez vigilantes.

*

Nous pouvons nous duper nous-même si souvent, nous pouvons nous dire : « Cela ne fait rien, ce n'est pas grave. » Mais le fait même de se cacher pour faire quelque chose signifie que ce n'est pas rien. C'est un signe que c'est mal. Si vous voulez savoir si c'est un péché ou non, demandez-vous : « Si j'étais en présence de Mère, est-ce que je le ferais ? » Alors vous saurez si c'est bien ou mal.

1. Jean 8, 44.

Le mal

Vous ne le connaissez pas. Le diable vient très souvent sous les traits d'un ange de lumière[1] (il a essayé de duper Jésus avec de belles paroles de l'Écriture[2]) parce que plus vous essayez de vous approcher de Jésus, plus il vous pourchasse. « Vous devriez passer plus de temps en prière. » Jésus ne vous attend pas dans le tabernacle, mais dans les bidonvilles, quand vous touchez et aimez les pauvres.

Le diable a de très grandes idées, très rusées ; il est même allé voir Jésus en citant les Saintes Écritures[3]. Il n'a pas dit une seule parole mauvaise, uniquement des belles paroles, pour tromper Jésus Lui-même. Il se sert des choses les plus belles pour nous tromper, et saint Ignace a une belle explication : il ne nous lie pas avec une chaîne, mais avec un fil de soie. Il est bien trop rusé.

*

Le diable ne nous tente pas tant pour nous faire du mal que pour détruire Dieu en nous. [...] Nous ne sommes rien pour lui. Il peut faire du mal à beaucoup de gens, mais ce qui lui importe le plus, c'est de détruire Dieu dans mon âme. De

1. 2 Corinthiens 11, 14.
2. Matthieu 4, 1-11 ; Luc 4, 1-13.
3. *Ibid.*

nous séparer parce qu'il sait que le Christ est mort pour nous et qu'il veut que nous gaspillions ce Précieux Sang versé pour nous. Une haine de Dieu. [...] Sa haine de Dieu. Il essaie de nous faire prendre part à cette haine en commettant un péché, en faisant une mauvaise action, en ayant un mauvais désir. [...] Il n'y a pas de péché tant que nous n'avons pas dit oui. Et c'est cela le plus beau. Bien qu'il soit le père des mensonges[4], bien qu'il ait l'impression d'avoir un grand pouvoir, il ne peut pas nous forcer à dire oui, pas même une fois, à la plus petite chose, si nous ne le voulons pas. [...] C'est ce qu'il y a de merveilleux en Dieu, donné à chaque âme, qui fait que même le diable [...], tout l'enfer, ne peut vous briser si vous ne le voulez pas. Donc le péché ne survient que quand nous le voulons. [...] Le diable est comme un lion qui rugit, [qui] fait les cent pas pour voir qui il pourrait dévorer[5]. Le péché est ce mal qui détruit le temple de Dieu en nous, qui essaie de séparer notre âme de Dieu. [...] Et il persévère avec patience jusqu'à ce qu'il réussisse à nous faire dire oui à un péché, c'est pourquoi je lui donnerais le prix Nobel pour sa patience persévérante dans le mal.

MÊME DANS LES PETITES CHOSES

Si nous nous autorisons à être infidèles dans de petites choses en disant : « Ce n'est pas grave », le jour viendra où nous voudrons nous défaire de cela, mais nous serons si aveuglés que nous ne saurons plus comment faire. Jésus nous

4. Jean 8, 44.
5. 1 Pierre 5, 8.

dit cela en un mot quand Il décrit le diable comme le père des mensonges. Il est même venu à Jésus sous les traits d'un ange de lumière pour Le tenter au désert. D'abord il Lui a dit : « Tu as faim et c'est une très bonne raison pour changer les pierres en pain[6] ! » Mais, si Jésus avait fait cela, Il aurait placé les choses matérielles au-dessus de la volonté de Dieu. « Ma nourriture est de faire la volonté de Celui qui M'a envoyé[7]. » Et que Jésus lui a-t-Il répondu ? « L'homme ne vit pas seulement de pain, mais de toute parole qui sort de la bouche de Dieu[8]. » Même un homme stupide dirait que Jésus avait le droit de changer les pierres en pain. Il jeûnait depuis quarante jours et personne n'aurait pu objecter ou s'en plaindre. Peut-être que si Jésus avait cédé, le diable L'aurait tenté un peu plus. Quand Il était sur la Croix et qu'ils se moquaient de Lui (« Descends donc de la Croix si tu souffres beaucoup[9] »), Il serait peut-être descendu s'Il avait dit « oui » la première fois.

LE PÈRE DES MENSONGES

Nous sommes le tabernacle du Dieu vivant. Nous devons garder notre cœur pur. Comment notre cœur devient-il impur ? À cause de l'orgueil, des mensonges, de l'égoïsme, du manque de sincérité – en particulier le manque de sincérité. Je me suis penchée sur la vie de celles qui ont quitté notre congrégation et la cause en est toujours le manque de sincérité. Le diable est le père des mensonges[10]. Il a une

6. Matthieu 4, 1-11 ; Luc 4, 1-13.
7. Jean 4, 34.
8. Matthieu 4, 4 ; Luc 4, 4.
9. Matthieu 27, 40 ; Marc 15, 30.
10. Jean 8, 44.

patience infinie. C'est la plus impuissante des créatures. Il dit mille mensonges pour vous faire dire un mensonge et il a une patience infinie : il continue à attendre et attendre jusqu'à ce que vous cédiez. Vous et moi, nous serons lassées, mais il n'abandonnera pas et il reviendra encore et encore avec des tentations. À moins que je dise « oui », il ne peut pas m'atteindre. Il ne peut rien dire à moins que je dise : « Je veux. » La Petite Thérèse a expliqué cela d'une façon très belle, l'impuissance et la misère du diable. Elle a fait un rêve où elle voyait le diable sur un baril. Il était très fort, et cette petite enfant regardait le diable. Plus elle le regardait, plus il avait peur, il tremblait, ne sachant où se cacher. Quand elle s'est aperçue qu'il avait peur d'elle, elle l'a observé de plus près. Puis il a disparu et donc elle a écrit à quel point le diable était effrayé et impuissant. La même histoire s'applique à nous. Il ne peut rien faire à moins que nous ne le voulions. Ce sont des exemples tout bêtes, mais ce sont des exemples très vivants. Vous avez toutes eu des tentations, aucun être humain ne peut traverser l'existence sans tentations. Les tentations ne sont pas des péchés. Le péché ne vient que lorsque vous le voulez ; c'est pourquoi je vous ai appris hier à dire : « Je ne veux pas. »

SOURNOIS

Le diable ne vous demandera jamais de voler quelque chose de gros. Il est très *chalak*[11]. Il vous dira : « Prends seulement dix naya paisa dans la bourse de voyage. » Et le jour suivant, un peu plus… petit à petit. Il ne vous dira jamais de prendre dix roupies dès le premier jour, mais le

---

11. « Rusé » en bengali.

jour viendra où il vous dira de prendre une grosse somme sur la table de Mère. Tout comme nous faisons des petites choses avec un grand amour, nous faisons des petites choses avec une grande haine dans notre cœur.

PERSONNE NE PEUT VOUS ATTEINDRE

L'enfer tout entier peut s'approcher de vous, mais personne ne peut vous forcer, personne ne peut vous atteindre. Voici l'histoire d'un pèlerin qui arrive devant une très grande ville. Il voit un diablotin qui dort là et il le réveille pour lui demander pourquoi il ne travaille pas. Le diablotin répond que les gens de cette ville sont si mauvais qu'il n'a pas besoin de les tenter. Puis, alors qu'il repart de la ville, le pèlerin arrive à une petite maison devant laquelle il y a un grand nombre de démons, des centaines, et tous sont très occupés ; le pèlerin leur demande pourquoi. Ils répondent qu'à l'intérieur habite un ermite qu'on leur a dit d'essayer de piéger ne serait-ce qu'une seconde, mais ils n'y arrivent pas, car cet homme est fervent en prière et pur. Aucun démon ne peut m'atteindre si je ne le veux pas. C'est le diable, dit Jésus, et il est le père des mensonges[12]. Il vous dira mille mensonges pour vous faire commettre un seul péché.

12. Jean 8, 44.

Combattre la tentation

Vous pouvez être un saint ou un pécheur. Les deux ont des tentations. C'est aussi quelque chose de bien. Nous devons combattre, combattre la tentation comme Notre Seigneur[1], avec confiance et humilité. Avec Lui, je conquiers. Avec Lui, je peux tout[2]. Dieu nous aidera. Seuls, nous ne pouvons rien. L'orgueil vient en aide au diable. Le diable ne nous apparaît pas comme il l'a fait pour Notre Seigneur : avec la tentation au désert, lui montrant les montagnes et tous les trésors de ce monde[3]. Pour nous, ce sont de petites choses : dire nos prières d'une belle manière, prendre l'eau bénite avec révérence. Le diable nous fait penser : « À quoi cela sert-il de toujours demander [la permission] ? » Pour nous religieuses, le diable utilise un fil de soie pour nous attraper, pas une corde. Il y a aussi des cordes. Si vous croyez que vous êtes sur un piédestal, vous avez tort. Une histoire : un saint se trouvait dans une pièce avec toutes les portes fermées, seule une porte était gardée par un diablotin, profondément endormi. Quand il s'est réveillé, le saint lui a demandé s'il n'avait rien à faire. Le diablotin a répondu : « Oh, dans cette belle maison, je peux me reposer parce que les gens ici ne font que de mauvaises choses. » [...] Dans mon cœur, il n'y a

1. Matthieu 4, 1-11 ; Luc 4, 1-13.
2. Philippiens 4, 13.
3. Matthieu 4, 1-11 ; Luc 4, 1-13.

qu'une place vide – pour Dieu et personne d'autre. La tentation est comme le feu dans lequel l'or est purifié. Donc nous devons passer à travers ce feu. Les tentations sont permises par Dieu. Tout ce que nous avons à faire, c'est de ne pas y céder. Si je dis : « Je ne veux pas », je suis en sécurité. Il y aura des tentations contre la pureté, la foi, contre ma vocation. Voyez sainte Thérèse, elle a fait tant d'actes de foi. Dieu est près de nous, dans nos cœurs ; nos tentations arrivent. [...] Si nous aimons notre vocation, nous serons tentées. Et ensuite nous grandirons aussi en sainteté. Les tentations, nous devons les combattre pour l'amour de Dieu.

MARIE NOUS AIDERA

Quand survient la tentation, quand survient un manquement à la charité, qui va nous aider ? Marie. « Donnez-moi votre cœur, si beau, si pur, si immaculé, si plein d'amour et d'humilité afin que je puisse recevoir Jésus dans le Pain de Vie, L'aimer comme vous L'avez aimé et Le servir sous le déguisement désolant des plus pauvres des pauvres. Je veux être aussi sainte que vous. Je veux appartenir seulement à Jésus. » Faites votre propre prière avec conviction. Elle changera votre vie. Si quelqu'un vient vous parler en manquant de charité ou pour vous tenter de faire quelque chose d'impur, [...] gardez-vous seulement tout à Jésus par Marie.

SERVEZ-VOUS DU CHAPELET

Nous devons nous servir du chapelet comme d'une arme, une arme contre le mal, pour lutter, pour étendre le Royaume de Dieu ; comme un bon soldat, pour nous battre au premier rang.

RESTEZ OCCUPÉES

Les Chinois ont un très bon proverbe : « L'oiseau de chagrin doit voler un peu partout, mais prenez garde à ce qu'il ne vienne pas nicher dans votre tête. » Oui, nous devons souffrir et, puisque nous devons souffrir, souffrons avec gaieté. Les aléas de la vie vont survenir, mais nous ne devons pas en être affectées dans notre quête de sainteté. Ne soyez pas surprises par vos échecs. Nous devons lier chaque instant de notre vie à la Communion ; tous nos échecs, notre faiblesse, notre orgueil et notre misère. Veillez à ce que, même si vous êtes tentées, vous ne soyez pas conquises.

QUAND QUELQU'UN VOUS FAIT UN REPROCHE

Souvenez-vous bien, mes sœurs, de ce que je vous dis maintenant. Dès que quelqu'un vous fait un reproche ou dès que vous avez envie de faire un reproche à quelqu'un, souvenez-vous seulement de ceci : faites votre examen de conscience. « Suis-je innocente ? » Et ensuite ne donnez pas d'excuses : « Je faisais ceci ou cela. » Si j'ai l'amour du silence, alors immédiatement, si ce que l'on m'a dit est vrai, je dirai : « Pardon, ma sœur. » Si ce n'est pas vrai, alors gardez le silence avec un cœur humble. Si vous savez que vous n'êtes pas paresseuse et que quelqu'un vous traite de paresseuse, c'est une belle occasion d'être humble de cœur.

Apprendre à pardonner

« Pardonnez-nous [...] comme nous pardonnons[1] [...]. » Quel mensonge de dire « pardonnons » quand vous ne pardonnez pas. Quand vous arrivez à cette partie du Notre Père, arrêtez-vous et demandez-vous : « Est-ce que je dis la vérité ? » Je pense que Jésus a souffert bien plus rien qu'en étant accroché à cette Croix. Il a dit : « Mettez-vous à mon école, car je suis doux et humble de cœur[2]. » Vous ne pouvez pas être douces, vous ne pouvez pas être humbles, si vous ne pardonnez pas. Il ne faut pas nécessairement une grosse chose pour nous détruire. [...] Si je ne suis pas capable de voir Dieu, pourquoi ?

L'AMERTUME DANS MON CŒUR

Pendant cette année, faisons notre examen de conscience pour voir depuis quand j'ai cette amertume dans mon cœur. Cela peut être depuis mon enfance, depuis mon noviciat, dans ma vie de sœur professe, il faut le découvrir et en vider nos cœurs complètement. Nous pouvons le faire par une confession générale sincère, et toute l'amertume sera évacuée et il ne restera plus qu'un cœur pur. Découvrez exactement par qui et quand vous avez été rendue amère, et

1. Matthieu 6, 12.
2. Matthieu 11, 29.

quand et combien de vies vous avez rendues amères par votre manque d'amour et de bonté, par vos paroles et votre attitude ; et je le répète encore, videz-en vos cœurs par une bonne confession générale.

MÊME LE CHRIST FUT REJETÉ

Hier un jeune homme est venu me voir. Il était profondément blessé parce qu'il avait été rejeté par sa famille. Il n'arrivait tout simplement pas à pardonner. Alors je lui ai dit : « La grâce de Dieu n'est pas en vous tant que vous n'aurez pas pardonné. » La même chose est vraie pour chacun d'entre nous : la grâce de Dieu n'est pas en nous tant que nous ne pardonnons pas. « Mais je prie beaucoup », a-t-il dit. Oui, il peut prier beaucoup, mais il n'aura pas la grâce de Dieu en lui tant qu'il n'aura pas pardonné. Alors je lui ai demandé : « Avez-vous essayé de vous comparer au Christ, qui était sans cesse rejeté par Son propre peuple[3] ? » Alors il a baissé la tête et dit qu'il ne l'avait jamais fait. Vous devez toutes passer par cette étape de la vie du Christ et alors vous devez comparer votre vie à la Sienne. Combien de fois avez-vous été blessée et avez-vous gardé cette amertume en vous ? Faites votre examen de conscience et observez comment vous étiez dans votre vie passée à la maison et comment vous avez été blessée et amère. Si vous voyez bien, vous suivez le même modèle maintenant ; c'est la nature humaine en vous. Je veux que chacune de vous voie cela pendant ce temps et vide son cœur de toute amertume.

---

3. Matthieu 13, 53-57 ; Marc 6, 2-4 ; Luc 4, 28-30 ; Matthieu 27, 15-26 ; Marc 15, 6-15.

APPRENDRE À PARDONNER

Un jour, une sœur est venue dans ma chambre. […] Elle a dit des choses terribles. J'ai écouté. J'étais triste pour elle, qui s'était laissée aller à parler ainsi. Nous ne pouvons pas blesser Jésus, mais Jésus est triste parce que nous nous faisons du mal à nous-mêmes. Donc je suis allée la voir pour lui donner une chance de demander pardon. Aucune excuse n'est venue. J'ai attendu dans ma chambre. Personne n'est venu. De nouveau, j'ai trouvé un prétexte pour lui demander de faire quelque chose. Aucune excuse n'est venue. De nouveau, je suis allée dans ma chambre et j'ai prié : « Jésus, donnez-lui la grâce de demander pardon. » Avant la quatrième fois, elle est venue s'excuser. Vous devez comprendre cela. Quand une sœur vous fait quelque chose, ne vous tournez pas vers vous-même. Tournez-vous vers elle. Elle se fait du mal à elle-même, elle fait du mal à Jésus en elle. Vous devez apprendre à pardonner. Vous devez savoir que nous avons besoin du pardon. Elle a compris cela après coup. Cela a été une terrible humiliation quand elle s'en est rendu compte. J'aurais pu me montrer sévère et ces paroles auraient pu rester gravées en elle toute sa vie. J'aime Jésus. Cela m'a aidée à tomber amoureuse. L'humilité est une grande chose. Si vous voulez être une vraie m.c., apprenez de Jésus à être douce et humble[4] et ajoutez un mot de plus : *pure*, douce et humble. Vous verrez la sœur d'un œil neuf. Elle fait du mal à Jésus.

QUAND NOUS NE POUVONS PAS PARDONNER

Parfois nous ne pouvons pas pardonner, même une fois : « Elle m'a traitée de vilains noms. » Jésus aurait pu tout

---

4. Matthieu 11, 29.

détruire d'un seul mot. Il a pardonné[5]. Ne pas pardonner peut vous détruire à vie. Nous ne cessons de penser à ce mot que cette sœur a dit, mais nous devons reconnaître notre propre péché et être capables de pardonner. Nous devons pardonner ; n'attendez pas. Y a-t-il un manque de pardon dans mon cœur ? C'est un obstacle à la vie. Quand il sera trop tard, vous ne pourrez plus rien faire.

Mon frère avait un petit bouton là et, en peu de temps, le cancer s'était enraciné ; au bout de seulement trois mois. La même chose se produit avec notre manque de pardon. Ne croyez pas le diable. Débarrassez-vous-en. Peut-être que vous gardez rancune à votre supérieure, peut-être à vos sœurs, peut-être à vos parents. En tant que novices, en tant que jeunes professes, le diable va venir à vous avec de très belles idées. Ne permettez pas au diable de vous tromper. Père, pardonnez-moi.

Un [patient] luttait contre la mort : il ne pouvait pas mourir ! Une sœur lui a demandé : « Y a-t-il quelque chose qui vous trouble, quelque chose qui vous inquiète ? Est-ce qu'il y a quelque chose qui vous fait souffrir ? – Oui, je ne peux pas mourir tant que je n'ai pas demandé pardon à mon père. » Alors la sœur a trouvé le père ; son père est venu. Le père : « Mon enfant bien-aimé », le fils : « Père, pardonne-moi. » Le père et le fils se sont pardonné l'un l'autre, embrassés, serrés dans les bras. Deux heures après, il est mort. Voyez comme c'est merveilleux.

L'AMERTUME ET L'ORGUEIL

Il n'y a pas ce pardon total. Montrez-moi une sœur amère et je vous montrerai une sœur orgueilleuse. Une sœur amère

5. Luc 23, 34.

est toujours aussi une sœur orgueilleuse. L'amertume et l'orgueil sont des sœurs jumelles ; la mauvaise humeur va avec. Une sœur humble ne sera ni amère ni de mauvaise humeur. Faites votre examen de conscience.

AVEZ-VOUS DE L'AMERTUME CONTRE QUELQU'UN ?

Il y a tant de souffrance et de malheur à cause du refus de pardonner. [...] Rappelez-vous, mes sœurs, dans le Notre Père nous disons : « Pardonnez-nous nos offenses comme nous pardonnons[6]. » Si vous ne pardonnez pas, vous n'êtes pas pardonnées. Regardez tout au fond de votre cœur. Y a-t-il quelque amertume contre qui que ce soit ? Dans ce cas, essayez de trouver cette personne ou de lui écrire ; ce peut être une sœur, ou un pauvre, ou quelqu'un de chez vous. Pardonnez ; sans cela, vous n'êtes pas libres d'aimer Jésus d'un amour sans partage. Ne gardez aucune amertume dans votre cœur. Il y a tant de sœurs qui n'arrivent pas à pardonner. Certaines disent : « Je pardonne, mais je n'arrive pas à oublier. » La confession est le pardon, le genre de pardon que Dieu donne, et nous devons apprendre ce genre de pardon. Il y a bien des années, quelqu'un m'a dit ceci ou fait cela, alors je dis : « Elle a fait ceci, et elle... et elle... et elle... » Il y avait quelque part un prêtre qui était contre l'évêque et les [autres] prêtres pour une raison ou une autre. Il y avait tant d'amertume dans ses discours à chaque fois que je lui rendais visite et il me disait : « Je ne pardonnerai pas. Je ne veux pas. » Cette fois-là, lorsque j'y suis allée, je lui ai dit : « C'est votre chance, demandez pardon à votre évêque. C'est la seule parole que votre évêque souhaite entendre de vous. » Et je

---

6. Matthieu 6, 12 ; Luc 11, 4.

priais et les sœurs priaient toutes à l'intérieur. Quand j'ai eu fini de prier, il m'a dit : « Mère Teresa, donnez-moi ce papier. » Alors je lui ai donné le papier et j'ai été tellement heureuse. Je l'ai emmené chez l'évêque et je lui ai donné le papier – sans quoi, il aurait pu changer d'avis – et je lui ai dit : « Ce n'est pas assez ; dites : "Je pardonne." » Et il l'a fait.

ABANDONNER L'AMERTUME

Il y a quelque temps, une pasteur luthérienne est venue à Calcutta, depuis la Suède. Je crois qu'elle est professeur de théologie. Nous avons parlé et elle m'a dit que, depuis son enfance, elle haïssait son père et ne lui avait jamais parlé parce qu'il avait assassiné sa mère. La haine était restée et avait grandi avec elle. Je lui ai dit : « Il n'y a qu'une chose à faire : retournez là-bas et demandez pardon. » Pendant longtemps, elle n'a pas réussi à abandonner son amertume. Tout à coup, elle a obéi, elle est allée tout droit voir son père et elle lui a dit : « Je t'aime. » Aujourd'hui, elle prend soin de lui. Elle m'a dit qu'elle n'avait jamais connu une telle joie que lorsque son père l'a prise dans ses bras. Vous voyez, mes sœurs, Dieu lui a pardonné à elle, et à lui, seulement lorsqu'elle s'est abandonnée.

NOUS SEULS SAVONS QUE NOUS AVONS BESOIN DU PARDON

Vous vous souvenez du fils prodigue ? « Je vais me lever et aller chez mon père[7]. » C'est seulement quand nous savons que nous avons besoin du pardon que nous pouvons pardonner. Vous ne pouvez pas dire le Notre Père en vérité ; vous

7. Luc 15, 18.

dites un mensonge. Faites votre examen de conscience et voyez : y a-t-il quelque chose là que vous ne pouvez pas pardonner ? Quelque chose là qui vous blesse encore ? Allez à la recherche de cette personne. Une sœur a écrit une belle lettre à une sœur qui lui avait fait de la peine. Si vous trouvez difficile de voir Jésus dans le tabernacle, de voir Jésus dans les pauvres, de voir Jésus dans votre supérieure, débarrassez-vous-en [du ressentiment] parce que vous ne pouvez pas aimer Jésus d'un amour chaste et sans partage. C'est un mensonge. [...] L'autre jour, quelqu'un parlait de persécution, d'aller en prison. Et cette personne a dit : « Oh, je suis prêt. » Un peu plus tard, quelqu'un a dit quelque chose, trois mots, et cette personne s'est mise en colère. Et pourtant il était prêt à être persécuté.

JE VEUX, JE VAIS PROTÉGER LA VIE

Je veux, je vais protéger la vie, car la vie est créée par Dieu pour de plus grandes choses : aimer et être aimé. Et pour ce petit, Jésus est mort sur la Croix et Il est mort car Il a aimé. Son Précieux Sang pour ce petit. Aussi, apportons la joie d'aimer de tout notre cœur et [...] la meilleure façon de le faire est d'aider ces jeunes mères, je les appelle jeunes mères, mères célibataires, mais elles ont quelque chose à partager avec vous. Elles vous donnent une occasion de partager la joie d'aimer grâce à tout ce que vous faites pour elles [...] ; partez à leur recherche et, quand vous les aurez trouvées, témoignez-leur un tendre amour car « tout ce que vous faites au plus petit », a dit Jésus « c'est à Moi que vous l'avez fait[8] ».

8. Matthieu 25, 40.

AIMEZ-VOUS LES UNS LES AUTRES AVEC UN CŒUR PUR

Qu'un jeune homme aime vraiment une jeune femme et qu'une jeune femme aime un jeune homme est une belle chose. C'est un don de Dieu. Cependant, aimez avec un cœur pur. Aimez-vous l'un l'autre d'un amour virginal. Aimez-vous l'un l'autre en gardant un corps et une âme purs et vierges, afin que le jour où vous vous marierez, comme le dit l'Écriture : « Le mari et la femme s'attacheront l'un à l'autre et ils ne feront plus qu'un[9]. » Afin qu'en ce jour d'attachement, vous puissiez vous offrir l'un à l'autre un cœur vierge, un corps vierge, une âme vierge. C'est le don que Dieu vous fait.

LA PURETÉ

Je pensais à la petite sainte Agnès[10] : elle n'était qu'une enfant ; elle a été exécutée pour son amour de Jésus ; c'est un ange de pureté. Chacune d'entre nous peut lui adresser une prière pour lui demander de nous aider, nous guider et nous protéger. Elle menait une vie ordinaire, rien de spécial, mais elle avait un immense amour de la pureté. Nous devons faire une petite prière à sainte Agnès – elle n'avait que treize ans quand elle est morte ; quel courage elle avait ! Je me demande si nous aurions ce courage : elle leur a permis de la décapiter pour protéger sa pureté. Elle n'a permis à personne de la toucher et de faire mauvais usage de sa pureté.

---

9. Genèse 2, 24 ; Matthieu 19, 5 ; Marc 10, 7 ; Éphésiens 5, 31.

10. Sainte Agnès de Rome (env. 291-304) : vierge, martyre, qui, selon la tradition, a souffert le martyre à l'âge de douze ou treize ans sous le règne de l'empereur Dioclétien.

SOYEZ LA PREMIÈRE À DEMANDER PARDON

Si vous avez tort, alors soyez toujours la première à demander pardon. Chez moi, mon père avait un tempérament coléreux ; parfois il s'adressait avec colère à ma mère. Mais toujours, après quelques heures, ma mère s'habillait bien et elle attendait son retour avec impatience et dès qu'il rentrait : « Comment vas-tu ? » Le repas était prêt et ainsi de suite. C'était sa manière de dire qu'elle regrettait et de se réconcilier. Si on peut faire tout cela dans le monde, alors pourquoi pas ici ?

*

Aujourd'hui, écrivez sur un morceau de papier comment vous avez été dans vos communautés passées, puis apportez-le à l'adoration et lisez-le à Jésus et dites à Jésus : « Jésus, voici tout ce que je peux donner et je suis Votre épouse. » Ayez toujours le courage de demander pardon. Peu importe à qui (un adulte, une sœur, un enfant ou Mère), dès que vous savez que vous avez blessé quelqu'un, soyez toujours la première à demander pardon. Seules les sœurs humbles peuvent demander pardon. Nous blessons Jésus par notre péché, en nous éloignant de Lui. Nous ne pouvons pas blesser Jésus dans l'autre ; nous devrions être tristes quand une autre personne se détourne de Jésus, car de cette façon elle se fait beaucoup de mal. Quant à vous, mes sœurs, je ne veux pas que vous vous absteniez du péché par peur de l'enfer ou du purgatoire, mais parce que vous aimez Jésus. Il y a un enfer et il y a un purgatoire, en effet, mais ce n'est pas là la raison pour laquelle s'abstenir de pécher. Souvenez-vous comme la grande sainte Thérèse avait peur de pécher par peur de l'enfer. Elle est docteur de l'Église et sainte, et que sommes-nous ? Aussi, aujourd'hui, prions à l'adoration au sujet de tout ce que je vous ai dit. Videz vos cœurs de toute amertume. Un cœur pur voit toujours Dieu[11].

SI VOUS AVEZ MANQUÉ DE BONTÉ

Comment avez-vous traité les pauvres ? Avez-vous été dure ? Désobligeante ? Impolie ? À les tirer ? À les pousser ? Comment avez-vous traité les pauvres ? Si vous avez failli, alors allez vous confesser et demander pardon et essayez de vous réconcilier avec Jésus. Notre quatrième vœu implique d'avoir une conscience très délicate. Si vous avez été dure, désobligeante, impolie ou quoi que ce soit, alors demandez pardon aux pauvres. Peut-être êtes-vous aussi comme cela à la maison avec vos sœurs, alors demandez pardon. Amenez devant le tabernacle tous les pauvres avec qui vous avez travaillé aujourd'hui. Vous ne pouvez pas aller voir chacun d'entre eux pour lui demander pardon, alors amenez-les tous devant le tabernacle et demandez pardon à chaque personne que vous avez pu blesser. Vous ne pouvez pas demander pardon directement, donc demandez pardon à chacune d'elles dans votre tête, dans votre cœur, dans votre esprit ; amenez-les ici devant Jésus et demandez pardon à chacune d'elles. [...] Demandez pardon [...] et prenez la résolution de ne pas recommencer.

SINON GARDEZ LE SILENCE

Si vous êtes coupable, demandez pardon, sinon gardez le silence ; c'est beau. L'humilité s'apprend en acceptant les

11. Matthieu 5, 8.

humiliations. En Notre-Dame, nous avons un très bel exemple. Elle savait que saint Joseph était blessé[12].

RÉCONCILIATION

Jésus a dit : Si vous vous avancez vers l'autel pour offrir un sacrifice et que vous vous souvenez que vous avez quelque chose contre votre frère, rebroussez chemin et allez d'abord vous réconcilier avec lui[13]. Même chose pour vous : n'allez pas vous coucher avant d'avoir demandé pardon à cette sœur ou d'être allée vous confesser si c'est possible. Que votre vie, que ma vie, soient suffisamment transparentes pour que les gens puissent « lever les yeux et voir seulement Jésus » et ainsi vous grandirez dans la ressemblance avec Jésus.

AVANT D'ALLER VOUS COUCHER

Si vous avez fait de la peine à une sœur, avant d'aller vous coucher, demandez pardon. Ou bien si une sœur vous a fait de la peine, ne soyez pas de mauvaise humeur, mais allez vers Jésus et dites : « Jésus, je Vous aime. Entrez dans son cœur. »

CE QUE JÉSUS A RESSENTI

Un jour, une sœur a fait quelque chose de terrible. Je ne lui en ai pas parlé, mais j'ai attendu [...] pensant qu'elle viendrait demander pardon. Mais elle n'est pas venue, donc je suis allée vers elle, mais pas de réaction. J'ai trouvé une autre raison d'aller la voir. Toujours aucune réaction. Je ne

---

12. Matthieu 1, 18-22.
13. Matthieu 5, 23-24.

savais pas comment elle pouvait rester dans cet état de péché. Je souffrais pour elle et ainsi j'ai compris ce que Jésus ressentait lorsque nous Le refusions. Cependant Il attend toujours. La miséricorde de Dieu est plus grande que nos péchés. Dieu m'a créée pour de plus grandes choses parce qu'Il m'aime.

QU'EST-CE QUI VA CHANGER MON CŒUR ?

Un changement de lieu ne va pas changer mon cœur. Qu'est-ce qui va changer mon cœur ? Mon amour pour Jésus. Tout ce que je veux de vous, c'est que vous soyez vraiment seulement tout à Jésus. Demandons à Notre-Dame de nous aider au cours de cette journée à ouvrir vraiment notre cœur à Jésus. De vous-mêmes, vous n'en avez pas le courage. Confessez cela. Arrachez la racine. Vous trouverez Jésus, et quand vous trouverez Jésus, vous trouverez la paix, l'amour, l'unité.

DEMANDER PARDON

Répondons à l'immense soif de Dieu par une confiance aimante en Son amour pour nous et un abandon total à Sa volonté dans la joie. Tournons-nous vers Dieu avec une foi et un amour profonds, en nous repentant de nos péchés et en implorant Sa miséricorde. Tournons-nous aussi les uns vers les autres avec amour et confiance, en demandant pardon pour toute la souffrance que nous avons causée aux autres et en pardonnant à tous pour la souffrance que nous avons reçue.

Confession

Jésus avait de la compassion pour les pécheurs. Cette pécheresse qui se tenait devant Jésus, Jésus ne l'a pas condamnée[1]. C'est cela, la confession. Moi aussi, j'ai besoin d'être pardonnée. La confession n'est rien d'autre que se tenir devant Jésus comme cette pécheresse, parce que je me suis surprise à pécher.

COMME LE SEIGNEUR VIENT NOUS CHERCHER !

Comme le Seigneur vient nous chercher ! Il veut toujours que nous soyons saints malgré tous nos péchés. Au pécheur, Il dit : « Va en paix, mais ne pèche plus[2]. » Pierre a commis une si grande faute, et pourtant Jésus lui a dit : « M'aimes-tu[3] ? » Voyez, mes sœurs, c'est cela, l'amour de Dieu.

JE ME LÈVERAI

Voyez, ce fils prodigue a pu rentrer chez son père seulement quand il a dit : « Je vais me lever, je vais partir, je vais lui dire. Je vais dire à mon père que je suis un pécheur,

1. Jean 8, 1-11.
2. *Ibid.*
3. Jean 21, 15-18.

que je regrette[4]. » Il ne pouvait pas demander pardon à son père avant d'avoir fait cette démarche : « Je vais partir. » Il savait que chez son père, il y avait de l'amour, il y avait de la bonté et que son père l'aimait. Notre-Dame nous aidera à faire cela. Faisons-le aujourd'hui. Levez-vous et allez vers le Père et dites-Lui que nous ne sommes pas dignes d'être là, d'être à Lui.

N'AYEZ PAS HONTE

N'ayez pas honte, ne pensez pas : « Oh, que va en penser le père[5] ? » Le père est là pour vous enlever vos péchés. Nous disons nos péchés à Dieu et nous obtenons le pardon de Dieu. Nous devons être simples comme des enfants. « Je me lèverai et j'irai chez mon père[6]. » Et que fait Dieu ? « Apportez la robe, l'anneau, les chaussures, le veau gras[7] » [...] et voyez cette grande joie. Pourquoi ? Parce que « Mon fils était mort et il est revenu à la vie[8] ». Même chose pour nous ; mais nous devons avoir cette simplicité d'enfant et aller nous confesser. Si vous avez des difficultés avec la chasteté, mes sœurs, soyez toujours fidèles à votre confession. Dans le monde, il arrive, même chez les religieuses et les prêtres, qu'on ne se confesse pas pendant cinq ou six ans. Et que se passe-t-il ? Quand ils chutent, ils abandonnent et ils partent. Aussi, ne reportez jamais au lendemain votre confession. Ce lendemain deviendra un autre lendemain, puis un autre, et le moment ne viendra jamais. Qui peut vous

4. Luc 15, 11-32.
5. C'est-à-dire le prêtre qui entend la confession.
6. Luc 15, 18.
7. Luc 15, 20.
8. Luc 15, 24.

aider à bien vous préparer pour votre confession ? Seulement Notre-Dame. Ne vous préparez jamais sans elle ; allez toujours à Notre-Dame. Dieu a été si bon pour nous de nous la donner comme Mère.

NOUS POUVONS ÊTRE DES PÉCHEURS SANS PÉCHÉ

Pendant le chemin de Croix, lorsque vous êtes face à la Passion du Christ, regardez la Croix. Je peux trouver mes péchés sur la Croix. Nous pouvons être des pécheurs chargés de péché ou nous pouvons être des pécheurs sans péché. Êtes-vous vraiment amoureuses de Jésus ? Pouvez-vous regarder le monde en face ? Êtes-vous convaincues au point que « rien ne [pourra vous] séparer de Lui[9] » ? « Si vous me coupez en morceaux, chaque morceau sera Vôtre. »

Notre vocation n'est pas le travail ; la fidélité aux tâches humbles est notre moyen de mettre notre amour en actes. Hier, un homme qui vivait dans le péché a tremblé, tremblé, et il est mort. Cela peut arriver à n'importe laquelle d'entre nous. Sommes-nous prêtes ? Ai-je cette conviction que, en tant que m.c., je suis porteuse de l'amour de Dieu, épouse de Jésus crucifié ?

Le commencement de la sainteté est une bonne confession. Nous sommes tous pécheurs. Il y a la sainteté sans péché, car nous devons devenir des pécheurs sans péché. Notre-Dame n'avait pas besoin de dire « priez pour nous, pauvres pécheurs ». Je suis un pécheur chargé de péché. Quand je fais une bonne confession, je deviens un pécheur sans péché. Comment est-ce que je deviens un pécheur chargé de péché ? Quand je prononce délibérément cette

9. Romains 8, 38-39.

parole alors que quelque chose me dit de ne pas le dire. C'est à cela que sert la confession. J'espère que vous faites bon usage de la confession chaque semaine.

LA PASSION DE JÉSUS

Qu'est-ce que la Passion de Jésus ? Nous disons que nous blessons Jésus par nos péchés. Non, Jésus n'est pas blessé. C'est nous-mêmes que nous blessons. Et Jésus est blessé parce que nous n'aimons pas. Il est triste pour nous. La blessure que nous nous infligeons à nous-mêmes en péchant, Il l'a prise sur Lui-même. Avant, je pensais comme ça aussi [que nous blessons Jésus par nos péchés], mais maintenant je comprends ce que Jésus ressent quand nous péchons.

N'AYEZ PAS PEUR

Lorsque vous avez l'impression d'avoir fait quelque chose [de mal], n'ayez pas peur. C'est un Père aimant. La miséricorde de Dieu est bien plus grande que nous ne pouvons l'imaginer. Souvenez-vous, Il a institué le sacrement de la confession afin que nos cœurs [puissent] être purs et pleins d'amour. Nous allons nous confesser pécheurs avec péchés et nous sortons de la confession pécheurs sans péché. Quel merveilleux don de Dieu pour nous tous.

RESTEZ PRÈS DE JÉSUS

Que signifie « précieux » ? Cela signifie cher. Quand quelqu'un de cher vient vous rendre visite (votre mère ou votre père), vous préparez longuement à l'avance ce que vous allez dire, ce que vous allez faire etc. Nous sommes chers à Dieu exactement de la même façon. Il attend que vous veniez à Lui en prière. Il veut vous honorer en vous emplissant de Sa présence. Comment quelque chose ou quelqu'un peut-il diviser [cette union] ? [...] Si nous sommes vraiment pures, comment pouvons-nous laisser quoi que ce soit nous séparer de Jésus ?

*

Seul le péché empêche l'amour de grandir. Si vous commettez le péché, servez-vous de la confession. Voyez seulement Dieu, parlez à Dieu, aimez Dieu. Un cœur pur est très proche de Jésus, il peut L'aimer, Le servir. Si vous négligez la confession, le péché devient ancien et ensuite vous ne vous en préoccupez plus. Beaucoup de prêtres vont se confesser quotidiennement. La pureté de cœur est la meilleure place pour Jésus. Donnez-vous la peine de vous confesser chaque semaine. Si nous restons proches de Jésus, cela nous protégera du péché. [...] Le péché est un mur qui nous sépare. Un cœur libre peut aimer Dieu, Le servir, être seulement tout à Lui. « Je veux, je vais, avec la bénédiction de Dieu, être sainte. » Nous devons éviter le péché, même les petits péchés. [...] C'est très dangereux. Le ver n'a pas besoin d'un gros trou, et le trou devient de plus en plus gros et puis le fruit est tout pourri et alors cela devient de plus en plus difficile. Disons toujours : « J'ai un très grand regret », un bon acte de contrition.

ÊTRE VIDE

Nous nous vidons de tout égoïsme pour permettre à Dieu de nous emplir de Son amour.

Je le dis et je le redis, comme je l'ai dit si souvent : même Dieu Tout-Puissant ne peut remplir ce qui est déjà plein. Nous devons être vides si nous voulons que Dieu puisse déverser en nous Sa plénitude. Notre-Dame a dû être vide avant de pouvoir être pleine de grâce. Elle a dû déclarer qu'elle était la servante du Seigneur, avant que Dieu puisse la remplir[10]. Nous aussi, nous devons être vides de tout orgueil, de toute jalousie, de tout égoïsme etc., avant que Dieu puisse nous remplir de Son amour.

J'AI BESOIN D'ÊTRE PARDONNÉE

Regardez la Croix. Mes péchés sont là. Là, en regardant la Croix, nous savons combien nos péchés sont profonds. Jésus a dit à sainte Marguerite-Marie : « Mon amour pour toi n'était pas une plaisanterie, mais quelque chose de personnel. » Le crucifix de la maison mère près de l'escalier est un merveilleux examen de conscience. [...] Regardez-vous vraiment la Croix ? Non pas en imagination ; prenez la Croix dans vos mains et méditez. [...] Ai-je de la compassion ? Jésus avait de la compassion pour les pécheurs ; cette pécheresse qui s'est tenue devant Jésus, Jésus ne l'a pas condamnée[11]. C'est cela, la confession. Moi aussi, j'ai besoin d'être pardonnée. La confession n'est rien d'autre que se tenir devant Jésus comme cette pécheresse parce que je me suis surprise à pécher. [...]

Dans nos constitutions, nous avons : « Je me lèverai et j'irai chez mon Père[12]. » [...] La confession, expression de notre besoin de pardon, non pas découragement. La confession n'a

10. Luc 1, 38.
11. Jean 8, 1-11.
12. Luc 15, 18.

pas été instituée le Vendredi Saint, mais le dimanche de la Résurrection, ainsi elle est un instrument de joie. Elle n'a pas été établie comme une torture, mais comme un instrument de joie. À Rome, nos sœurs ont trouvé un homme dans l'une de ces maisons, terriblement sale. Elles ont nettoyé sa maison et l'ont lavé, mais il n'a pas dit un mot. Lorsqu'elles ont eu tout fini, il a dit : « Vous avez amené Dieu dans ma vie, à présent amenez aussi le prêtre. » Après soixante ans, il a fait une bonne confession. Voyez, mes sœurs, comme c'est merveilleux : cette humble tâche a amené Dieu dans sa vie.

Nous avons besoin du prêtre pour qu'il établisse ce contact. Si l'interrupteur principal ne marche pas, toute la ville est plongée dans l'obscurité. [...] Toute la ville récrimine, surtout ceux qui ont l'air conditionné. Comme le prêtre doit être pur pour verser sur moi le Précieux Sang, pour me laver de mes péchés ! [...] Vous ne devez jamais douter de cette parole : « Je te pardonne, je te libère. » Même si ce prêtre est un mauvais prêtre, il a le pouvoir de vous pardonner, de vous libérer. Peut-être que cela requiert un acte d'humilité de notre part, mais il est toujours l'interrupteur, le contact.

UNE VRAIE JOIE

La confession doit être une réelle joie. Je ne dois pas négliger la confession. [...] Je dois aller me confesser avec amour parce que j'ai l'occasion de purifier mon âme, de devenir pure. La confession est un face à face avec Dieu. Quand je mourrai, je devrai être face à Dieu, mais maintenant j'ai la chance d'aller vers Lui avec mon péché et de repartir sans péché. [...]

Examinez vos confessions. Les faites-vous avec un désir réel, une réelle sincérité, en disant les choses comme elles sont, ou bien dites-vous « moitié-moitié[13] », en cachant ou retranchant certaines choses ? Le diable est très rusé. Jésus a dit : « N'ayez pas peur[14]. » S'il y a quelque chose qui vous inquiète, dites-le en confession et une fois que vous l'avez dit, ne vous en préoccupez plus, parce que parfois, au bout de plusieurs mois, le diable nous harcèle jusqu'à ce qu'il ait brisé notre amour de la confession. Elle n'est pas faite pour être une torture. [...]

La confession n'est pas un endroit où vous devez rester des heures et des heures. La confession, c'est Jésus et moi, et personne d'autre. Rappelez-vous cela pour toute votre vie. Ne faites pas de la confession un lieu de discussion, mais un lieu où confesser ses péchés et recevoir l'absolution. Remercions le Seigneur et ne manquons jamais la confession.

NE GASPILLEZ PAS VOTRE TEMPS

Ne gaspillez pas votre temps sur ce qui s'est passé auparavant. Si quelque chose vous fait souffrir intérieurement, vous préoccupe, débarrassez-vous-en par une bonne confession. Ne soyez pas occupées de ceci ou cela, même de votre maîtresse [des novices[15]] – le bébé n'examine pas ce qu'on lui donne. Ne soyez occupées que de Jésus et mettez à profit votre temps pour être seules et rester avec Jésus. Ce temps [du noviciat] ne reviendra pas.

UN SACREMENT D'AMOUR

Nous l'appelons pénitence, mais c'est en réalité un sacrement d'amour, un sacrement de pardon. C'est pourquoi

---

13. C'est-à-dire en disant seulement la moitié des choses.
14. Jean 14, 27 ; Matthieu 10, 28 ; Luc 12, 4.
15. La sœur chargée de la formation.

ce ne devrait pas être le lieu où parler pendant de longues heures de nos difficultés. C'est le lieu où je permets à Jésus d'emporter loin de moi tout ce qui divise, qui détruit. Quand il y a un fossé entre moi et le Christ et que mon amour est divisé, alors n'importe quoi peut venir remplir le fossé. Si vous voulez vraiment comprendre l'amour du Christ pour nous, allez vous confesser. Soyez très simples et comme un enfant en confession : « Me voici comme un enfant ; je viens à mon Père. » Si un enfant n'est pas encore gâté et n'a pas appris à dire des mensonges, il racontera tout. C'est ce que je veux dire par « comme un enfant », et c'est cela que nous devons imiter en confession.

La confession est un bel acte de grand amour. C'est seulement à la confession que nous pouvons nous rendre en tant que pécheurs chargés de péchés et ressortir pécheurs sans péché. Notre amour ne se mesure pas à l'aune du péché mortel ou du péché véniel, mais quand nous tombons, la confession est là pour nous purifier. Même s'il y a un grand fossé, n'ayez pas honte. Allez tout de même comme un enfant.

LE BESOIN DE CONFESSION

Il y a une dame qui vient à la Messe ici tous les matins. Elle était alcoolique jusqu'à ce que quelque chose arrive dans sa vie. Et alors elle a fait le pas suivant : elle est venue des États-Unis. Maintenant elle est ici tous les matins, avant même que nous arrivions. Elle met plein de rouge sur ses ongles, sur ses lèvres, sur ses joues, et je lui ai demandé pourquoi elle en mettait autant. Elle m'a dit quelque chose de réellement surprenant : « Mère, tout cela fait partie de l'autodiscipline que j'essaie de pratiquer. J'ai une heure précise chaque jour pour faire mes ongles, pour me maquiller, pour me préparer à venir à la Messe. Il faut que je m'occupe en permanence. » Aujourd'hui, alors que je lui parlais, je lui ai dit que c'était très beau qu'elle ait commencé à venir à la Messe chaque jour, mais avait-elle pensé aussi à la confession ? Elle m'a demandé pourquoi elle devrait y aller. Elle ne ressentait pas le besoin de se confesser. Donc je lui ai indiqué que quand elle irait en confession, elle serait un pécheur chargé de péché, mais qu'elle en ressortirait pécheur sans péché. « Oh, a-t-elle dit, alors je veux aller me confesser. Mais j'ai besoin d'aide pour me préparer. » Donc elle va venir ce soir pour l'adoration, et je vais l'aider à se préparer pour sa confession de demain. Quand elle s'est levée pour partir, elle avait l'air tellement heureuse d'avoir pris cette décision de confesser ses péchés qu'elle vivait déjà la liberté et la joie de cette paix. Elle avait accepté qu'elle était un pécheur chargé de péchés et elle voulait Dieu dans sa vie.

MERCI, JÉSUS

J'ai lu l'autre jour que Jésus a dit : « Donnez-moi vos péchés. » Pour moi, le plus grand péché, c'est de ne pas faire confiance à Jésus et ne pas croire en Sa parole. Regardons-Le en face et demandons pardon – avec conviction. Et ensuite, cette seule parole : « Merci, Jésus, d'avoir enlevé mes péchés. » Après la Communion : « Merci, Jésus, d'avoir pris mes péchés sans qu'il en reste aucun » – ce tendre amour.

PAS AU PRÊTRE, MAIS À JÉSUS

Pourquoi faire une confession générale ? Non parce que je doute, mais pour faire ce lien ; pour me rendre compte combien le Seigneur Dieu a été bon pour moi... la bonté de Dieu. Je viens au confessionnal en tant que pécheur, mais, quand j'en sors, je suis un pécheur sans péché. Nous faisons notre confession sincère et humble non pas au prêtre, mais à Jésus.

PÉNITENCE

Quelle est la signification de la pénitence? Première raison: prendre part à la Passion du Christ (ce n'est pas la quantité [qui compte], mais l'amour que j'y mets). Deuxièmement, pour faire réparation de mes péchés. Qui fera cette réparation? Si j'ai cette soif, j'accomplirai ma pénitence de tout mon cœur. Je veux la faire. J'ai refusé quelque chose à Jésus, [alors] je veux réparer. Parce que nous la choisissons, c'est un plus grand acte d'amour. Maintenant je veux. Une sœur (son père avait une blessure à la tête et cela lui faisait de la peine) a offert cela à Jésus. « Mes péchés ont été Ses péchés. Mes péchés ont été la cause de la couronne d'épines. Je ferai ma pénitence avec la conviction [que] je prends part à la Passion du Christ. »

RESTITUTION

Selon le septième commandement[16], en tant que chrétienne, je ne peux pas voler. Si je vole un pauvre, c'est un péché mortel, pourvu qu'il y ait pleine connaissance et plein consentement. Quand je vais me confesser, je dois non seulement dire mon péché mais restituer (soit intégralement, soit partiellement, soit au moins en promesse) et nous sommes liées par cette promesse, sans quoi le père ne peut donner l'absolution.

16. Deutéronome 5, 19; Exode 20, 15.

L'humilité

Pour apprendre de Notre Seigneur à être douces et humbles, soyez douces les unes avec les autres. Adressez-vous aux autres avec amabilité. Nous avons besoin de cette amabilité parce que nous sommes des êtres humains. Quand nous aurons appris la douceur et l'humilité, alors le reste [l'amabilité] viendra. « Aimez-vous les uns les autres comme je vous ai aimés. » Comment Jésus aimait-Il les autres[1] ? Comment donnait-Il ? Comment aimerons-nous en donnant ? La meilleure manière de montrer sa reconnaissance à Dieu est de promettre : nous allons apprendre à être douces. Alors Dieu dira : « Voici mes bien-aimées. »

COMMENT APPRENDRE L'HUMILITÉ ?

Tout l'Évangile (si nous le lisons attentivement, dans un esprit d'oraison) nous dit de retenir cette seule leçon du cœur de Jésus : être doux et humble. Comment apprendrez-vous l'humilité ? Non pas en lisant plein de livres ou en écoutant beaucoup de discours, mais en acceptant les humiliations. Dans la vie de chacun, il y a en permanence tout au long de la journée une multitude de ces beaux dons, des occasions de témoigner de notre amour pour Jésus dans

1. Jean 13, 34.

ces petites choses, ces petites humiliations. Et si nous sommes humbles, nous sommes pures de cœur, alors nous verrons la face de Dieu dans la prière et nous pourrons voir Dieu les unes dans les autres. La boucle est bouclée. [...] Tout est lié. Le fruit de la prière est cet amour pour Jésus, prouvé par l'acceptation joyeuse des petites humiliations.

L'HUMILITÉ EST VÉRITÉ ET NON DISSIMULATION

L'humilité ne consiste pas à dissimuler ses talents (« Je ne sais pas faire ceci, je ne sais pas faire cela »), l'humilité est vérité. La seule chose que Notre Seigneur nous a demandé d'apprendre, c'est à être doux et humble de cœur[2] ; Il ne nous a pas demandé d'apprendre à être pauvres ou obéissants et ainsi de suite, mais à être doux et humbles. La douceur d'abord, parce que la douceur, c'est avec les autres. [...] Voyez comme ce mot de douceur est beau et plein de sens. L'humilité est ce que Jésus est venu nous enseigner : l'humilité du Cœur de Dieu. L'humilité ne s'apprend pas dans les livres. L'humilité s'apprend des humiliations acceptées.

DANS SON HUMILITÉ, ELLE GARDAIT LE SILENCE

À l'Annonciation, l'ange dit : « Tu seras la Mère de Dieu », et elle répond qu'elle est la servante du Seigneur[3]. Ensuite, elle qui a été choisie comme Reine du ciel et de la terre, elle ne part pas à la recherche d'un palais ou de la gloire, ni même le dire à saint Joseph. La première chose qu'elle fait,

2. Matthieu 11, 29.
3. Luc 1, 26-38.

en tant que Mère de Dieu, c'est [d'aller] en hâte servir Élisabeth. Puis au bout de trois mois, quand elle retourne à Nazareth[4], elle s'aperçoit de la détresse et des doutes de saint Joseph, mais elle attend que Dieu lui montre le chemin. Tout ce que saint Joseph peut dire, c'est : « Ce n'est pas mon enfant. » Il n'essaie pas de la juger ni de la dénoncer au peuple, mais il a décidé de rompre discrètement avec elle[5]. Le ciel a dû intervenir et lui dire de qui était cet enfant. Notre-Dame n'a jamais essayé de s'excuser ni d'impressionner saint Joseph avec l'histoire de l'ange. Dans son humilité, elle a gardé le silence. Donc nous ne devons jamais dire de mensonge, mais très souvent nous ne pouvons pas révéler toute la vérité ; alors dans ce cas mieux vaut garder le silence, puisque le silence ne peut jamais être corrigé. Ce peut être très difficile, mais voyez Notre-Dame : elle l'a fait parce qu'elle avait confiance dans le Seigneur.

Si [vous] êtes humble, même l'enfer tout entier ne pourra pas vous atteindre. L'humilité détruit l'orgueil. L'humilité détruit le diable.

JÉSUS INDÉSIRABLE

Personne n'a été plus indésirable que Jésus Lui-même. Nous ne vivrons jamais ce que Jésus a vécu. Nous avons lu sur la première page de l'Évangile de saint Jean : « Et le Verbe est venu dans le monde, parmi les Siens, et les Siens ne l'ont pas reçu[6]. » Lisez attentivement : les quatre Évangiles parlent tous de Jésus qui était indésirable au sein de Son propre peuple. Je pense que, dans toute cette foule, seule Notre-Dame

---

4. Luc 1, 39-56.
5. Matthieu 1, 19.
6. Jean 1, 11.

comprenait Jésus, voulait Jésus. Et si nous sommes les épouses de Jésus crucifié, nous devons partager cela. Nous devons devenir de plus en plus semblables à Lui en acceptant les humiliations et en les acceptant avec joie. Aujourd'hui, j'ai une occasion. Mes sœurs, c'est merveilleux si nous prenons cette habitude : quand viennent des humiliations, saisissez cette chance. Disons qu'on vous reproche quelque chose que vous n'avez pas fait. Naturellement, les mots viennent tout de suite et vous répondez. Au lieu de cela, attendez une seconde ; est-ce que ce que dit la sœur est vrai ou bien est-ce que votre cœur est pur ? Est-ce qu'il n'y a aucun péché dans votre cœur ? Immédiatement vous aurez la réponse. Si vous êtes en tort, dites : « Pardon, ma sœur, je ne recommencerai pas. » Si ce n'est pas vrai, saisissez cette chance, mes sœurs. C'est une humiliation merveilleuse, et cette humiliation fera de vous une sœur humble. Mère peut rester assise ici toute la journée et toute la nuit à vous parler d'humilité (d'ailleurs vous seriez sans doute fatiguées et vous vous endormiriez) et vous pouvez lire tous les livres sur l'humilité, vous ne deviendrez pas humbles pour autant. Mais quand ces petites humiliations arrivent, saisissez-les. Vous devez vivre la joie d'être une sœur humble. Soyez humbles comme Marie.

ZACHÉE

Zachée[7] était un homme, un homme riche, percepteur des impôts, un homme connu. Il avait très envie de voir Jésus. Il ne Le voyait pas, et un jour il s'est rendu compte : « Je suis petit. » Et il a fait quelque chose qu'un petit enfant aurait fait,

7. Luc 19, 1-9.

et cet acte d'humilité lui a obtenu la grâce. Jésus s'est approché près de l'arbre. C'est pourquoi vous et moi, nous devons nous aussi nous rendre compte que nous sommes petites, afin de désirer faire de petites choses avec un grand amour. Quand la Petite Thérèse est morte et qu'elle allait être canonisée, tout le monde demandait pourquoi le Saint-Père allait la canoniser [...] et le Saint-Père a écrit une seule phrase : « Je vais la canoniser parce qu'elle faisait des choses ordinaires avec un amour extraordinaire. » De petites choses avec un grand amour. Ainsi, nous avons nous aussi une chance d'être canonisées en ne faisant que de petites choses (car, en tant que religieuses, nous sommes des âmes totalement consacrées à Jésus), en nous accrochant à cette petitesse, à ce vide, à cette insignifiance. Jésus, pour prouver l'amour de Son Père pour le monde, S'est fait si petit, si impuissant.

APPRENDRE DE DIEU

Une vertu que le diable craint par-dessus tout, c'est l'humilité. Il n'est même pas terrifié par une profonde foi, mais par l'humilité. L'humilité est la seule chose qui nous rende semblables à Jésus. Il nous a demandé d'apprendre de Lui. « Mettez-vous à Mon école, car Je suis doux et humble de cœur[8]. » Apprendre de Dieu Lui-même, pas dans les livres. Si nous essayons d'apprendre dans les livres, nous nous embrouillons et cela semble très difficile d'imiter ce « chemin d'humilité ». [...] Dans l'Évangile, Jésus donne cet exemple d'une femme qui n'avait cessé de Le supplier jusqu'à ce qu'enfin, elle ait obtenu ce qu'elle voulait[9]. Ainsi,

8. Matthieu 11, 29.
9. Matthieu 15, 21-28.

pour nous, nous devons aussi Le supplier de nous accorder ce don d'humilité jusqu'à ce qu'Il se lasse de notre prière et qu'Il nous l'accorde. [...] Puisque le fruit de l'humilité est la douceur, si vous êtes humbles, vous n'aurez pas de problème avec la charité. Les gens orgueilleux ne peuvent pas être remplis d'amour. Le fruit de l'orgueil est la haine, l'amertume. Le fruit de l'orgueil est la jalousie. Donc il est facile de vous rendre compte si vous êtes humbles ou non.

ABANDONNEZ-VOUS

Mère l'a dit encore et encore : quand des gens font votre éloge, que cela soit pour la gloire de Dieu. Quand des gens [vous] méprisent, ne vous laissez pas atteindre. [Quand ils font votre éloge], n'en tirez pas orgueil. Que cela entre par une oreille et ressorte par l'autre. Que cela n'entre jamais dans votre cœur. Dieu [m']a donné une grâce : quand les gens me disent quelque chose, avant d'avoir quitté les lieux, j'ai déjà oublié. Dieu sait ce qui m'arriverait sans cela. Ne gardez jamais pour vous-même, Dieu donne pour que cela soit donné ; les gens diront toujours plein de choses différentes.

LES HUMILIATIONS : DE BELLES OCCASIONS

Nous devons devenir saintes à tout prix. Mère reçoit beaucoup d'humiliations (plus que vous), mais je pense que ce sont de belles chances. Un homme de Pune[10], Rajashree, a écrit plein de choses méchantes dans le journal. Il m'a traitée d'hypocrite, de politicienne religieuse qui convertissait les

10. Huitième ville d'Inde par la taille.

autres au catholicisme, et au sujet du prix Nobel de la paix et plein d'autres adjectifs encore pires. Je lui ai écrit que j'étais désolée pour lui. Je suis vraiment désolée pour lui, car il s'est fait bien plus de mal à lui-même qu'il ne m'en a fait à moi et je crois que de nombreuses personnes lui ont écrit des lettres méchantes à cause de ce qu'il avait dit. C'était écrit dans les journaux : Rajashree traite Mère Teresa d'hypocrite. Je lui ai répondu que je lui pardonnais à cause de l'amour de Dieu et que je l'invitais à venir visiter Shishu Bhavan. Quand il a reçu cette lettre, il s'est mis encore plus en colère et il s'est mis à écrire encore plus de choses. Il m'a appelée « Monsieur », donc je pensais peut-être l'appeler « Mademoiselle ». Il a encore écrit dans le journal : « Ce n'est pas qu'elle n'est pas sincère, elle est très sincère, mais elle conduit les gens sur la mauvaise voie. C'est tout de même une hypocrite. » Vous voyez, mes sœurs, nous devons accepter. Cet homme s'est mis très en colère parce que je lui ai dit : « Dieu vous bénisse, je vous pardonne. » Donc, quand on vous réprimande, pardonnez et vous serez bien partout. Si j'avais utilisé d'autres mots, j'aurais perdu une occasion de donner l'amour de Dieu, la joie de Dieu. Ceci est un exemple public, mais nous avons bien d'autres occasions chaque jour. Souvenez-vous de ces mots : « Accepter tout ce qu'Il donne et donner tout ce qu'Il prend avec un grand sourire » ; c'est la sainteté. Si l'on fait votre éloge, acceptez-le [...] quoi qu'Il donne. [...] Des éloges, d'accord, des blâmes, d'accord ; aucun blâme ni aucun échec ni aucun éloge ne me séparera de Lui. Si vous pouviez seulement comprendre cette « appartenance ». Ne dites pas : « Je ne suis pas digne », etc. Plus vous dites cela, plus vous attirez l'attention sur vous-même, plus vous devenez orgueilleuse. Les mêmes personnes qui font votre éloge aujourd'hui crieront « crucifiez-la » demain. Dans le journal de Delhi, le *Jan Sangh*, quelque chose de méchant était écrit. Un père jésuite m'a écrit : « J'ai écrit [au journal], mais je veux que vous répondiez vous aussi. Mère, vous devez répondre. » Mais j'ai écrit à ce prêtre que nous devons pardonner, car, pour Jésus, ils ont dit : « Crucifiez-Le[11] », et aussi quelques jours auparavant : « Hosanna[12]. »

METTEZ-VOUS À MON ÉCOLE

Nous disposons du plus beau moyen de nous rapprocher de Jésus, pourvu que nous ayons un cœur pur, un cœur humble. Pour cela, Jésus a dit : « Mettez-vous à Mon école, car Je suis doux et humble de cœur[13]. » Non pas dans les livres, non pas avec d'autres personnes, mais avec Lui. Il l'a dit en toute sincérité. Dans notre congrégation, l'humilité est la vertu la plus nécessaire. L'œuvre qui nous est donnée est quelque chose de saint, quelque chose de réel. Pour faire Son œuvre, nous avons besoin d'humilité. Notre Seigneur nous a confié la plus belle des œuvres. Un prêtre a écrit : « Je veux apaiser Sa soif. » Il disait qu'il souffrait, qu'il désirait ardemment apaiser la soif de Jésus. « J'ai soif » est continuellement dans son esprit, son cœur, son corps. Mais nous avons ceci dans notre congrégation, cette œuvre, un vœu, un vœu à Dieu, non pas une dévotion, un vœu à Dieu, comme la pauvreté et l'obéissance.

Nous avons besoin d'un cœur pur et humble. « Mettez-vous à Mon école[14] ! » a dit Jésus ; directement à Son école à Lui. Il ne nous a pas dit de prendre la peine de faire ceci ou cela.

---

11. Matthieu 27, 22-23 ; Marc 15, 13-14.
12. Matthieu 21, 9-15 ; Marc 11, 9-10 ; Jean 12, 43.
13. Matthieu 11, 29.
14. *Ibid.*

IV

La foi en action est amour

> Notre œuvre, pour être féconde et pour être toute à Dieu, et belle, doit être bâtie sur la foi – foi en le Christ qui a dit : « J'avais faim, J'étais nu, J'étais malade, J'étais sans logis, et c'est à Moi que vous l'avez fait. » C'est sur ces mots de Lui que se fonde toute notre œuvre. [...] La foi, pour être vraie, doit être un amour généreux. L'amour et la foi vont ensemble. Ils se complètent.

Par ces mots, Mère Teresa indiquait clairement que son œuvre pour les pauvres n'était que l'expression concrète de sa foi. Dans presque toutes ses conférences, elle faisait référence au chapitre 25 de l'Évangile de Matthieu, où Jésus déclare que tout ce qui est fait ou n'est pas fait au plus petit de Ses frères et sœurs est fait ou n'est pas fait à Lui-même[1]. Ce passage était le fondement de sa conviction que Jésus est présent dans les pauvres ; avec une foi absolue en Sa parole, elle regardait son apostolat comme un service rendu à Jésus Lui-même. Sa foi en Sa présence dans « le plus petit de [Ses] frères[2] » était si réelle que chaque rencontre avec les pauvres signifiait une rencontre mystique avec Jésus Lui-même : « Nous sommes des contemplatives en action au cœur même du monde, qui

1. Matthieu 25, 40.
2. *Ibid.*

voyons, aimons et servons Jésus vingt-quatre heures [par jour] sous le déguisement désolant des plus pauvres des pauvres. »

La foi de Mère Teresa en la présence de Jésus dans l'Eucharistie s'appuyait ce qu'Il avait dit dans l'Évangile: « Ceci est mon Corps [...]. Ceci est mon Sang[3]. » « Voir » Jésus dans l'Eucharistie et dans les pauvres exige une foi humble: « Extérieurement, on ne voit que du pain, mais c'est Jésus. Extérieurement, on ne voit que le pauvre, mais c'est Jésus. Difficile à expliquer, c'est un mystère d'amour. C'est une de ces choses auxquelles l'intelligence humaine ne peut accéder, mais nous devons nous incliner [et accepter]. »

Quand on lui demandait où elle trouvait l'énergie d'accomplir ses tâches immenses et exigeantes, Mère Teresa désignait régulièrement le tabernacle. C'était de l'Eucharistie qu'elle tirait la force nécessaire à son travail parmi les pauvres. Sa journée tournait autour de la célébration de la Messe le matin et de l'heure d'adoration eucharistique dans l'après-midi. Nourrie par l'Eucharistie, elle sortait Le chercher et Le servir dans les pauvres, exprimant ainsi son amour: « Jésus S'est fait Pain de Vie pour satisfaire notre faim de l'amour de Dieu et ensuite Il S'est fait l'affamé pour que nous puissions satisfaire Sa faim de notre amour. Donc, l'Eucharistie et les pauvres: nous sommes nourries par Lui et ensuite nous Le nourrissons dans les pauvres. »

« L'Eucharistie engage envers les pauvres: Pour recevoir dans la vérité le Corps et le Sang du Christ livrés pour nous, nous devons reconnaître le Christ dans les plus pauvres,

---

3. Matthieu 26, 26-28 et ses passages parallèles, Marc 14, 22-24; Luc 22, 19-20; 1 Corinthiens 11, 24-25.

Ses frères[4]. » Cette exhortation de l'Église était particulièrement manifeste dans la vie de Mère Teresa. Elle faisait souvent référence à l'identification de Jésus avec les pauvres et reliait cela à Sa présence dans l'Eucharistie : « Ne dissociez jamais Jésus dans l'Eucharistie et Jésus dans les pauvres. » Jésus est présent, en vérité et en substance, dans l'Eucharistie sous les apparences du pain et du vin et Il est présent sous le « déguisement désolant » des plus pauvres des pauvres. Ces deux formes de présence, deux « déguisements », donnaient à Mère Teresa l'occasion de mettre sa foi et son amour en actes, et elle encourageait souvent ses sœurs à « garder la joie d'aimer Jésus dans les pauvres et dans l'Eucharistie et partager cette joie avec tous ceux qu'[elles] rencontr[aient] ».

Si vive était sa foi en la réalité de la présence de Jésus dans l'Eucharistie mais aussi dans les pauvres (quoique de manière différente) que lorsqu'elle exhortait ses sœurs à plus d'amour et de dévouement au service des pauvres, elle le faisait dans les mêmes termes que lorsqu'elle exhortait des prêtres à célébrer la Messe :

> L'autre jour, je parlais à un groupe de prêtres et je leur ai dit : « Comme votre bouche doit être pure pour pouvoir dire : "Ceci est Mon Corps." Comme vos mains doivent être pures pour toucher le pain qui deviendra le Corps du Christ. » Comme vos mains doivent être pures pour toucher le Pain ; et comme ma main doit être pure pour toucher le corps rompu du Christ.

Et à ses sœurs, elle disait :

---

4. *Catéchisme de l'Église catholique*, § 1397.

> À Nirmal Hriday, le tabernacle vivant du Christ souffrant, comme vos mains doivent être pures pour toucher les corps brisés ; comme votre langue doit être pure pour prononcer ces paroles de réconfort, de foi et d'amour, puisque, pour beaucoup d'entre eux, c'est le premier contact avec l'amour et c'est peut-être le dernier. Comme vous devez être sensibles à Sa présence, si vous croyez réellement ce que Jésus a dit : « C'est à Moi que vous l'avez fait[5]. »

« Jésus sous le déguisement désolant des plus pauvres des pauvres » : cette expression forgée par Mère Teresa ne révèle pas seulement sa ferme croyance en la présence de Jésus, mais aussi ses convictions quant à cette présence. Premièrement, la présence de Jésus dans les pauvres n'était pas évidente. Il était là, mais sous un déguisement : il fallait les yeux de la foi pour Le reconnaître. Deuxièmement, ce déguisement était désolant pour elle ; il lui était douloureux de voir la Passion de Jésus continuée dans les pauvres et dans la personne souffrante qu'elle avait devant elle. Cette douleur la poussait à faire tout ce qui était en son pouvoir pour amoindrir les souffrances dont elle était témoin. Toujours l'esprit pratique, Mère Teresa traduisait sa détresse en « actes vivants », en aimant et en servant les pauvres ; c'était un moyen de montrer son authentique amour pour eux et d'exprimer concrètement le désir de son cœur de soulager la souffrance de Jésus.

La Vierge Marie fut la première « porteuse » de l'amour de Dieu au monde, car lorsqu'elle reçut la Parole de Dieu,

5. « C'est à Moi que vous l'avez fait » (en anglais, *You Did It To Me*, soit cinq syllabes) était ce que Mère Teresa appelait « l'Évangile sur les cinq doigts ».

Jésus, elle alla en hâte L'apporter aux autres. Ce fut vers elle que Mère Teresa se tourna, sollicitant son aide pour accomplir son propre appel à apporter la lumière de l'amour de Dieu aux plus pauvres des pauvres.

La prière qu'elle composa exprime bien ses sentiments : « Marie, ma très chère Mère, donnez-moi votre cœur si beau, si pur, si immaculé, votre cœur si plein d'amour et d'humilité, pour que je puisse recevoir Jésus dans le Pain de Vie, L'aimer comme vous L'avez aimé et Le servir sous le déguisement désolant des plus pauvres des pauvres. »

Il existe un lien indéfectible entre son œuvre pour les pauvres et son appel à apaiser la soif de Jésus : en vivant fidèlement sa vie consacrée au service des pauvres, elle apaisait Sa soif et accomplissait ainsi le but de sa congrégation. Les mots « J'ai soif » résument l'appel entendu par Mère Teresa, tandis que « J'apaise » résume sa réponse de tout cœur. « C'est à Moi que vous l'avez fait » devint pour ainsi dire la maxime de toute son activité, constant rappel de la réalité de la présence de Jésus dans les pauvres.

Dirigeant son amour vers les membres les plus vulnérables de la société, Mère Teresa voyait en chacun d'eux un enfant de Dieu capable de recevoir et de donner de l'amour. En répondant aux besoins des pauvres, et plus encore en leur donnant la possibilité de recevoir et de donner de l'amour, elle les restaurait dans leur dignité humaine foncière. Qui plus est, elle choisit librement de s'identifier aux pauvres par une vie qui ressemblât aussi étroitement que possible à la leur. Embrasser une pauvreté volontaire en union avec les pauvres lui permettait de « descendre [à leur niveau] pour les élever ».

« Nos gens sont des gens admirables », disait souvent Mère Teresa en parlant de ceux qu'elle revendiquait comme « nos pauvres ». « Ce sont des gens tellement merveilleux. [...] Vous gagnerez beaucoup à les connaître ; ils vous donneront bien plus que vous ne leur donnerez. Je peux dire que j'ai bien plus reçu des pauvres que je n'ai donné aux pauvres. » Ils étaient ses « héros », dont elle donnait la bonté en exemple pour inciter les autres à l'imiter. Elle était particulièrement touchée par leur capacité à montrer de la joie malgré leur souffrance, par leur générosité et leur sollicitude pour autrui au milieu de leur propre dénuement, et par leur pardon et leur refus d'être amers ou pleins de ressentiment même lorsqu'ils étaient profondément blessés. « Voilà la grandeur de gens qui sont spirituellement riches même quand ils sont matériellement pauvres. »

Bien qu'on entende généralement le terme « pauvre » comme désignant ceux qui manquent de ressources matérielles, Mère Teresa comprenait ce mot dans un sens plus large. « Ceux qui ont oublié ce qu'est l'amour, ce qu'est l'amour humain, parce qu'ils n'ont personne pour les aimer » étaient aussi les plus pauvres des pauvres. Aussi dure et pénible que puisse être la pauvreté matérielle, la pauvreté d'être « mal aimé, indésirable, négligé » était plus douloureuse. Mère Teresa rencontrait cette forme de pauvreté partout, dans les pays riches comme dans les pays en développement, et elle se rendait compte qu'il était bien plus difficile de remédier à cela qu'au dénuement matériel.

Animée de la ferme conviction que chaque personne qu'elle rencontrait était unique et précieuse, et qu'en chacune elle rencontrait et aimait Jésus, Mère Teresa prodiguait une attention et un amour sans partage à la personne qu'elle avait en face d'elle, « un par un » comme elle disait volontiers. Même au milieu d'une foule, elle repérait la personne la plus dans le besoin pour lui tendre la main. Cette « pureté de vision » et cette détermination étaient le fruit à la fois de la grâce et ses propres efforts.

Mère Teresa reconnaissait facilement et encourageait la bonté chez les autres. Grâce à son caractère ouvert, sa chaleur, son respect et son absence de préjugés, chacun se sentait accepté dans sa singularité. Elle laissait le temps et les occasions nécessaires pour grandir, donnant ainsi l'exemple de cette patience que saint Paul cite comme une des qualités de l'amour[6]. Ce fut cet amour qui l'aida à supporter les faiblesses et les limites des autres, aussi éprouvantes qu'elles pussent être pour son caractère trempé.

Mère Teresa, cherchant à éveiller le meilleur en chacun, pouvait se montrer ferme et exigeante. Intransigeante dans ses idéaux et ses convictions, elle ne cherchait pas à plaire et s'opposait avec un courage intrépide à tout ce qui était néfaste ou destructeur pour la personne et la société – quitte à déplaire. Elle n'était cependant pas inflexible et resta invariablement compréhensive et clémente devant les faiblesses d'autrui.

« L'amour, pour être vrai, doit faire souffrir » – cette maxime de Mère Teresa maintes fois répétée montre qu'elle se rendait compte qu'il y avait un prix à payer quand on donne la priorité à l'être aimé et à ses préoccupations plutôt qu'à soi-même. Cela exige souvent de mourir à l'amour-propre et à l'intérêt personnel, et c'est cela qui est douloureux. Plus nous sommes prêts à souffrir pour l'autre, plus notre amour est grand. Jésus, parfait modèle du don de soi par amour, « aima jusqu'au bout », prenant volontairement toutes nos souffrances sur Lui ; chacun de nous peut dire avec saint Paul : « Il m'a aimé et Il est mort pour

6. 1 Corinthiens 13, 4-7.

moi. » En tant que disciples, nous sommes à notre tour appelés à « aimer jusqu'à en souffrir », à Son imitation.

La propre vie de Mère Teresa ne manqua pas d'occasions d'aimer jusqu'à en souffrir, la plus évidente étant peut-être sa douloureuse épreuve intérieure. Seule une foi radicale et pure pouvait percer l'épaisse muraille de ténèbres qui lui masquait Celui qu'elle aimait plus que la vie même. Plus elle voulait Dieu, plus Il semblait lointain. L'ardent désir qu'elle avait de Lui rendait d'autant plus aiguë la solitude que Son apparente absence laissait dans son âme. Elle aima véritablement Dieu jusqu'à en souffrir, Le cherchant continuellement malgré la douleur qu'elle éprouvait.

Dans son amour des pauvres, elle voulait ne faire qu'un avec eux et elle était même prête à souffrir à leur place. De façon mystique mais très réelle, son désir fut exaucé : « La situation physique de mes pauvres abandonnés dans les rues, indésirables, mal aimés, délaissés, est l'image fidèle de ma propre vie spirituelle, de mon amour pour Jésus, et pourtant cette terrible douleur ne m'a jamais fait désirer qu'il en soit autrement. » Embrasser cette agonie fut une manière héroïque d'aimer les pauvres jusqu'à en avoir vraiment mal.

Même si l'acceptation de ses ténèbres intérieures fut peut-être la plus douloureuse et la plus remarquable preuve de l'amour de Mère Teresa pour Dieu et les pauvres, elle ne fut pas la plus reconnue de son vivant. En revanche, son service aimant des personnes les plus abandonnées et les plus négligées par la société la plaça sous les feux des médias pendant près d'un demi-siècle.

« L'amour en acte est service », affirmait Mère Teresa. Le service supposait d'être prêt à donner de soi-même, de son temps, de son énergie et de ses moyens matériels. Il exprimait l'amour du donateur et répondait à un besoin du destinataire. Il était le moyen normal de faire savoir à l'autre qu'il était aimé, désiré et choyé.

Mère Teresa répondit généreusement à l'appel de Dieu, appel à être « Sa lumière » et à porter Son amour dans les « trous obscurs » des pauvres. Missionnaire de la Charité de nom et de fait, elle accomplit sa mission auprès des plus nécessiteux comme quelqu'un qui s'identifiait à eux, à la fois intérieurement et extérieurement. Elle « traduisait » en langage concret l'appel mystique à être porteuse de l'amour de Dieu, un prolongement de la « main » et du « cœur » de Dieu dans le monde d'aujourd'hui. Dans son ministère, elle voulait garder « les pieds sur terre », comptant sur la puissance de Dieu tout en recourant aux moyens les plus simples pour répondre aux besoins des plus pauvres des pauvres. Pourtant, grâce à son humble service, l'amour devenait une réalité dans leurs existences.

Elle rayonnait l'amour, la joie, l'espérance, la paix, l'enthousiasme, et, avec sa sollicitude habituelle pour la personne souffrante, donnait à chacun le sentiment d'être aimé d'un amour particulier, même au cours d'une brève entrevue. Cet effet extraordinaire qu'elle produisait sur les gens ne s'explique pas par quelque qualité ou talent spécifique qu'elle aurait eu, mais plutôt par le rayonnement de sa sainteté personnelle, la puissance et l'attrait d'une âme totalement donnée à Dieu. Elle était tellement unie à Dieu que les gens sentaient, quand ils étaient en contact avec elle, que Dieu les écoutait, les aidait, se souciait d'eux, les aimait. La prière « Rayonner le Christ » qu'elle priait quotidiennement avec ses sœurs après la Messe se réalisait dans sa propre vie. Dans cette prière, elle demandait « qu'en levant les yeux, on ne me voie plus, mais seulement Jésus » ; et, de fait, c'était Jésus et la lumière de Son amour qu'elle rayonnait auprès des autres.

Mère Teresa atteignit un haut degré de sainteté par son « oui » inébranlable à Dieu et à Sa volonté aimante, malgré les difficultés qui en découlaient. Ainsi, elle rappelait souvent à son auditoire une vérité simple bien qu'exigeante : « La vraie sainteté consiste à faire la sainte volonté de Dieu avec le sourire. » Dieu appelle chacun, sans exception, à tendre à la perfection de l'amour (à la sainteté) selon sa situation. Faisant écho à l'enseignement de l'Église, Mère Teresa insistait sur le fait qu'en vivant fidèlement sa vocation de laïc, de personne consacrée ou de prêtre, on pouvait devenir saint. Il ne s'agit pas là d'une simple possibilité, mais d'un devoir qui nous est assigné par Dieu, car, outre les bénéfices qui en résultent pour elle-même, la sainteté d'une personne contribue au bien de la communauté chrétienne et de la société dans son ensemble.

Avec ses sœurs, Mère Teresa était particulièrement ferme sur l'obligation de tendre à la sainteté : « Avec vous, mes sœurs, je ne serai pas satisfaite que vous soyez simplement de bonnes religieuses. Je veux pouvoir offrir à Dieu un sacrifice parfait. Seule la sainteté rend le sacrifice parfait. » Mère Teresa considérait la sainteté, qui s'atteignait par l'observation fidèle des vœux de chasteté, de pauvreté, d'obéissance et de service gratuit et de tout cœur aux pauvres, comme la raison même de leur existence.

Pourquoi prononcer des vœux ? L'amour ne suffit-il pas ? Dans l'esprit de Mère Teresa, se lier par un vœu était une façon d'exprimer son amour. Le vœu garantit que nous resterons fidèles à notre engagement en dépit de sentiments fluctuants qui pourraient faire décroître notre ferveur première. De plus, les vœux religieux sont une façon « d'aimer jusqu'à en souffrir », comme disait Mère Teresa. Notre humanité déchue nous incline à rechercher les plaisirs déréglés (luxure), les biens superflus (cupidité), la puissance et le contrôle (insoumission et orgueil), or ces penchants s'opposent au don total de soi par amour. Nous nous convainquons, ou nous nous laissons convaincre par d'autres, que ce sont là des besoins réels et légitimes, mais en réalité ils entravent notre capacité d'aimer, de donner, de partager. Les remèdes traditionnels à ces maux[7] sont les trois conseils évangéliques : chasteté, pauvreté et obéissance. Pour ceux qui y sont appelés par le Christ, la profession des vœux dans la vie consacrée doit aider la personne à Le suivre plus étroitement et à se donner à Dieu en L'aimant par-dessus tout. C'est « une des manières de connaître une consécration "plus intime", qui s'enracine dans le Baptême et dédie totalement à Dieu[8] ».

« Jésus nous offre pour toute la vie Son amitié fidèle et personnelle. Pour que cette amitié soit complète, Il nous épouse avec tendresse et amour. Et ensuite, pour compléter même cela, Il nous donne l'Eucharistie. » Par ces mots, Mère Teresa résumait l'essence du vœu de chasteté, sur lequel se fondent les trois autres. Ce vœu scellait sa relation exclusive et unique avec Jésus, son appartenance totale à Lui dans un amour sponsal. Ce n'était pas simplement une renonciation au mariage ; c'était une manière de vivre sa relation intime avec Jésus et d'exprimer le besoin fondamental du cœur humain d'aimer et d'être aimé. La chasteté doit s'enraciner dans l'amour et se manifester dans l'amour librement donné à tous les enfants de Dieu. « La liberté du cœur, un amour sans partage, personne – rien, sinon Jésus seul. Nous nous attachons à Jésus. Je peux aimer tout le monde, mais le SEUL que j'aime, c'est Jésus. »

---

7. Que l'on nomme « concupiscences » dans la littérature spirituelle.
8. *Catéchisme de l'Église catholique*, § 916.

Le fruit de la fidélité de Mère Teresa à son vœu de chasteté fut sa maternité spirituelle. À l'écoute des besoins et des souffrances des pauvres, elle répondait à sa vocation de nourrir spirituellement tous ceux que Dieu dans Sa providence avait confiés à ses soins. En véritable mère, elle était là pour aimer, soigner, exhorter, louer, encourager, soutenir et guider, mais aussi pour corriger ou réprimander, et parfois souffrir en silence avec ses enfants ou même à cause d'eux. Ces qualités maternelles que l'on trouvait chez elle en abondance furent mises en lumière par le défunt Saint-Père, Jean-Paul II :

> Il semble que nous la voyons encore parcourir le monde à la recherche des plus pauvres des pauvres, toujours prête à ouvrir de nouveaux espaces de charité, accueillante avec chacun comme une *véritable mère*. [...] Il n'est pas inhabituel d'appeler une religieuse « mère ». Mais ce nom avait une résonance particulière pour Mère Teresa. Une mère se reconnaît à sa capacité de se donner. En voyant le comportement de Mère Teresa, son attitude, sa façon d'être, nous comprenons mieux ce que cela signifiait pour elle, au-delà de la dimension purement physique, que d'être une mère ; cela l'aidait à atteindre les racines spirituelles de la maternité.

« La pauvreté est amour avant d'être renoncement », affirmait souvent Mère Teresa, révélant ainsi la raison de la pauvreté radicale qu'elle avait choisie. Cette existence pauvre et simple encourageait la sobriété dans l'usage des choses créées afin de rester focalisé sur des biens plus importants et durables. Mère Teresa préconisait le détachement et la liberté dans l'usage des objets : « Moins nous avons, plus nous pouvons donner », insistait-elle.

La vie de privation que vécut Mère Teresa (la « pauvreté de la Croix ») et le contact permanent avec la dure réalité de l'indigence des pauvres qu'elle servait accroissaient son amour et sa compassion à leur égard. Elle s'opposait aux biens superflus, qu'elle considérait comme un obstacle à la vie spirituelle et à la charité pour autrui. Accablé de richesses et de luxe, le cœur humain se ferme à la réalité de la souffrance et devient aveugle aux besoins des autres. Comment aurait-elle pu justifier de gaspiller ou de conserver un surplus quand elle savait que les pauvres manquaient ? Elle n'accumulait pas par peur du besoin, mais partageait ce qu'elle avait, totalement confiante dans le fait que Dieu pourvoirait le nécessaire en temps utile.

De même que le vœu de chasteté était l'expression de l'« amour sans partage » de Mère Teresa pour le Christ, le vœu d'obéissance était un moyen de mettre cet « amour en actes » par la soumission de sa volonté à la volonté de Dieu manifestée à travers ses supérieurs. « Se soumettre, pour qui aime, est plus qu'un devoir, c'est une béatitude » – ainsi Mère Teresa résumait-elle l'obéissance religieuse. Elle obéissait simplement, constamment, joyeusement, promptement, en faisant usage des dons de la nature et de la grâce pour exécuter les ordres de manière intelligente et responsable par amour pour son Divin Époux. Sa manière d'obéir dénote beaucoup d'humilité, de sagesse et de maturité. Mère Teresa avait confiance dans le fait que ceux qui se trouvaient en position d'autorité étaient, malgré leurs défauts, investis du pouvoir de Dieu pour exercer cette autorité. Elle croyait que, par la prière, le discernement et le dialogue avec ses supérieurs, la volonté de Dieu se manifesterait toujours.

Outre qu'elle obéissait à la volonté de Dieu telle qu'elle s'exprimait à travers ses supérieurs, Mère Teresa se soumettait à tout ce qu'elle percevait comme une manifestation de Sa volonté à travers les personnes, les événements ou les circonstances. Ce désir d'union absolue avec la volonté de Dieu l'appelait à rester constamment élevée avec le Christ sur la Croix et à accepter tout ce qu'Il demandait d'elle « avec un abandon total, une confiance aimante et un grand sourire », comme une occasion de montrer un plus grand amour. Là encore, le Christ était son modèle : « Car Jésus aussi, qui était venu faire la volonté de Son Père, trouva l'obéissance, l'abandon, l'acceptation de la volonté de Son Père si difficile qu'Il transpira du sang à Gethsémani[9]. C'est pourquoi Il pria le plus longtemps pour être capable d'obéir à la volonté de Son Père. » À Son imitation, Mère Teresa était prête à embrasser « l'obéissance de la Croix ».

En réponse à l'appel du Christ à consacrer sa vie aux pauvres, Mère Teresa prononça un vœu spécial de « service gratuit et de tout cœur aux plus pauvres des pauvres » et en fit une obligation dans sa famille religieuse. Par ce vœu, Mère Teresa et les membres de sa communauté s'engagent à être constamment à la disposition des pauvres, travaillant sans compter et de tout cœur à leur « salut et sanctification ». Le vœu exigeait de donner aux pauvres non seulement des mains qui servent, mais aussi des cœurs qui aiment, sans chercher aucune récompense ni même gratitude, donnant gratuitement ce qui a été reçu gratuitement. En exprimant son amour et sa

9. Luc 22, 44 (Entré en agonie, il priait de façon plus instante et sa sueur devint comme de grosses gouttes de sang qui tombaient à terre).

compassion de cette manière, Mère Teresa voulait en outre faire réparation pour les péchés de haine, de froideur et d'absence de sollicitude et d'amour pour les pauvres dans le monde d'aujourd'hui.

L'habitude de faire les choses de tout cœur était un trait caractéristique de sa personnalité, qui se ressentait dans ses discours et dans ses actes. Son service des pauvres se signalait par des qualités d'attention pleine et entière, de dévouement déterminé et d'empressement joyeux à accomplir même la tâche la plus simple. Aux antipodes de ce service de tout cœur, on trouve la négligence ou « travail bâclé », comme elle disait, lorsqu'on accomplit sa tâche sans y prêter intérêt, attention et/ou amour. À son avis, tout ce qui valait la peine d'être fait devait l'être avec amour ; si ce n'était pas fait avec amour, autant ne pas le faire du tout.

Mère Teresa éprouvait un amour et un respect tout particuliers pour les vocations sacerdotales. Elle voyait en chaque prêtre un *alter Christus*, « un autre Christ », « un homme qui tient la place de Dieu » pour reprendre les mots de saint Jean-Marie Vianney[10]. Appelé à être un instrument de l'amour et de la miséricorde de Dieu, chaque prêtre joue un rôle important dans la formation du peuple de Dieu, qu'il aide à nouer une relation d'amour avec Lui. Seule une étroite intimité avec le Seigneur peut permettre au prêtre de vivre une vie de complète abnégation de soi et de consécration à Dieu et à Son Église. Mère Teresa insistait sur la nécessité de la sainteté personnelle dans la vie de chaque prêtre. Elle leur était reconnaissante de leurs efforts et de l'exemple de leurs vies pleines de dévotion, de zèle et de sacrifice de soi, souvent passées à servir silencieusement le peuple de

10. Également connu sous le nom de « curé d'Ars ». *NdT.*

Dieu. Dans le même temps, consciente du caractère hautement exigeant de la vocation sacerdotale et de la fragilité de la nature humaine, elle les aidait et les soutenait dans les épreuves et les difficultés, toujours prête à leur donner une parole d'encouragement ou de gratitude.

Les laïcs, comme nous l'avons signalé, ne sont pas non plus exempts de l'obligation de tendre à la sainteté. « L'amour commence à la maison », se plaisait à répéter Mère Teresa. Berceau d'amour, la maison doit aussi être un berceau de sainteté. Les fidèles laïcs doivent remplir la mission qui leur a été confiée par Dieu et « travailler comme du dedans à la sanctification du monde, à la façon d'un ferment, en exerçant leurs propres charges sous la conduite de l'esprit évangélique[11] ». C'est précisément pour cette raison que Mère Teresa considérait que la sainteté est un simple devoir pour chacun, quelle que soit sa condition ou sa profession.

11. *Lumen Gentium*, § 31.

Nous sommes contemplatives dans l'action

Quand nous parlons de contemplation, nous pensons aux contemplatifs, mais dans nos constitutions, nous avons une belle phrase : « Nous devons être “profondément” contemplatives. » C'est-à-dire avoir cette union profonde avec Lui, avoir cette vision claire pour qu'Il puisse nous utiliser comme Il le veut !

PRIER LE TRAVAIL

Nous sommes de vraies contemplatives au cœur du monde. Si nous apprenons à prier le travail, nous le ferons avec Jésus, nous le ferons pour Jésus et nous le faisons à Jésus – ce n'est pas difficile. Et c'est cela que nous essayons d'apprendre nous-mêmes et d'enseigner à nos sœurs ; et nous enseignons aussi aux laïcs, aux familles, à faire la même chose, à faire entrer le Christ dans la vie de la famille, particulièrement par la consécration au Sacré-Cœur.

*

Le danger existe toujours que nous devenions seulement des travailleurs sociaux ou que nous fassions juste le travail pour le travail. C'est un danger, si nous oublions à qui nous le faisons. Nos œuvres ne sont qu'une expression de notre amour pour le Christ. Il faut que nos cœurs soient remplis d'amour pour Lui et puisque nous devons exprimer cet amour par des actes, alors naturellement les plus pauvres des pauvres sont le moyen d'exprimer notre amour de Dieu.

CONTEMPLATIVES AU CŒUR DU MONDE

Ma vocation est d'appartenir à Jésus, de m'attacher à Jésus. Le travail est le fruit de mon amour et mon amour s'exprime dans mon travail ; c'est pour cela que je dis que nous sommes des contemplatives au cœur du monde. La prière en acte est amour en acte. La sainteté n'a rien de spécial pour nous – c'est un simple devoir. Rien de spécial à ce que nous soyons saintes, nous sommes consacrées, Jésus et moi ne faisons qu'un. Quand je parle à des gens ordinaires, je leur dis : « Soyez saints » ; mais combien davantage pour nous qui sommes consacrées. Nous ne sommes pas sans péché, mais nous devons être des pécheurs qui ne pèchent pas. Ce qu'il nous faut, c'est une profonde vie de prière ; nous devons être ferventes, saintes.

NOUS LE FAISONS POUR QUELQU'UN

Il y a quelque temps, j'ai dû rencontrer le ministre de l'Aide sociale, un hindou, et il m'a dit : « Mère Teresa, il y a une grande différence entre vous et moi. Nous faisons tous les deux du travail social, mais nous le faisons pour quelque chose, c'est-à-dire pour l'argent, la gloire, l'ambition, la famille… rien de mal, mais la différence, c'est que vous, vous le faites pour quelqu'un. » Il avait dû réfléchir à cela. Qui est ce quelqu'un ? Dieu Lui-même, et cela fait toute la différence.

Vous pouvez vous tuer au travail, mais si vous perdez le contact avec ce Quelqu'un, Jésus, vous perdez tout.

« MON DIEU, JE VOUS AIME ! »

Vivons une vie d'union avec Dieu. Toutes mes petites actions peuvent être offertes par le Précieux Sang, par Jésus. Nous devons apprendre cela. Ne soyons jamais satisfaites. Jésus a voulu tout donner – pas seulement quelques gouttes de sang. Faisons nous aussi de même et donnons tout. [...] Nous devons nous donner cette peine de dire souvent : « Mon Dieu, je Vous aime ! » Dans notre travail, nous pouvons montrer cet amour pour Dieu. Nous en avons, ce mois-ci, le moyen entre les mains : le Précieux Sang de Jésus ; alors nous devons faire du beau travail. Saint Ignace disait : « Je dois faire mon travail comme si tout dépendait de moi, et le résultat, je le laisse à Dieu. » Les gens dans le monde se donnent tant de peine ; nous devons nous aussi faire de même. Ils passent des heures à se coiffer pour attirer les gens. Nous devons nous rendre attirantes pour Dieu, comme Notre-Dame. Dieu vint à elle, elle conçut et elle mit l'Enfant au monde – Jésus. Comme c'est beau.

LE DÉGUISEMENT DÉSOLANT

Cher Seigneur, aidez-moi à comprendre maintenant ce que signifie un service de tout cœur, [...] la signification de ce déguisement désolant. Comment pouvons-nous voir Jésus dans le pauvre lépreux, le corps brisé ? La charité pour les pauvres doit être une flamme brûlante dans la congrégation.

Il y avait une reine qui était une sainte personne, mais son époux était plutôt cruel. Malgré cela, elle le traitait comme elle aurait traité le Christ. Elle avait une belle-mère qui était jalouse de l'amour que son fils portait à son épouse. Un jour, la reine Élisabeth[1] offrit l'hospitalité à un lépreux et lui donna même le lit de son époux pour qu'il s'y allonge. La belle-mère, voyant cela, saisit l'occasion de dresser son fils contre son épouse. L'époux se rua avec colère dans la chambre, mais, à sa surprise, vit la figure du Christ sur le lit. Élisabeth ne pouvait avoir agi ainsi que parce qu'elle était convaincue qu'elle faisait cela au Christ Lui-même. Nous devons donc être fières de notre vocation, qui nous donne l'occasion de servir le Christ dans Ses plus pauvres. C'est dans les bidonvilles que nous devons chercher à servir le Christ. Nous devons être surnaturellement heureuses d'aller à Kalighat, d'aller à Shishu Bhavan, d'aller travailler auprès des lépreux ; de les voir, de les toucher. Nous devons aller à eux comme le prêtre va à l'autel : pleines de joie. Ce bonheur doit nous faire faire un travail efficace.

À l'autel, avec quelle douceur et avec quelle tendresse le prêtre touche l'hostie consacrée, avec quel amour il la regarde. Le prêtre croit que l'hostie est le déguisement de Jésus. Et, dans les bidonvilles, Jésus choisit comme déguisement la misère et la pauvreté de nos gens des bidonvilles. Vous ne pouvez pas respecter le vœu de charité si vous n'avez pas la foi nécessaire pour voir Jésus dans les gens avec lesquels nous entrons en contact. Autrement, notre travail n'est rien de plus que du travail social. [...] « Nous le faisons pour Quelqu'un. » Et si vous ressentez du dégoût et partez en courant ? Les sentiments ne comptent pas. Partez en courant, mais revenez et ne tardez pas à revenir.

---

1. Il s'agit de sainte Élisabeth, reine de Hongrie (1207-1231). *NdT.*

TROUVER JÉSUS

Je n'oublierai jamais une fille qui était venue de France, de l'université de Paris. Quand elle est venue, elle se préparait à passer son doctorat. Elle a dit à ses parents : « Avant le dernier examen, j'aimerais passer deux semaines avec Mère Teresa à Calcutta. » Et quand elle est venue, elle semblait préoccupée, mais ensuite, au bout de quelques jours, elle est venue me voir, elle m'a prise [dans ses bras] et elle m'a dit : « J'ai trouvé Jésus. » J'ai dit : « Où avez-vous trouvé Jésus ? » Et elle a dit qu'elle L'avait trouvé à Kalighat. Alors j'ai dit : « Qu'avez-vous fait avec Jésus quand vous L'avez trouvé ? » Elle a dit : « Je suis allée me confesser et communier, après quinze ans. » [...] Et, mes sœurs, je ne peux pas vous décrire cette joie radieuse qu'il y avait sur son visage parce qu'elle avait trouvé Jésus dans son cœur – pour être capable de recevoir Jésus avec une joie réellement radieuse. Alors j'ai dit : « Qu'avez-vous fait d'autre quand vous avez trouvé Jésus ? » Elle a dit : « J'ai envoyé un télégramme à mes parents pour leur dire que j'avais trouvé Jésus. » Vous voyez, mes sœurs, elle avait trouvé Jésus dans le travail humble. [...] Il y a tant de jeunes qui vont se confesser et qui viennent pour l'adoration parce qu'ils ont trouvé Jésus dans le travail humble et touché Jésus sous le déguisement désolant.

« POURQUOI FAITES-VOUS CELA ? »

Un jour, on a apporté un homme de la rue et il avait la moitié du corps tout dévoré. Les vers rampaient partout sur son corps et personne ne pouvait se tenir à côté de lui tellement l'odeur était forte. Alors je suis allée le nettoyer. Et il m'a regardée, et ensuite il a demandé : « Pourquoi faites-vous cela ? Tout le monde m'a rejeté, pourquoi faites-vous cela ? Pourquoi venez-vous près de moi ? – Je vous aime, ai-je dit. Je vous aime, vous êtes Jésus sous le déguisement désolant. Jésus partage Sa Passion avec vous. » Et alors il a levé les yeux et il a dit : « Mais vous, vous aussi, en faisant ce que vous faites, vous aussi, vous partagez. » J'ai dit : « Non, je partage la joie d'aimer avec vous en aimant Jésus en vous. » Et ce monsieur hindou, si plein de souffrances, qu'a-t-il dit ? « Gloire à Jésus-Christ. » Il ne s'est pas plaint de ces gros vers qui lui rongeaient le corps, il n'a pas pleuré, pas appelé, il a pris conscience qu'il était quelqu'un… qu'il était quelqu'un… qu'il était aimé. Voilà ce qu'est la faim d'amour, ou la faim de sainteté, ou la faim de compassion… quel que soit le mot que vous voulez employer, cela veut toujours dire la même chose : faim de sainteté. Et ces gens, nos gens, comprennent ; ils comprennent, et nous essayons de faire bon usage de leur souffrance. Nous leur demandons, nous leur apprenons comment tout offrir pour la paix dans le monde. Et je peux vous le dire, encore une fois je redis la même chose, nous avons beaucoup plus reçu d'eux, parce qu'ils nous ont donné l'occasion d'être vingt-quatre heures [par jour] avec Jésus, car tout ce que nous faisons à eux, aux petits, nous le faisons à Jésus. Il l'a dit, cela doit être ainsi.

COOPÉRATEURS DU CHRIST

Nous allons dire une prière pour nos pauvres de par le monde. *Rendez-nous dignes, Seigneur, de servir nos frères de par le monde, qui vivent et meurent dans la pauvreté et la faim. Donnez-leur aujourd'hui par nos mains leur pain de ce jour et, par notre amour bienveillant, donnez[-leur] la paix et la joie*. Je suis reconnaissante à Dieu de m'avoir donné cette occasion d'être avec vous pour partager le don de Dieu, ce privilège d'être avec les pauvres, ce privilège d'être vingt-quatre heures [par jour] en contact avec le Christ, car Jésus a dit, et Il ne peut pas nous tromper : « C'est à Moi que vous l'avez fait. J'avais faim et vous M'avez donné à manger ; J'avais soif et vous M'avez donné à boire ; J'étais malade et en prison et vous M'avez visité ; J'étais sans logis et vous M'avez donné un foyer. Vous M'avez accueilli[2]. » Vous et moi, ensemble, nous essayons d'apporter cette joie de toucher le Christ sous le déguisement désolant. Nos sœurs, pour pouvoir faire cela, prononcent un vœu spécial de service gratuit et de tout cœur aux plus pauvres des pauvres, au Christ sous le déguisement désolant. Nous avons les sœurs et les frères qui font cela, mais nous avons un autre groupe de gens, des hommes et des femmes, vieux et jeunes, qui font une sorte de promesse de faire la même chose, tout d'abord dans leur propre maison et auprès des voisins, puis dans la rue qu'ils habitent, dans la ville qu'ils habitent, dans le monde qu'ils habitent. Et nous les appelons coopérateurs, car nous sommes tous des coopérateurs du Christ aujourd'hui.

C'EST À MOI QUE VOUS L'AVEZ FAIT

Nous voulons tous aimer Dieu parce que nous avons été créés pour de plus grandes choses : aimer et être aimés. Comment aimons-nous Dieu ? Où est Dieu ? Jésus a répondu : « Tout ce que vous faites au plus petit de Mes frères, c'est à Moi que vous le faites[3]. » Et quand nous serons morts, quand nous irons rejoindre Dieu, Dieu nous jugera

2. Matthieu 25, 35-40.
3. Matthieu 25, 40.

sur ce que nous avons été pour les pauvres. Et Il dit : « J'avais faim et vous M'avez donné à manger, J'étais nu et vous M'avez vêtu, J'étais malade et vous avez pris soin de Moi, J'étais sans logis et vous M'avez accueilli, J'étais seul et vous M'avez souri. [...] Tout ce que vous faites au plus petit de Mes frères, c'est à Moi que vous l'avez fait[4]. » Et c'est cela que Jésus nous a dit et redit : de nous aimer les uns les autres comme Il nous a aimés.

L'ÉVANGILE SUR LES CINQ DOIGTS

Notre travail pour les pauvres est tellement réel, tellement beau, parce que, si notre cœur est pur, nous pouvons voir, nous pouvons toucher Jésus vingt-quatre heures [par jour], puisqu'Il l'a expliqué si clairement : « Tout ce que vous faites au plus petit de Mes frères, c'est à Moi que vous l'avez fait[5] » – l'Évangile sur nos cinq doigts. C'est pourquoi nous avons besoin de cette profonde vie de prière qui nous aidera à grandir dans cet amour intime et personnel pour Jésus et dans un complet attachement à Lui, pour que nos sœurs et nos pauvres puissent voir Jésus en nous, Son amour, Sa compassion.

*

Un jour, un prêtre jésuite de Rome qui visitait Calcutta, un grand professeur, est venu se joindre à notre adoration. Avant cela, nous avons eu une longue discussion, que j'ai passée à lui enseigner [l'Évangile sur] les cinq doigts : « C'est

4. Matthieu 25, 31-46.
5. Matthieu 25, 40.

à Moi que vous l'avez fait. » Après cela, il m'a dit qu'il avait passé toute l'adoration à méditer ces mots et plus tard, de retour à Rome, il m'a écrit. Il m'a dit qu'il se servait toujours de ces mots dans ses conférences et qu'ils produisaient un effet réel sur lui et sur les étudiants ; cela avait changé toute son approche de la théologie.

IL A FAIM DE NOTRE AMOUR

Jésus a souffert de nous aimer. Il en a souffert. Pour s'assurer que nous nous souviendrions de Son grand amour, Il S'est fait Pain de Vie pour satisfaire notre faim de Son amour[6], notre faim de Dieu, parce que nous avons été créés pour cet amour. Nous avons été créés à Son image. Nous avons été créés pour aimer et être aimés, et Il S'est fait homme afin qu'il nous devienne possible d'aimer comme Lui nous a aimés. Il Se fait l'affamé, le nu, le sans-logis, le malade, le prisonnier, l'isolé, l'indésirable, et Il dit : « C'est à Moi que vous l'avez fait. » Il a faim de notre amour, et cette faim est celle de nos pauvres. C'est la faim que vous et moi devons découvrir. Elle est peut-être dans notre propre maison.

D'HUMBLES ŒUVRES D'AMOUR

Pour rendre grâce à Dieu de nous avoir choisies pour être Ses Missionnaires de la Charité dans Son Église et pour Son Église, je ne vois rien de mieux que de nous tourner vers Notre-Dame, car c'est à sa supplication que la congrégation est née, et de la supplier, en union d'esprit et de cœur, de nous enseigner à écouter profondément, dans une prière

6. Jean 6, 35.

fervente, le cri de son Fils Jésus sur la Croix : « J'ai soif[7] » ; afin qu'avec elle et comme elle, nous apprenions à nous tenir près du déguisement désolant de Jésus dans le monde d'aujourd'hui, en particulier dans les vies des plus pauvres des pauvres, à la fois matériellement et spirituellement, et ainsi à apaiser la soif de Jésus d'aimer et d'être aimé. Nos humbles œuvres d'amour pour les plus pauvres des pauvres ne sont pas seulement des œuvres sociales, ce sont les merveilleux moyens [...] de prouver notre amour pour Jésus, d'apaiser Sa soif d'amour et des âmes. « Tout ce que vous avez fait au plus petit d'entre les Miens, c'est à Moi que vous l'avez fait[8] », a dit Jésus.

« POURQUOI ME PERSÉCUTES-TU ? »

Au tout début, saint Paul (il a été le tout premier à persécuter l'Église et il se rendait à Damas), [...] saint Paul avait une lettre pour aller là-bas détruire tous les chrétiens que baptisait saint Pierre. Et cet homme, qui était en pleine santé, est tombé de cheval et a entendu ces mots : « Saul, Saul, pourquoi Me persécutes-tu ? » Il n'avait jamais entendu ni vu Jésus, mais il savait où il allait et ce qu'il avait à faire. Et là, saint Paul a demandé : « Qui es-tu ? » Et à nouveau, il a entendu la voix : « Je suis Jésus-Christ, que tu persécutes[9]. » Et ces mots, il est très important pour nous de les connaître, ces mots : « Tout ce que vous faites au plus petit de Mes frères, c'est à Moi que vous l'avez fait. »

---

7. Jean 19, 28.
8. Matthieu 25, 40.
9. Actes 9, 5-7 ; 22, 1-8 ; 26, 12-15.

PAS SEULEMENT DE NOURRITURE

C'est toujours le même Christ qui dit :

> J'avais faim – non pas seulement de nourriture, mais de la paix qui naît d'un cœur pur.
> J'avais soif – non pas d'eau, mais de la paix qui apaise la soif passionnée de la passion guerrière.
> J'étais nu – non pas de vêtements, mais de cette belle dignité des hommes et des femmes dans leur corps.
> J'étais sans logis – non pas d'un abri fait de briques, mais d'un cœur qui comprenne, qui recouvre, qui aime.

TU AS PRIS SOIN DE MOI

Jésus a dit encore et encore : « Si vous donnez un verre d'eau en Mon nom, c'est à Moi que vous le donnez[10]. Si vous accueillez un petit enfant en Mon nom, c'est Moi que vous accueillez[11]. » Et pour que cela soit plus clair, Jésus a dit, encore et encore, à de nombreuses reprises : « J'avais faim et vous M'avez donné à manger[12]. » Vous ne savez pas ce qu'est la faim, mais il y a beaucoup d'enfants aujourd'hui dans le monde, en Afrique, en Éthiopie, en Inde, qui ont vraiment faim. Il y a des enfants aujourd'hui en Éthiopie qui meurent de faim. L'autre jour, notre sœur m'a appelée et m'a dit : « Mère, s'il vous plaît, envoyez-nous de la nourriture, envoyez-nous de la nourriture. Nos enfants, nos gens meurent de faim. » Vous voyez, nous ne savons pas. Et un autre exemple terrible : un jour, j'ai recueilli une petite

10. Matthieu 10, 42 ; Marc 9, 41.
11. Matthieu 18, 5 ; Marc 9, 37 ; Luc 9, 48.
12. Matthieu 25, 35.

enfant de six ans dans la rue. Et je voyais à son visage que cette enfant avait très, très faim. Alors je lui ai donné un morceau de pain et la petite a pris le pain et elle a commencé à le manger miette par miette ; alors j'ai dit à l'enfant : « Mange le pain, tu as faim, mange le pain. » Et elle m'a regardée et elle a dit : « J'ai peur d'avoir de nouveau faim quand le pain sera fini. » Alors elle pensait qu'en le mangeant lentement, lentement, elle se sentirait moins affamée. La douleur de la faim est terrible et c'est là que vous et moi devons intervenir et donner jusqu'à en souffrir. Je ne veux pas que vous donniez comme ça, je veux que vous donniez jusqu'à en souffrir. Et ce don est amour de Dieu en actes.

*

Il y a beaucoup, beaucoup de gens (des vieux, des infirmes, des malades mentaux, des gens qui n'ont personne, aucun être pour les aimer) qui ont faim d'amour. Et peut-être que cette sorte de faim se trouve dans votre propre maison, votre propre famille. Peut-être qu'il y a une personne âgée dans votre famille, peut-être qu'il y a un malade dans votre famille. Avez-vous jamais pensé que vous pouviez montrer votre amour de Dieu en donnant peut-être un sourire, peut-être rien qu'un verre d'eau, peut-être rien qu'en restant assis là à parler un petit moment ? Il y en a beaucoup, beaucoup dans les pays riches comme le Japon. Il y en a beaucoup. Les sœurs ont trouvé un grand nombre de gens qui ont oublié ce qu'est l'amour, ce qu'est l'amour humain, parce qu'ils n'ont personne pour les aimer. Alors commencez à donner la joie d'aimer, d'abord dans votre famille et chez votre voisin et peut-être dans votre classe. La fille qui est assise à côté de vous, peut-être qu'elle se sent très seule, donnez-lui un sourire. Peut-être qu'il y a un enfant là à côté de vous qui ne peut pas étudier aussi bien que vous. Est-ce que vous l'aidez ? Voilà la faim et voilà une belle façon de montrer votre amour, que vous aimez vraiment Dieu, que vous aimez vraiment votre voisin, en faisant ce partage. Et la nudité : Jésus a dit : « J'étais nu et vous M'avez vêtu. » Il y a beaucoup de gens dans des pays très, très froids, des pauvres qui n'ont rien, qui sont morts de froid parce qu'ils n'avaient pas de vêtements. Mais il y a une nudité bien plus grande : cette perte de dignité humaine, la perte de cette belle vertu qu'est la pureté, et cela, c'est une grande nudité. Et là, vous pouvez partager avec eux, prier pour eux, faire des sacrifices et protéger votre propre pureté pour rester toujours revêtus de la joie de la pureté.

PRIER LE TRAVAIL

Puisque Jésus l'a dit, nous croyons que c'est Jésus, tout comme deux et deux font quatre. Et nous n'en doutons pas, nous savons que cela fait quatre. De même, Jésus a dit : « J'avais faim, J'étais nu, J'étais malade. C'est à Moi que vous l'avez fait[13]. Si vous accueillez un enfant en Mon nom, c'est Moi que vous accueillez[14]. Si vous donnez un verre d'eau à quelqu'un, c'est à Moi que vous le donnez[15]. Tout ce que vous faites au plus petit de Mes frères, c'est à Moi que vous le faites. » Voilà des preuves vivantes de la réalité du Christ. [...] Et il est certain que c'est à Jésus [que nous le faisons]. C'est pourquoi nous devons apprendre à prier le travail, à le faire avec Jésus, pour Jésus, à Jésus – alors nous sommes

13. Matthieu 25, 35-46.
14. Matthieu 18, 5 ; Marc 9, 37 ; Luc 9, 48.
15. Marc 9, 41.

vingt-quatre heures [par jour] avec Lui et cela fait de nous des contemplatives au cœur du monde.

JÉSUS-CHRIST EST REDESCENDU SUR TERRE

Cela me rappelle que lorsque j'ai rencontré le secrétaire de la mission Ramakrishna (je l'ai rencontré à Burdwan), les gens là-bas avaient récolté de l'argent pour les malades de la lèpre. Ils voulaient que j'y aille, alors j'y ai été. Quand le secrétaire de la mission Ramakrishna a appris que j'y allais, il est venu aussi. Après que les gens m'ont remis le don, j'ai dit : « D'après notre religion, Jésus a dit que quand on donne aux affamés, on donne à Dieu. À travers moi, vous donnez aux pauvres. Vous ne me donnez pas à moi, mais aux pauvres. » Quand j'ai terminé, le secrétaire s'est levé et il a dit : « Je veux parler. » On ne lui avait pas demandé de parler, mais il a offert de parler et il a dit : « Quand je regarde les m.c. marcher dans les rues de Calcutta, je crois que Jésus-Christ est redescendu sur terre et que, dans et à travers les sœurs, Il marche et va faisant le bien. » Tous les hindous ont été surpris et ils m'ont demandé : « Est-ce qu'il est devenu chrétien ? » Nous devons examiner : sommes-nous vraiment cette image pour les gens de Calcutta ? Pour le monde ?

TOUCHER LE CORPS DU CHRIST

[Nos sœurs] devaient aller au foyer pour les mourants. Et avant qu'elles y aillent, je leur ai dit : « Vous voyez, vous allez là-bas. Pendant la Messe (nous avons toujours la Messe et la Communion le matin avant de sortir) [...], pendant la Messe, vous avez vu avec quelle tendresse, avec quel amour, le père touchait le Corps du Christ. Soyez-en certaines, ce sera le même corps dans les pauvres que vous toucherez.

Donnez ce même amour, cette même tendresse. » Elles sont parties. Au bout de trois heures, elles sont revenues et l'une d'elles est venue dans ma chambre pour me dire : « Mère, j'ai touché le corps du Christ pendant trois heures. » Son visage était éclatant de joie. J'ai dit : « Qu'avez-vous fait, ma sœur ? – Eh bien, juste au moment où nous arrivions, on a apporté un homme couvert de vers. Il avait été ramassé dans un caniveau. Et pendant trois heures, j'ai touché le corps du Christ. Je savais que c'était Lui. » Cette jeune sœur avait compris que Jésus ne peut pas tromper. Il l'avait dit : « J'étais malade et vous avez pris soin de Moi[16]. »

QUAND NOUS MOURRONS

« Tout ce que vous faites, c'est à Moi que vous l'avez fait[17]. À chaque fois que vous servez en Mon nom de l'eau. » Pensez à cela : tous ces verres d'eau[18]. [La] chose la plus importante : quand nous mourrons, [on nous demandera] : « Quand as-tu aimé ? C'est à Moi que tu l'as fait. » C'est vrai pour tout chrétien, tout être humain, et nous les chrétiens, nous avons une plus grande responsabilité parce que nous savons, on nous a appris. Les autres ne savent pas aussi clairement que nous savons.

DONNER NE SERAIT-CE QU'UN PETIT SOURIRE

Quoi que ce soit, si vous donnez ne serait-ce qu'un petit sourire, c'est à Jésus que vous l'avez fait, Dieu Lui-même. Et à l'heure de la mort, lorsque vous et moi mourrons et que

16. Matthieu 25, 36.
17. Matthieu 25, 40.
18. Marc 9, 41.

nous irons rejoindre Dieu, Jésus posera la même question que vous pouvez vous poser : « J'avais faim et tu M'as donné à manger ; pas seulement faim de pain, mais faim d'amour ; Je me sentais seul, indésirable, affamé d'amour ; pas seulement nu à cause d'un morceau de tissu, mais nu à cause de cette perte de dignité, de dignité humaine, cette belle vertu de pureté, cette perte, cette nudité. » Être sans logis, ce n'est pas seulement manquer d'une maison faite de briques, mais se sentir indésirable, mal aimé, rejeté, un rebut de la société. Voilà sur quoi Jésus, Dieu, nous jugera lorsque nous viendrons devant Lui. « J'avais faim, vous M'avez donné à manger ; J'étais nu, vous M'avez vêtu ; J'étais sans logis, vous M'avez accueilli. Venez, venez, les bénis de Mon Père, et entrez dans le Royaume qu'Il a préparé pour vous de toute éternité[19]. Et pour toute éternité, vous serez remplis de joie, remplis de paix, remplis d'amour parce que vous avez nourri les pauvres, pris soin des isolés, vous avez revêtu de manteaux ceux qui avaient froid, vous avez aidé les gens et vous les avez servis avec dignité et respect, vous avez traité les pauvres avec respect, vous avez donné un amour et des soins tendres à vos enfants, à vos familles, vous n'avez jamais permis à l'avortement d'entrer dans vos familles… Venez, pour toute éternité vous serez heureux et remplis de joie, de paix et d'amour. » Et voilà ce que Jésus est venu nous enseigner : comment aimer.

LES DIFFICULTÉS SONT DES DONS

Je n'appelle jamais les difficultés des « problèmes ». Je dis toujours « don de Dieu », car il est toujours beaucoup plus facile d'accepter un don que d'accepter un problème.

---

19. Matthieu 25, 34-40.

JÉSUS NOUS A RENDU SI FACILE DE NOUS AIMER LES UNS LES AUTRES

Jésus nous a rendu si facile de nous aimer les uns les autres. Il nous suffit de nous rappeler que, quoi que nous fassions, c'est à Lui que nous le faisons.

> Le fruit de la prière est la foi.
> Le fruit de la foi est l'amour.
> Le fruit de l'amour est le service.

Tout commence par la prière. Faites entrer le chapelet dans votre famille. Là où il y a la prière, il y a l'unité, il y a la paix, il y a l'amour. J'ai vu cela chez nos pauvres. La joie d'aimer est joie de partager.

Je serais très heureuse que vous priiez Notre-Dame pour partager la joie d'aimer dans votre propre maison. Car là où il y a l'amour, il y aura toujours la prière.

*

Nous ne pouvons rien donner à l'extérieur que nous n'ayons pas à l'intérieur.

J'apaise

Quand nous parlons de la soif de Jésus, nous voulons dire soif de l'amour des âmes.

SA SOIF

Dans toutes nos chapelles, nous voyons la Croix et les mots « J'ai soif ». C'est lié à la Croix et au but de la congrégation – [ce n'est] pas simplement une décoration, un mot. C'est la raison même de notre existence que d'apaiser cette soif. Sur la Croix, ils ont essayé de donner à Jésus une boisson amère, comme une drogue, mais il n'a pas bu. Il en a juste accepté un peu pour montrer Sa gratitude devant leur bonté[1]. Pourquoi ? Parce que Sa soif était une soif des âmes, de vous, de moi. Comment l'apaisons-nous ? En œuvrant au salut et à la sanctification des plus pauvres des pauvres dans les bidonvilles. Voyez. Qu'ai-je fait ici, dans la communauté, comme geste de bonté, d'attention, de partage ? À chaque heure qui passe. Dans la maison mère, il y a un grand crucifix. Est-ce que nous passons et repassons sans même tourner les yeux vers Jésus ? Est-ce que je sais qu'Il a soif ? Est-ce que j'œuvre au salut et à la sanctification des pauvres des bidonvilles ? Les œuvres sont un moyen

1. Matthieu 27, 34.

d'obtenir le salut et la sanctification des gens en apportant Dieu, en touchant le Christ, en apaisant la soif de Dieu dans cette âme. Soyez très strictes dans l'accomplissement des petites tâches. Si vous perdez ce contact, cet apaisement de Sa soif, nous ne serons qu'une congrégation de plus. J'ai soif, j'étanche.

MONTRER NOTRE AMOUR DE JÉSUS

Souvenez-vous que ce que nous faisons les uns pour les autres apaise la soif de Jésus. Où est Jésus ? Nous savons qu'Il est là dans le tabernacle, mais là nous ne pouvons pas Le prendre dans nos bras, là nous ne pouvons pas L'embrasser. Comment montrons-nous notre amour de Jésus ? Par ce que nous faisons pour nos sœurs et les pauvres ! C'est clair. Nous n'avons pas besoin de beaucoup de livres. Regardez la Croix. Regardez le tabernacle.

« SI VOUS AVEZ SOIF, VENEZ À MOI »

Notre travail n'est pas une profession, mais une vocation – choisies pour apaiser la soif de Jésus par un abandon total, complet, sans compter. Nous savons que c'est comme cela. Aujourd'hui, essayons de revenir sur ces mots : « J'ai soif. » À chaque fois que vous buvez de l'eau, rappelez-vous que vous apaisez. C'est une des raisons pour lesquelles Il S'est fait l'affamé, le nu, pour que je puisse réellement apaiser la soif – ce qui est notre raison d'être. Que signifient ces mots ? Un prêtre a eu un choc quand il a vu ces mots : il a entendu ces mots. Nous sommes tellement habituées [à eux] que nous ne faisons pas le lien. Aujourd'hui, si Jésus venait ici comme Il est venu il y a deux mille ans, [Le] reconnaîtrions-nous ? Il a envoyé Jean-Baptiste préparer le chemin[2]. Lui-même, seul, ne pouvait pas être reconnu. Au 54A[3], Le reconnaissons-nous dans nos sœurs ? Nous faisons une erreur. Comment les gens ne L'ont-ils pas reconnu ? Est-ce que quelque chose battrait plus vite s'Il venait ici ? Jésus peut-Il dire : « Je peux aller au 54A » ? Et peut-Il dire qu'Il y est aimé, connu ? Notre but n'est pas seulement de travailler à Shishu Bhavan ; ce n'est qu'un moyen. Notre but est d'apaiser. « Si vous avez soif, venez à Moi », a-t-Il dit[4]. Dites à Jésus que nous avons soif, qu'Il nous donne à boire. Quand vous avez été blessée, vers où vos pensées se sont-elles tournées en premier ? Chacune de nous a sa propre manière de comprendre cette soif de Jésus. Lorsque nous chantons « Comme la femme au puits[5] », pensons-nous à ce nous chantons ? Prions Notre-Dame. Demandez-lui de vous donner un cœur comme le sien – si pur, si beau.

---

2. Jean 1, 6 et Jean 1, 23.
3. Le 54A Circular Road est l'adresse de la maison mère des Missionnaires de la Charité à Calcutta.
4. Jean 7, 37.
5. Référence au cantique de Richard Blanchard « Fill My Cup, Lord », qui contient également le vers : « Viens étancher cette soif dans mon âme. »

Missionnaires de la Charité

Jésus veut Se servir de nous pour que nous soyons Sa miséricorde, Sa compassion. Voilà ce qu'est une Missionnaire de la Charité. Portez Son amour, Sa paix.

LES GENS ME RECONNAISSENT-ILS COMME UNE MISSIONNAIRE DE LA CHARITÉ ?

La plupart du temps, nous parlons de Notre-Dame et nous pensons à elle – et la seule chose que nous devons apprendre [d'elle] : la joie d'aimer Jésus dans nos cœurs et [dans] ceux avec qui nous vivons. Et nous devons partager cet amour. Jésus a dit : « À ceci on saura [que vous êtes Mes disciples, si vous vous aimez les uns les autres][1]. » Il y a eu beaucoup de martyrs dans l'Église primitive parce que les gens voyaient comment ils aimaient ; à cela, on savait qu'ils étaient chrétiens – c'était la marque. Aujourd'hui, si vous et moi n'avions pas ces vêtements, saurait-on que nous sommes chrétiennes ? On sait que nous sommes des Missionnaires de la Charité par ces vêtements ; tout le monde connaît le *par* bleu[2]. Si nous ne portions pas cela, nous reconnaîtrait-on comme des chrétiennes à notre manière de servir les pauvres, de donner des médicaments, de répondre à la cloche, de parler

1. Jean 13, 35.
2. Les trois bandes bleues au bord du sari des m.c.

aux gens au portail ? Les gens me reconnaissent-ils comme une Missionnaire de la Charité grâce à mon habit et à mon sari ? Quand je suis à Kalighat[3], les gens me reconnaissent-ils ? Est-ce que cette sœur est pleine de Jésus ? À notre manière de parler, de marcher.

NE FAITES PAS « N'IMPORTE QUOI, N'IMPORTE COMMENT »

Quelle est notre raison d'être ? Nous sommes là pour apaiser la soif de Jésus, [...] pour proclamer l'amour du Christ, la soif des âmes de Jésus [...] par la sainteté de notre vie. Nous ne sommes pas que des numéros, comme dans un registre scolaire. [...] L'Église a besoin de Missionnaires de la Charité. Nous sommes là pour apaiser la soif de Jésus. Quand vous êtes venues, vous ne saviez pas que vous vouliez donner des âmes. [...] Nous sommes là pour apaiser la soif ; c'est pourquoi nous devons être saintes. Si vous ne mangez pas le Pain de Vie[4], vous ne pouvez pas être de véritables Missionnaires de la Charité. Ne perdez pas votre temps. Ne faites pas « n'importe quoi, n'importe comment ».

NOTRE CHARITÉ DOIT ÊTRE VRAIE

Nous voulons faire quelque chose pour Dieu Tout-Puissant et puisque nous ne pouvons pas atteindre Dieu et le faire directement à Lui, nous Le servons dans les pauvres de l'Inde. Nous sommes ici purement par amour de Dieu. Notre charité doit être vraie. Nous devons ressentir jusqu'à la moelle ce que nous sommes en train de faire ; nous

3. Kalighat, quartier de Calcutta, désigne un hospice fondé par Mère Teresa en 1952 et dont le nom officiel est aujourd'hui Foyer du Cœur Pur (Nirmal Hriday).
4. Jean 6, 53.

devrions être de vivants feux d'amour. Chaque Missionnaire de la Charité doit être comme un buisson ardent[5]. L'amour, pour être vrai, doit faire souffrir. Cela doit être quelque chose que je veux donner, quoi qu'il en coûte. Regardez Jésus dans Sa Passion[6].

TOUT LE MONDE DOIT PARTICIPER

Vous devez prier pour nous, afin que nous soyons capables d'être cette Bonne Nouvelle. Nous ne pouvons pas faire cela sans vous : vous devez faire cela ici, dans votre pays. Vous devez apprendre à connaître les pauvres. Peut-être que nos gens ici ont des choses matérielles, tout, mais je pense que si nous regardons tous dans nos propres maisons, nous trouvons parfois bien difficile de nous sourire les uns aux autres, or ce sourire est le début de l'amour.

LES PAUVRES, QUI ILS SONT

J'ai accepté de venir ici pour représenter les pauvres du monde, les indésirables, les mal-aimés, les négligés, les infirmes, les aveugles, les lépreux, les alcooliques, les gens rejetés par la société, les gens qui ont oublié ce qu'est l'amour humain, ou un contact humain.

*

On voit une détresse profonde, le sentiment profond d'être indésirable, mal aimé, négligé – tous ces terribles foyers brisés et tous ces terribles sentiments de détresse.

---

5. Exode 3, 2.
6. Matthieu 26-27 ; Jean 17-19.

*

Maintenant, à travers l'œuvre, beaucoup de gens sont entrés en contact étroit avec les mourants, avec les lépreux, avec les malades, avec les pauvres, avec les indésirables.

*

Il y a quelques semaines, une des recluses[7] est morte dans sa chambre et, quand on a forcé la porte, on a trouvé cette femme morte et les chats mangeaient déjà son corps. Alors nous avons essayé de découvrir qui elle était et personne, pas même son voisin de palier, ne connaissait son nom ; on la connaissait par son numéro de chambre. C'est pour cela que je demande : Connaissons-nous vraiment nos pauvres, connaissons-nous nos proches ? Peut-être que nos propres enfants se sentent seuls dans la famille, se sentent indésirables ; peut-être que ma femme, mon mari, mes propres parents, peut-être qu'ils se sentent indésirables, négligés dans ma propre famille. Peut-être que dans ma propre communauté, une sœur se sent indésirable, mal aimée – c'est une grande pauvreté, est-ce que je le sais ?

*

Il Se fait l'affamé, le nu, le sans-logis, le malade, le prisonnier, l'isolé, l'indésirable, et Il dit : « C'est à Moi que vous l'avez fait[8]. » Il a faim de notre amour, et cette faim est celle

7. Aux États-Unis, les « reclus » ou *shut-ins* sont des personnes qui vivent renfermées sur elles-mêmes, enfermées chez elles dans une solitude défensive. Ces personnes sont souvent pleines d'amertume ; submergées de souffrances, dans l'abandon le plus complet, elles attendent la fin.
8. Matthieu 25, 40.

de nos pauvres. C'est la faim que vous et moi devons découvrir, peut-être dans notre propre maison.

*

Car aujourd'hui, à côté de la pauvreté, de la pauvreté matérielle [...] qui fait que les gens meurent de faim, meurent de froid, meurent dans les rues, il y a cette grande pauvreté d'être indésirable, mal aimé, négligé, de n'avoir aucun proche, de n'avoir personne à qui sourire, et parfois cela arrive à nos vieux que nous appelons les reclus ; comme chez les sœurs qui travaillent dans les quartiers de Harlem : ils [les plus pauvres] ne sont personne, ils sont juste là, ils sont inconnus, on les connaît par leur numéro de chambre, mais on ne les connaît pas pour les aimer et les servir.

*

Peut-être qu'ici même, dans cette grande et merveilleuse université[9], peut-être que votre compagnon se sent seul, se sent malade, se sent indésirable, se sent mal aimé, est-ce que vous le savez ?

*

Il y a un merveilleux don de Dieu qui a été donné à nos sœurs, celui d'être vingt-quatre heures [par jour] avec les malades, les mourants, les infirmes, les indésirables, les affamés, les nus et les sans-logis : [Jésus] dans les rejetés, dans les lépreux, dans les alcooliques, dans les drogués – cette présence.

---

9. Un séminaire au Liban.

*

Les sœurs sont maintenant dans 352 maisons et prennent soin des plus pauvres des pauvres, des indésirables, des mal-aimés, des malades mentaux, des infirmes, des isolés, partout dans le monde. Et dans des pays, des pays riches, il y a quand même cette terrible solitude, cet isolement – c'est une grande souffrance.

INDÉSIRABLE, MAL AIMÉ, TERRIFIÉ

Quand je recueille une personne dans la rue, affamée, je lui donne une assiette de riz, un morceau de pain. J'ai rassasié. J'ai supprimé cette faim. Mais une personne qui est exclue, qui se sent indésirable, mal aimée, terrifiée, la personne qui a été rejetée par la société... cette pauvreté est si douloureuse et si fréquente, et je trouve cela très difficile.

PERSONNE POUR LES AIMER

Il y a beaucoup, beaucoup de gens (des vieux, des infirmes, des malades mentaux, des gens qui n'ont personne, aucun être pour les aimer) qui ont faim d'amour. Et peut-être que cette sorte de faim se trouve dans votre propre maison, votre propre famille. Peut-être qu'il y a une personne âgée dans votre famille, peut-être qu'il y a un malade dans votre famille. Avez-vous jamais pensé que vous pouviez montrer votre amour de Dieu en donnant peut-être un sourire, peut-être rien qu'un verre d'eau, peut-être rien qu'en restant assis là à parler un petit moment ? Il y en a beaucoup, beaucoup dans les pays riches. Il y en a beaucoup.

DONNEZ LA JOIE D'AIMER

Les sœurs ont trouvé un grand nombre de gens qui ont oublié ce qu'est l'amour, ce qu'est l'amour humain, parce qu'ils n'ont personne pour les aimer. Alors commencez à donner la joie d'aimer, d'abord dans votre famille et chez votre voisin et peut-être dans votre classe. La fille qui est assise à côté de vous, peut-être qu'elle se sent très seule, donnez-lui un sourire. Peut-être qu'il y a un enfant là à côté de vous qui ne peut pas étudier aussi bien que vous. Est-ce que vous l'aidez ? Voilà la faim et voilà une belle façon de montrer votre amour, que vous aimez vraiment Dieu, que vous aimez vraiment votre voisin, en faisant ce partage.

ÊTRE SANS LOGIS, CE N'EST PAS SEULEMENT MANQUER D'UNE MAISON

Être sans logis, ce n'est pas seulement manquer d'une maison faite de briques. Cela concerne beaucoup de gens : les ivrognes, les drogués, les gens qui se sentent indésirables, mal aimés, le rebut de la société. « Oh, celui-là est un malade mental », dehors ; « celui-là est très stupide », dehors. Cela, c'est être sans logis et c'est là que vous devez voir, regarder et faire quelque chose. Vous voyez une personne, un aveugle qui traverse la rue, c'est cela être sans logis. Qui essaie de marcher – vous pouvez prendre la main, marcher avec cette personne. Ce malade mental (nous avons tendance à rire des malades mentaux, mais ne riez pas), allez le tenir, l'aider, soyez bonnes, soyez pleines de compassion. [...] Jésus vous dira : « J'étais sans logis et tu M'as accueilli. Tu as été Mon ami. Tu M'as aimé. Tu as pris soin de Moi[10]. » Voilà l'amour en actes.

10. Matthieu 25, 31-40.

CRÉÉ POUR DE GRANDES CHOSES

Il est très étrange que Dieu se soit servi d'un enfant à naître pour proclamer la venue du Christ, et aujourd'hui nous voyons et nous savons combien cet enfant à naître souffre, indésirable, mal aimé, un rebut de la société. Et pourtant ce petit enfant est né pour de plus grandes choses : aimer et être aimé. Dieu a créé ce petit enfant à naître pour de grandes choses. Il a créé le petit enfant à naître à Sa propre image pour aimer et être aimé.

LES PAUVRES SONT VOS MAÎTRES

Faites-vous partie de ceux qui jugent les pauvres ? Je veux que vous preniez conscience que même si nous ne prenons pas d'argent, nous ne vivons pas d'air. Nous avons [une] maison, des vêtements à porter, quatre repas et tout le confort nécessaire. Quand je me lève, je ne me demande même pas ce que je vais manger aujourd'hui. Nous avons la sécurité et c'est là notre salaire. Calculons notre dépense quotidienne, multiplions-la par trente et voyons à combien cela se monte. Nous sommes bien payées pour ce que nous faisons.

Saint Vincent de Paul a dit : « Souvenez-vous que les pauvres sont vos maîtres, vos seigneurs. » Quels pauvres ont des loisirs ?

LA PAUVRETÉ DE L'OCCIDENT

Je trouve la pauvreté de l'Occident beaucoup, beaucoup, beaucoup plus grande, beaucoup plus difficile à supprimer parce qu'un morceau de pain ne satisfera pas la faim du cœur. Et nos gens, les « reclus » comme nous les appelons, ce sont eux qui ont faim. La peur, l'amertume, la douleur, la solitude, le sentiment d'être indésirable, mal aimé, négligé. [...] Je pense que c'est une immense maladie, bien plus grande que la lèpre et la tuberculose.

GRANDE ESPÉRANCE

[Il y a] une espérance, une grande espérance. [...] Parce que Jésus est là, non ? C'est la Croix. Il est encore [là]. Il est vivant et Il nous aime, Il nous veut. C'est pour cela que Jésus S'est fait Pain de Vie, pour satisfaire notre faim d'amour[11], et ensuite Il Se fait l'affamé pour que nous puissions satisfaire Sa faim d'amour humain, mais nous ne pouvons pas Le voir, nous ne pouvons pas Le toucher, alors Il Se fait [pauvre] (« J'avais faim, J'étais nu, J'étais sans logis ») afin que vous et moi puissions Le toucher, puissions Le nourrir, pour L'aimer dans les pauvres. Et c'est ainsi que les pauvres deviennent l'espérance du salut pour l'humanité.

DES GENS QUI N'ONT PERSONNE

Hier, je parlais à nos sœurs à l'endroit où elles sont. Elles vont dans un endroit où il y a tous ces gens âgés, des gens qui n'ont personne, des gens que personne ne veut. Ils sont juste là. Et ils attendent avec impatience, ils comptent les heures avant le dimanche, où les sœurs pourront venir faire des choses simples pour eux. Peut-être juste leur sourire, peut-être juste tirer un petit peu les draps, peut-être juste les redresser un petit peu, leur brosser les cheveux, leur couper les ongles – de petites choses, si petites que nous n'avons pas

11. Jean 6, 53-56.

le temps pour elles et pourtant ces gens, ce sont nos gens, nos frères et sœurs, ils attendent avec impatience ce petit contact. Et ma sœur m'a parlé d'un incident : il y avait là un homme qui attendait avec impatience la venue des sœurs parce que, pendant toute la semaine, il n'avait pas la possibilité de se laver la bouche. Savons-nous que nos pauvres sont dans cette situation ? Savons-nous qu'il est notre frère, notre propre frère, qui appartient à la même famille de Dieu ? Créé par la même main aimante du Père ? Et lui était là. La semaine suivante, quand elles y ont été, il était déjà mort – mort tout seul, très probablement.

LES PLUS PAUVRES DES PAUVRES

Et les plus pauvres des pauvres sont des gens qui n'ont personne, qui n'ont rien, parfois spirituellement, parfois physiquement. Dans les pays riches, nous avons plus de faim d'amour, il y a beaucoup plus de gens qui sont isolés, qui se sentent indésirables, effrayés, amers, et c'est là une pauvreté spirituelle. L'avortement – pauvreté spirituelle et physique. Et nous avons des gens qui meurent par manque d'un morceau de pain, qui ont froid, qui n'ont pas de logis, qui doivent dormir dans la rue. Mais nous devons connaître les deux côtés. Ces gens sont-ils mon frère, ma sœur ? C'est là que vous et moi devons être capables de mettre notre amour de Dieu dans une action vivante. Parce que nous voulons tous aimer Dieu. Je suis sûre que tout au fond de votre cœur, vous avez ce désir d'aimer Dieu. Et comment aimerons-nous Dieu ? En mettant cet amour dans une action vivante d'abord dans votre propre maison. L'amour commence à la maison et ensuite [avec] le voisin d'à côté. Et ce voisin peut être une personne très pauvre. C'est une chose très belle.

ESPÉRANCE

Les gens demandent du secours spirituel, de la consolation. Ils sont si apeurés, découragés, désespérés, un si grand nombre se suicident… C'est pour cela que nous devons nous concentrer sur le fait d'être l'amour de Dieu, la présence de Dieu – non par des mots, mais par le service, l'amour concret, l'écoute.

REVENIR À DIEU

Récemment un Brésilien important, qui occupait un poste élevé, m'a écrit qu'il avait totalement perdu foi en Dieu et en l'homme, et qu'il avait renoncé à tout (son poste et tout, même regarder la télévision) et qu'il ne voulait plus que se suicider. Un jour, alors qu'il passait devant un magasin, son regard est brusquement tombé sur la télévision et il y avait un reportage à Nirmal Hriday, les sœurs qui s'occupaient des malades et des mourants. Et il m'a écrit qu'après avoir vu ce reportage, pour la première fois depuis de nombreuses années, il s'était agenouillé pour prier. Maintenant il a décidé de revenir à Dieu et d'avoir foi en l'humanité parce qu'il a vu que *Dieu aime toujours le monde* – il a vu cela à la télévision.

NOTRE IMMENSE RESPONSABILITÉ

Le petit Sunil, qui a aujourd'hui vingt et un ans, avait un an et demi quand son père est mort. Par désespoir, sa mère a bu quelque chose et le petit est resté à côté d'elle jusqu'à ce qu'elle meure. Je l'ai pris à Shishu Bhavan et il ne voulait pas manger ; je suppose qu'il voulait mourir comme sa mère. J'ai dit [à une sœur] : « Essayez de faire quelque chose pour lui. » Elle devait ressembler à sa mère [...] parce qu'il a commencé à manger et s'est rétabli. L'autre jour, il est venu me voir et il m'a dit: « Je veux faire pour les enfants pauvres ce que vous avez fait pour moi. » Quelle immense responsabilité nous avons, de choisir d'aller [servir les pauvres] le plus tard possible ou le plus tôt possible; de faire aussi peu que possible ou autant que possible.

Les pauvres sont des gens admirables

Il nous faut les connaître, ce sont des gens très aimables, ce sont des gens admirables, ils sont Jésus sous le déguisement désolant.

*

Les pauvres sont des gens tout à fait admirables. Ils peuvent nous apprendre tant de belles choses. L'autre jour, l'une d'elles est venue nous remercier et elle a dit : « Vous qui avez fait vœu de chasteté, vous êtes les mieux placées pour nous apprendre le planning familial [naturel] puisque ce n'est rien d'autre que la maîtrise de soi par amour l'un de l'autre. » Je pense que c'était une belle phrase. Et ce sont là des gens qui n'ont peut-être rien à manger, qui n'ont peut-être pas de maison où vivre, mais ce sont des gens admirables.

LE SACRIFICE D'UNE MÈRE

Nous prenons soin de 158 000 lépreux, mais ils sont aimés, ils sont quelqu'un, ils ont la vie en eux. Ils sont terriblement défigurés, mais il y a de l'amour entre eux. Je ne l'oublie jamais. L'État nous a donné des terres pour les réinsérer. Et donc dans chaque endroit, nous avons un foyer pour les enfants. Comme ça, dès que le bébé naît, nous prenons le bébé avant que la mère ait embrassé le bébé – né d'un père et d'une mère lépreux. Et la dernière fois, j'ai dû prendre ce bébé avant que la mère puisse embrasser le bébé (parce que l'enfant est complètement sain, né de deux parents lépreux) et la mère regardait avec des larmes qui roulaient sur ses joues, elle regardait et regardait pendant que je marchais. Et je tenais le bébé de façon à ce qu'elle puisse voir l'enfant comme ça. Mais je pensais : des millions d'enfants sont tués et voilà cette pauvre femme lépreuse, si affreusement défigurée, quelle tendresse dans son cœur pour son petit enfant. Quel grand sacrifice elle fait de ne pas embrasser son enfant pour que cet enfant reste sain. Vous voyez, c'est quelque chose d'incroyable. Et c'est ce que nous devons créer – vous et moi.

DE BELLES PERSONNES

Les pauvres sont de très belles personnes. Un soir, nous sommes sorties et nous avons ramassé quatre personnes dans la rue. Et l'une d'elles était dans un état extrêmement grave. Et j'ai dit aux sœurs : « Prenez soin des trois autres, je vais prendre soin de celle-là, qui a l'air plus mal en point. » Alors j'ai fait pour elle tout ce que mon amour peut faire. Je l'ai mise au lit et il y avait un si beau sourire sur son visage. Elle m'a pris la main en disant ce seul mot, « merci », avant de mourir. Je n'ai pas pu m'empêcher d'examiner ma conscience devant elle. Et je me suis demandé : « Qu'est-ce que je dirais si j'étais à sa place ? » Et ma réponse a été très simple : j'aurais essayé d'attirer un peu d'attention sur moi. J'aurais dit : « J'ai faim, je meurs, j'ai froid, je souffre », ou quelque chose. Mais elle m'a donné beaucoup plus ; elle m'a donné son amour plein de gratitude. Elle est morte en souriant… voilà la grandeur de nos gens. Et c'est pour cela que nous croyons ce que Jésus a dit : « J'avais faim, J'étais nu, J'étais sans logis, J'étais indésirable, mal aimé, négligé… et c'est à Moi que vous l'avez fait[1]. »

PRENDRE PART À LA PASSION

Je sens toujours que ces gens que nous avons, nos pauvres, qui souffrent tellement, tellement… vraiment nos foyers pour les malades et les mourants sont les trésors du diocèse ; il y avait là des Christ vivants qui souffraient la Passion [...]. Voilà ce que nous devons aider nos pauvres qui souffrent à accepter et à offrir ; pas simplement les aider à supporter avec patience, non, supporter ne suffit pas, mais l'acceptation, accepter ce que Dieu leur a donné et donner ce que Dieu va leur prendre, avec cette joie, avec un sourire. Pourquoi ? Parce qu'ils sont les élus.

JÉSUS SOUS LE DÉGUISEMENT DÉSOLANT

Nous avons des foyers pour les mourants dans de nombreux endroits et je me souviens qu'un jour j'ai recueilli une femme dans la rue ; je savais qu'elle mourait de faim, alors je lui ai donné une assiette de riz et elle est restée les yeux fixés sur le riz. J'ai essayé de la persuader de manger et là, elle a juste dit, très, très clairement, comme une chose très ordinaire : « Je n'arrive pas à croire que c'est du riz. Il y a longtemps que je n'ai pas mangé. » Elle n'accusait personne. Elle n'accusait pas les riches, elle n'accusait personne. Elle

1. Matthieu 25, 31-40.

n'arrivait simplement pas à croire que c'était du riz. Ce sont des gens admirables. Nous ne devons pas les aimer en ressentant de la pitié pour eux. Nous devons les aimer parce que c'est Jésus sous le déguisement désolant des pauvres. Ils sont nos frères et sœurs. Ils sont (tous, les lépreux, les mourants, les affamés, les nus), ils sont Jésus.

SAVONS-NOUS QUE NOTRE VOISIN A BESOIN DE NOTRE AMOUR ?

Nos sœurs sont très engagées auprès des plus pauvres des pauvres, auprès des infirmes, des aveugles, des malades mentaux. Nous avons des foyers pour les malades et les mourants. Cette année, nous célébrons le jubilé d'argent de notre premier foyer pour les mourants à Calcutta. Au cours de ces vingt-cinq années, nous avons ramassé plus de 36 000 personnes dans les rues et plus de 16 000 sont mortes avec nous. J'ai pensé que ce serait très approprié de célébrer le jubilé d'argent en le fêtant le premier novembre, le jour de la Toussaint. Je suis bien certaine que tous ces gens qui sont morts avec nous [sont] au ciel, ce sont vraiment des saints ; ils sont en présence de Dieu. Il se peut qu'ils n'aient pas été désirés sur cette terre, mais ils sont les enfants très aimés de Dieu. Et donc je voudrais que vous priiez et que vous remerciiez Dieu pour toutes les belles choses que nos sœurs ont faites dans le foyer pour les mourants. Même s'il fait partie du temple de Kali, la déesse de la peur, on trouve pourtant à côté la joie d'aider les gens à mourir en paix avec Dieu. Vous seriez surpris de voir de quelle belle manière ils meurent. […] Connaissons-nous vraiment nos pauvres ? Savons-nous que notre prochain a besoin de notre amour ? Savons-nous que notre voisin a besoin de nos soins ? Le savons-nous ? Voilà la grandeur de nos gens.

UNE ŒUVRE D'AMOUR

Nous nous déplaçons en tramway, en seconde classe, et j'étais dans le tramway quand ce monsieur s'est approché de moi et m'a dit : « Êtes-vous Mère Teresa ? » et j'ai dit : « Oui. » Il a dit : « Je désire ardemment participer à votre œuvre, mais je suis très, très pauvre. Me permettrez-vous de payer votre ticket ? » Si je lui disais non, cela allait lui faire de la peine, et si j'acceptais, peut-être qu'il allait donner tout ce qu'il avait, mais il valait mieux prendre ce qu'il avait plutôt que de lui faire de la peine, alors j'ai dit oui. Ensuite il a sorti un bout de tissu sale et à l'intérieur (le trajet ne coûte que dix naya paisa, je ne sais pas combien ça fait en monnaie américaine, je pense que ça ne fait même pas un cent), il a pris ça, il l'a ouvert et il y avait ces dix naya paisa ; il les a donnés au chauffeur et il a payé le ticket pour moi. Il était heureux comme tout et il a dit : « Enfin, j'ai pu participer. » Eh bien, peut-être qu'ensuite il a dû se priver de nourriture ou peut-être qu'il a dû parcourir une longue distance à pied, mais il y avait la joie de cet homme merveilleux qui voulait participer et qui a bel et bien participé à cette œuvre d'amour.

*

Et les gens de la rue, que nous donnent-ils ? J'ai reçu bien plus de nos gens que je ne leur ai donné. J'ai reçu cet ardent désir, ils m'ont appris comment aimer Dieu ; ils m'ont appris comment aimer Jésus en prenant part à Sa Passion.

L'AMOUR EN ACTION

J'ai vu une grande sainteté chez nos gens, chez nos pauvres, si contents. Je n'oublie jamais cet homme que j'ai ramassé dans un égout à ciel ouvert – à part son visage… les vers rampaient sur son corps. Il y avait des trous partout dans son corps – il était dévoré vivant. Il avait dû s'évanouir et tomber dans un égout et les gens avaient dû passer, passer, mais la boue l'avait recouvert et j'ai vu quelque chose bouger et j'ai vu que c'était un être humain. Je l'ai sorti, emmené à notre maison et il ne bougeait pas (je n'avais pas encore commencé à le nettoyer), mais les seuls mots qu'il a dits : « J'ai vécu comme un animal dans la rue, mais je vais mourir comme un ange, aimé et choyé. » Deux heures plus tard, le temps que nous ayons fini de le nettoyer, il était mort. Mais son visage rayonnait d'une telle joie, je n'ai jamais vu cette sorte de joie – réelle –, la joie que Jésus est venu nous donner. Ce contentement complet, cet abandon complet.

UNE AVEC LES PAUVRES

La pauvreté [nous] est nécessaire parce que nous travaillons auprès des pauvres. Quand ils se plaignent du boulgour, nous pouvons dire : « Nous mangeons la même chose. » « Il faisait si chaud la nuit dernière que nous ne pouvions pas dormir. » Nous pouvons dire : « Nous aussi, nous avons eu très chaud. » Les pauvres doivent faire la lessive eux-mêmes, aller pieds nus – nous aussi. Nous devons nous abaisser et les élever. Ce serait très difficile d'aller de la congrégation de Lorette aux bidonvilles. Ces sœurs n'ont aucune expérience [de cette pauvreté] dans leur propre vie.

Mais ce qui ouvre le cœur des pauvres, c'est que nous pouvons dire que nous vivons de cette même manière. Ils n'ont parfois qu'un seul seau d'eau. Nous aussi. Les pauvres doivent faire la queue ; nous aussi parfois. La nourriture, les vêtements, tout doit être semblable à ce qu'ont les pauvres.

JE SUIS AUSSI UNE BRAHMANE

Nos sœurs viennent de commencer à Katmandou au Népal. Alors nous sommes allées au temple. Près du temple, il y a toutes sortes de gens très malades et mourants qui attendent que leur déesse les emporte. [...] Ils sont couchés là dans une sorte de véranda et de temps à autre ils reçoivent un peu de nourriture. Je suis allée avec les sœurs pour nettoyer et j'ai trouvé une femme allongée sur une natte. En dessous d'elle, il y avait un trou plein de saletés et de vers. Tout son dos n'était qu'une grande plaie. Je suis allée la nettoyer pour enlever les vers, mais elle m'a dit : « Ne me touchez pas, je suis une brahmane. »

Pour les hindous, un brahmane est une personne sainte parce que consacrée à Dieu. Je lui ai dit : « Je peux vous toucher, je suis aussi une brahmane puisque je suis consacrée à Dieu. » Alors elle m'a laissée la toucher. Je pouvais dire que j'étais une brahmane puisque j'appartiens réellement à Dieu. Vous voyez, mes sœurs, le courage de cette femme, même avec cette douleur si grande et avec l'odeur et la saleté, elle se souvenait encore : « J'appartiens à Dieu. Je suis une brahmane. » Et si quelqu'un qui n'était pas un brahmane la touchait, elle allait devenir impure. [...] Tous les jours, cette femme demandait : « Quand est-ce qu'elle revient, la brahmane ? » Vous aussi, vous devez pouvoir dire : « Je suis une brahmane. Je suis tout à Dieu. » Chaque jour, les sœurs descendent au

Gange pour laver les vêtements sales des gens. À Katmandou, le Gange n'est encore qu'à sa source. L'odeur à cet endroit est terrible parce que c'est là qu'on brûle les cadavres. Les gens respectent à ce point les sœurs parce qu'elles accomplissent les tâches humbles. Je marchais derrière les sœurs et j'ai vu les gens s'incliner devant les sœurs parce qu'elles aiment les gens et que, pour eux, elles laveront ce linge sale. Mes sœurs, vous devez rayonner ce contentement, cette joie de n'appartenir qu'à Lui. Il y a un tel lien entre notre vœu de chasteté et notre quatrième vœu[2]. Mon quatrième vœu met cette appartenance à Jésus dans une action vivante. Je déverse mon amour pour Jésus sur les gens.

NE FAIS-JE QU'UN AVEC EUX ?

Un jour, il est venu à Shishu Bhavan un homme qui avait été riche mais qui était devenu pauvre, tellement pauvre qu'il devait venir prendre le kitcheree. Quand il m'a parlé, il était tellement amer et tellement en colère d'avoir à manger ce kitcheree. Et alors, Dieu merci, je n'ai pas essayé de lui faire un long discours ou un sermon, mais j'ai pu le regarder droit dans les yeux et j'ai pu lui dire : « Tous les jours, je mange la même nourriture – du kitcheree[3]. » Et dès qu'il a entendu ça, il a semblé ressentir une grande consolation et il est parti en paix. Je remercie Dieu qu'au moins une personne ait été sauvée du désespoir parce que je partage la nourriture des pauvres. Mes sœurs, il faut que nous puissions les regarder avec une réelle sincérité et leur dire que nous ne faisons qu'un [avec eux].

2. Service gratuit et de tout cœur aux plus pauvres des pauvres.
3. Plat courant en Inde ; riche en protéines et très digeste, il est nécessaire en cas de malnutrition.

*

Je me souviens de l'histoire d'un jeune garçon, qui avait quinze ou seize ans. Un jour, il est venu me supplier en pleurant de lui donner du savon. Je savais que la famille de ce garçon avait été riche et était devenue pauvre, alors je lui ai demandé ce qu'il allait faire avec le savon. Alors il m'a dit : « Ma sœur va dans un lycée et chaque jour on la renvoie parce que son sari n'est pas lavé, et nous n'avons pas de savon pour le laver. S'il vous plaît, donnez-moi du savon pour que nous puissions laver son sari et qu'elle puisse aller à l'école finir ses études. » Alors vous voyez quelle humiliation devait souffrir cette famille parce qu'elle était devenue pauvre ! Et nous... Dieu nous garde de manquer de savon pendant une semaine... mais si cela arrivait, quelle serait notre réaction ? Vais-je récriminer et dire toutes ces choses indignes d'une religieuse ? [...] Suis-je pauvre et fais-je attention à éteindre [les lumières] quand je n'en ai pas besoin ? [...] Traitons-nous les pauvres comme nos poubelles à qui donner tout ce que nous ne pouvons pas utiliser ou manger ? Je ne peux pas manger cette nourriture, alors donnons-la aux pauvres. Je ne peux pas utiliser cette chose ou ce tissu, alors je le donne aux pauvres, etc. Dans ce cas, est-ce que je partage la pauvreté des pauvres ? Est-ce que je m'identifie aux pauvres que je sers ? Est-ce que je ne fais qu'un avec eux ? Est-ce que je partage avec eux comme Jésus a partagé avec moi ?

Seul à seul

Je ne suis pas d'accord avec cette façon de faire les choses en grand. Pour nous, ce qui compte, c'est la personne. Pour en venir à aimer la personne, nous devons entrer en contact intime avec elle. Si nous attendons d'avoir du nombre, alors nous serons perdues dans le nombre et nous ne serons jamais capables de montrer cet amour et ce respect pour la personne. Je crois aux relations de personne à personne. Chaque personne est le Christ pour moi et, puisqu'il n'y a qu'un seul Jésus, il n'y a qu'une seule personne au monde pour moi à cet instant-là.

NOUS NE REGARDONS MÊME PAS

Nous parlons beaucoup des pauvres, mais très peu aux pauvres. On fait beaucoup de discours sur la faim et tout cela, le fait que nous aurons de la nourriture dans dix ans, tellement de nourriture… en attendant, quelqu'un meurt faute d'un morceau de pain et nous ne regardons même pas cette personne. Pendant qu'il y avait cette très, très grande conférence à Bombay et qu'ils calculaient quelle quantité de nourriture supplémentaire ils auront dans quinze ans, juste devant le bâtiment il y avait un homme d'environ vingt-cinq, vingt-six ans, qui était réellement en train de mourir de faim. Alors je l'ai pris, je l'ai mis dans la voiture avec moi. Le temps que j'arrive à notre maison, il était mort et il était mort purement de faim. Cela m'a ouvert les yeux : ils calculent pour demain et en attendant, aujourd'hui, beaucoup de gens meurent faute d'un morceau de pain. Il ne m'est jamais arrivé de dire aux gens : « Je n'ai pas, je ne peux pas vous donner. » Il n'y a jamais eu de moment où il ne nous restait pas une assiette de riz de plus, un lit de plus, un médicament de plus.

NOUS N'AVONS QU'AUJOURD'HUI

Nous sommes [là] pour aujourd'hui ; quand viendra demain, nous verrons ce que nous pouvons faire. Quelqu'un a soif d'eau aujourd'hui, a faim de nourriture aujourd'hui. Demain nous ne les aurons pas si nous ne les nourrissons pas aujourd'hui. Alors préoccupez-vous de ce que vous pouvez faire aujourd'hui.

*

L'avenir est tellement entre les mains de Dieu que je trouve beaucoup plus beau et beaucoup plus facile d'accepter aujourd'hui, parce que hier est passé, que demain n'est pas encore là et que je n'ai qu'aujourd'hui. Très souvent, si je dois m'occuper de demain, il se peut que je néglige mes gens aujourd'hui. Et donc, puisque nous n'avons que ce seul jour, je préfère mettre tout mon amour, mes soins et mon énergie à m'occuper de cette personne [...] et je crois qu'il faut aimer juste cette personne qui est avec moi à ce moment-là. Et que demain peut ne jamais venir ; c'est entre les mains de Dieu, non ? Et c'est un merveilleux don de Dieu de ne pas nous avoir donné... c'est Son grand amour pour nous de ne pas nous avoir donné de connaître l'avenir.

Nous craignons l'avenir parce que nous gaspillons l'aujourd'hui.

Éveiller le meilleur en chacun

À chaque fois qu'une personne entre en contact avec nous, il faut qu'elle devienne différente et meilleure du fait qu'elle nous a rencontrées. Nous devons rayonner l'amour de Dieu.

TROUVEZ CE QU'IL Y A DE MEILLEUR LES UNES CHEZ LES AUTRES

Ayez un profond respect les unes des autres ; ce respect conduira à l'amour, l'amour au service. L'amour de Jésus L'a conduit à servir. Les apôtres ont été choqués quand Jésus a commencé à laver les pieds des disciples[1]. Nous n'avons pas à faire cela. [...] Mais lavons les pieds de nos sœurs avec compassion et amour. Donnons-nous les unes aux autres tout ce que nous avons reçu de Jésus – cette tendresse. Jésus offre Son amour tendre et fidèle pour que nous ne fassions qu'une dans notre communauté. Est-ce que je connais les qualités de mes sœurs ? Passez votre temps en prière. Priez pour être cette joie et cette compassion pour vos sœurs.

---

1. Jean 13, 1-11.

« JE SUIS VENU ICI PLEIN DE HAINE »

Un jour, dans notre foyer pour les mourants, un homme est entré directement (nous avons le pavillon des hommes, nous avons le pavillon des femmes) et il est entré directement dans le pavillon des hommes. Et juste à ce moment-là, il s'est trouvé qu'on apportait un malade de la rue, très sale, avec des plaies terribles, des vers etc. La sœur ne s'est pas aperçue que cet homme se tenait derrière elle. Elle a lavé la personne, l'a nettoyée. Sa façon de toucher le patient, sa façon de prendre soin du patient… cet homme est resté à regarder, regarder, et ensuite il est sorti. Et comme j'étais là par hasard (je ne sais même pas qui c'était), il m'a parlé et il a dit : « Je suis venu ici impie, je suis venu ici plein de haine, je suis venu vide de tout ce qui est beau, mais je ressors de ce lieu plein de l'amour de Dieu. J'ai compris que l'amour de Dieu était transmis à ce patient par les mains de cette sœur, par les yeux de cette sœur. À sa façon de toucher, à sa façon d'aimer, je crois qu'elle croit cela, parce que Dieu est là. » Il est parti. Qui il était, ce qu'il était, je l'ignore, mais c'est juste pour vous montrer que ce n'est pas la quantité de ce que nous faisons, mais la quantité [d'amour] que nous mettons à le faire qui importe à Dieu Tout-Puissant, et c'est cela l'amour pour Dieu – que Dieu continue à aimer le monde à travers chacune d'entre nous, à travers le travail qui vous a été confié.

Amour exigeant

Pour approcher les plus pauvres parmi les pauvres, il faut devenir semblable à eux. Pour pouvoir accomplir ce type de travail, une vie d'oraison et d'abnégation m'est nécessaire ; pour approcher les plus pauvres parmi les pauvres, il faut devenir semblable à eux. Pour attirer les pauvres du Christ, une pauvreté complète est essentielle.

LA GRÂCE DE VOIR

« J'ai cherché quelqu'un qui Me console[1]. » Cherchez ce quelqu'un dans votre groupe, dans votre communauté. « Mais Je n'ai trouvé personne. » Comme c'est terrible si, [en tant que] m.c., porteuse de l'amour de Dieu, pleinement consacrée à un service gratuit et de tout cœur, [je ne suis pas là pour] cette sœur qui vient me voir avec une peine, cette sœur qui semble si seule aujourd'hui, si indésirable, si mal aimée. Jésus en elle, pas cette sœur, cherche de l'amour. Demandons à Notre-Dame de nous donner la grâce de voir. « J'ai cherché quelqu'un et j'ai trouvé ma sœur. » Elle n'a rien dit, mais j'ai compris. D'une certaine façon, l'amour commence ici – à la maison même. Nous

1. Psaume 69, 21.

sommes toutes des femmes et Dieu nous a donné quelque chose de spécial : [cette capacité] d'aimer et d'être aimées. Quelle chose terrible si nous ne permettons pas à nos sœurs de nous aimer. Si nous sommes tellement orgueilleuses, tellement méchantes, tellement préoccupées, que nous n'avons pas le temps de permettre à nos sœurs de nous aimer. Prenons cette unique résolution pour le Carême : Je serai là pour ma sœur, ma maîtresse [des novices], ma supérieure… pas en parole, pas ce *tamasha*[2], mais par mon partage et mon sacrifice, par ma prière – peut-être rien qu'un beau sourire au lieu de ce regard méchant, peut-être rien qu'un beau mot au lieu d'un mot de colère. Est-ce que Jésus dirait : « Je suis passé à Lower Circular Road (trois cents sœurs, là-bas) et J'ai cherché quelqu'un, mais Je n'ai trouvé personne[3] » ? Comme ce serait terrible si Jésus disait cela d'une m.c., envoyée pour être Son amour et Sa compassion. Comme ce serait terrible !

UN AMOUR QUI NE SE RECHERCHE PAS LUI-MÊME

L'amour… n'employons pas abusivement ce mot. Le sens qu'il a aujourd'hui dans le monde est celui d'un amour égoïste, qui se recherche lui-même. L'amour est charité et nous qui nous appelons « Missionnaires de la Charité », nous devons examiner notre amour. Tant de choses se résoudront dans notre communauté et dans nos vies si nous apprenons à aimer et réellement respecter ce premier commandement. D'après saint Jean, « Si vous dites que vous aimez Dieu et que vous détestez votre frère, vous êtes un menteur[4]. » […]

2. Littéralement, numéro, spectacle, donc « pour la galerie ».
3. Psaume 69, 21.
4. 1 Jean 4, 20.

Pendant ces journées, approfondissez votre amour personnel pour Jésus en aimant vos sœurs.

LA MÈRE DE L'AMOUR

Et, une fois encore, nous savons ce qui est arrivé à Notre-Dame, la merveilleuse Mère de compassion, pleine d'amour. Elle n'a pas eu honte de revendiquer Jésus comme son Fils. Tout le monde L'avait quitté, elle était seule avec Lui. Elle n'avait pas honte que Jésus ait été flagellé, qu'on lui ait craché dessus, qu'Il soit devenu comme un lépreux, indésirable, mal aimé, haï de tous, qu'Il soit son Fils, Jésus. Là aussi, cette profonde compassion dans son cœur. Restons-nous aux côtés de nos gens quand ils souffrent ? Quand ils sont humiliés ? Quand le mari perd son emploi ? Que suis-je pour lui à ce moment-là ? Suis-je pleine de compassion pour lui ? Est-ce que je comprends sa douleur ? Et si les enfants sont entraînés loin de moi et s'égarent : est-ce que j'ai cette profonde compassion de les chercher, de les trouver, de rester à leurs côtés, de les accueillir à la maison, de les aimer d'un cœur profondément aimant ? Suis-je comme Marie pour mes sœurs dans ma communauté ? Est-ce que je reconnais leur douleur, leur souffrance ? Si je suis prêtre (le prêtre a le cœur de Marie), cette compassion d'être le pardon, d'apporter ce pardon de Dieu au pécheur souffrant qu'il a devant lui, cette profonde compassion de Marie. Elle n'a pas eu honte. Elle a revendiqué Jésus comme son propre Fils.

À la crucifixion, nous la voyons debout – la Mère de Dieu debout[5]. Quelle foi immense devait lui donner son amour vivant pour son Fils – pour se tenir là, Le voir renié par tout

---

5. Jean 19, 25.

le monde, mal aimé de tout le monde, indésirable pour tout le monde, parmi les derniers des derniers, et elle se tenait là. Et elle L'a reconnu comme son Fils. Elle L'a reconnu comme quelqu'un qui lui appartenait et à qui elle appartenait. Elle n'a pas eu peur de Le reconnaître. Reconnaissons-nous nos gens lorsqu'ils souffrent, lorsqu'ils sont rejetés, nos gens, nos proches, notre propre famille, les connaissons-nous quand ils souffrent ? Reconnaissons-nous leur faim de Jésus ? Voilà ce qu'est la faim d'amour bienveillant. C'est pour cela que Notre-Dame est si grande : parce qu'elle avait un amour bienveillant, et vous et moi, parce que nous sommes des femmes, nous avons cette chose immense en nous, cet amour bienveillant. Je le vois, c'est tellement beau, chez nos gens, chez nos femmes pauvres qui, jour après jour et tous les jours, rencontrent la souffrance, acceptent la souffrance pour leurs enfants. J'ai vu des parents (des mères) se priver de tant de choses, tant de choses, jusqu'à mendier pour que l'enfant puisse avoir. J'ai vu une mère ne pas lâcher l'enfant handicapé parce que cet enfant était son enfant ; elle avait un amour bienveillant devant les souffrances de son enfant.

AUCUNE PEUR

Nous n'avons pas peur de dire que cette personne qui meurt dans la rue est Jésus ; que l'affamé, le nu, le sans-logis [est Jésus]. […] Nous n'avons pas peur de porter Jésus, pas peur de prier le chapelet dans la rue.

IL NE SUFFIT PAS DE DIRE « JE T'AIME »

Connaissez-vous votre voisin ? Savez-vous qu'il y a là un aveugle ? Qu'il y a là quelqu'un de malade, qu'il y a une vieille personne isolée qui n'a personne – [le] savez-vous ? Et si vous savez, avez-vous fait quelque chose ? C'est là l'occasion de donner de l'amour, de venir demain faire quelque chose. Vous voyez, cherchez à faire quelque chose et vous verrez la joie, l'amour et la paix qui viendront du cœur parce que vous aurez fait quelque chose pour quelqu'un. Vous aurez donné votre amour de Dieu par une action vivante. Il ne suffit pas de dire « Je t'aime ». Cela ne suffit pas ; faites quelque chose. Et il faudrait que ce quelque chose soit quelque chose qui vous fasse souffrir. Parce que l'amour vrai fait souffrir. Quand vous regardez la Croix, vous savez comment Jésus nous a aimés. Il est mort sur la Croix parce qu'Il vous aimait et qu'Il m'aimait. Et Il veut que nous aimions comme cela.

DONNEZ CE QUE VOUS AVEZ REÇU

Ce que vous avez reçu de Jésus, donnez-le généreusement. Il m'aime. Il a pris toute cette peine de venir du ciel pour nous donner une si Bonne Nouvelle, [celle de] nous aimer les uns les autres. Nous devons être capables d'aimer nos sœurs. Comme saint Maximilien[6], qui ne devait pas être choisi. L'autre homme a dit : « Oh, ma femme, oh, mes enfants… » et lui [saint Maximilien] a dit : « Prenez ma vie. » Et nous savons ce qui s'est passé. Ils l'ont mis en prison pour qu'il meure de faim. Nous ne connaissons pas les affres de la faim, nous ne savons pas. J'ai vu des gens mourir, d'une faim réelle, [pendant] des jours. Et il n'est pas mort. Alors ils lui ont fait une piqûre. Pourquoi cet homme a-t-il fait cela ? Un plus grand amour. Est-ce que je ferais cela pour ma sœur ?

---

6. Il s'agit de saint Maximilien Kolbe, frère franciscain mort au camp de concentration d'Auschwitz en 1941 après s'être proposé pour mourir à la place d'un père de famille.

L'ARGENT OU DIEU ?

Je me souviens que lorsque nous étions enfants à la maison, plus tout petits, nous étions tous les trois assis ensemble à dire du mal d'un des enseignants de l'école. Ma mère qui se reposait nous a entendus et s'est levée. Et elle est venue en disant : « Je ne peux pas dépenser de l'argent pour que vous commettiez un péché » et elle a coupé l'interrupteur principal – pas seulement l'interrupteur de cette pièce, mais l'interrupteur pour toute la maison. Ensuite, pendant l'heure qui a suivi, nous avons dû tout faire (nettoyer nos chaussures, préparer nos affaires) dans une obscurité complète. Cela nous a donné une vraie leçon. Et une autre fois, nous étions plus grands et ma sœur avait commencé à prendre des travaux de couture pour gagner de l'argent pour la famille. Ma mère avait mis un grand panneau dans la pièce, qui disait : « Dans cette maison, personne ne doit dire du mal de personne. » Une dame riche est venue un jour pour donner du travail à ma sœur et a commencé à parler de quelqu'un de manière peu charitable. Ma mère est sortie et lui a dit : « Vous ne voyez pas ce qui est écrit là ? » La dame a été tellement furieuse qu'elle s'est levée et qu'elle est partie. Ma sœur a regardé ma mère et s'est plainte que nous avions perdu une bonne cliente – alors que nous avions grandement besoin de cet argent à l'époque. Ma mère lui a répondu : « Qu'est-ce qui est plus important ? L'argent ou Dieu ? Je travaillerai deux fois plus dur pour l'argent, mais je ne permettrai pas qu'on dise de telles choses dans cette maison. » Vous voyez… ce n'était qu'une femme ordinaire et pourtant elle savait ce qui était bien et ce qui était mal. Je n'ai jamais entendu une parole méchante dans sa bouche.

L'AMOUR, POUR ÊTRE VRAI, DOIT FAIRE SOUFFRIR

Jésus dit : « En vérité, Je vous le dis, si le grain de blé tombé en terre ne meurt pas, il demeure seul ; mais s'il meurt, il porte beaucoup de fruit[7]. » La missionnaire doit mourir chaque jour si elle veut amener des âmes à Dieu. Elle doit être prête à payer le prix qu'Il a payé pour les âmes, à parcourir le chemin qu'Il a parcouru à la recherche des âmes.

*

Je veux être humble, alors je dois être prête à payer le prix de cette humilité. Quand Marie a accepté d'être la mère de Jésus, elle a dû se rendre compte à quel point ce serait difficile quand Joseph commencerait à remarquer qu'elle était enceinte.

*

Si votre supérieure est impatiente – pardonnez, oubliez ! Pour vous, c'est un don de Dieu. Si elle emploie des mots qui vous blessent, offrez cela à Jésus, offrez-le pour cette supérieure, payez le prix pour elle.

PERCER L'OBSCURITÉ[8]

Je désire Dieu profondément – je veux L'aimer – L'aimer beaucoup – ne vivre que pour l'amour de Lui – aimer

7. Jean 12, 24.
8. Il s'agit ici d'une lettre de Mère Teresa à son confesseur dans laquelle elle parle de ses ténèbres spirituelles.

seulement – et pourtant il n'y a que de la souffrance – un désir brûlant et pas d'amour.

[…] Avant je pouvais passer des heures devant Notre Seigneur – à L'aimer – à Lui parler – et maintenant – même la méditation ne se passe pas bien – rien d'autre que « Mon Dieu » – et même cela parfois ne vient pas. – Pourtant quelque part tout au fond de mon cœur cet ardent désir de Dieu ne cesse de percer les ténèbres. – Lorsque je suis dehors – au travail – ou occupée à rencontrer des gens – il y a une présence – de quelqu'un de vivant tout près – en moi-même. – Je ne sais pas ce que c'est – mais très souvent et même chaque jour – cet amour en moi pour Dieu devient de plus en plus réel. – Je me surprends à faire inconsciemment à Jésus les plus étranges déclarations d'amour.

Mon Père, je vous ai ouvert mon cœur. – Apprenez-moi à aimer Dieu. – apprenez-moi à L'aimer beaucoup. Je ne suis pas savante – je ne sais pas beaucoup de choses sur les choses de Dieu. – Je veux aimer Dieu comme et pour ce qu'Il est pour moi – « Mon Père ». […] J'aimais Dieu avec toute la puissance d'un cœur d'enfant. Il était au centre de tout ce que je faisais et disais.

[…] Mon cœur, mon âme et mon corps n'appartiennent qu'à Dieu.

LE BAISER DE JÉSUS

Toutes les souffrances, les humiliations, la douleur, ne sont que le baiser de Jésus – un signe que vous êtes arrivée si près de Jésus sur la Croix qu'Il peut vous embrasser. Alors mon enfant, n'ayez pas peur. Son amour, pour être vrai, doit faire souffrir et donc, puisque vous êtes amoureuse de Jésus, Son amour en vous doit vous faire souffrir.

DITES À JÉSUS D'ARRÊTER DE M'EMBRASSER

Je veux que vous deveniez vraiment saintes, sinon Dieu ne pourra pas Se servir de vous pour recevoir la souffrance et la douleur. Un jour, je suis allée voir quelqu'un qui avait un cancer et qui était dans de si grandes souffrances que j'ai cru qu'elle allait briser le lit. Je lui ai dit : « C'est un signe que vous êtes arrivée si près de Jésus qu'Il peut vous embrasser », et elle m'a dit : « Dites à Jésus d'arrêter de m'embrasser. »

ACCEPTEZ-LA ET OFFREZ-LA

Bien sûr, il y aura des tentations et des souffrances dans votre vie. Nous devons tous traverser cela. Car plus notre amour pour le Christ est grand, plus nous devons le payer. Le payer parfois de grandes humiliations. Pour Mère, c'est assez d'avoir tous ses gens qui font mon éloge – c'est assez d'humiliation. Quand cette humiliation arrive, acceptez-la et offrez-la, ne vous accrochez jamais à elle. Acceptez-la et offrez-la.

PRENDRE PART À SA PASSION

Le Carême est maintenant si proche de nous… Méditez la Passion, la prière, l'humiliation d'être giflé (le seul moment où Il ait posé une question, « Pourquoi Me frappes-tu[9] ? » Il n'a pas pu supporter cette gifle en public). Il a supporté toutes les choses extérieures douloureuses (quand on L'a couronné d'épines, Il n'a rien dit, la crucifixion, etc.), mais quand on L'a giflé, Il a demandé « pourquoi, sans aucune raison ? » – et Il a accepté.

---

9. Jean 18, 23.

Quand une sœur vous réprimande ou vous corrige, vous vous sentez très blessée. Quand les sœurs viennent me voir en disant : « Elle m'a dit cela, elle m'a fait cela, etc. », je ne leur pose qu'une question : « Quelle a été votre première pensée ? Était-ce pour le Christ ou était-ce pour vous-même ? » Si votre spiritualité n'est pas assez profonde, vous aurez de la rancune et vous répondrez. Si vous ne répondez pas, vous irez raconter cela autour de vous, ou vous deviendrez amères intérieurement. L'autre jour, un prêtre de St. Lawrence est mort d'un cancer. Il n'était pas tout jeune, mais quand on a découvert le cancer, il était déjà mort. Cette amertume est comme un cancer : elle grandit et elle nous dévorera.

[...] [Ce] que nous oublions, c'est que vous et moi sommes les épouses de Jésus crucifié. Si je suis l'épouse de Jésus crucifié, alors je dois avoir quelque ressemblance avec Lui – quelque identification avec Lui pour montrer que je Lui appartiens. Sainte Marguerite-Marie est un bel exemple. Elle avait des furoncles qui étaient très douloureux. Elle en avait sur le visage, que tout le monde pouvait voir, et d'autres sur le corps qui n'étaient pas visibles. Elle expliquait que ceux de son visage étaient gros et très douloureux, mais qu'elle souffrait moins parce que tout le monde les voyait. Elle qui avait un si grand amour du Christ disait avec simplicité : « Ceux du dos sont plus douloureux parce que personne ne les voit. »

C'est aujourd'hui le temps de prendre part à Sa Passion et le fait que je devienne une bonne religieuse, une religieuse heureuse, une religieuse sainte, dépendra de l'acceptation de ces piqûres d'épingle qui peuvent détruire la fidélité à ce pur amour.

PRENEZ AUSSI L'AMER

Une sœur m'a dit : « Je veux faire le sacrifice de ne pas prendre de bonbons. » J'ai répondu : « Non, il vaut mieux prendre des bonbons comme tout le monde et demain, si quelqu'un vous donne quelque chose d'amer, prenez cela aussi. »

LES SAINTS RENCONTRENT LES MÊMES DIFFICULTÉS

Vous souvenez-vous de l'histoire de la Petite Thérèse ? Il y avait dans sa communauté une sœur qui l'agaçait vraiment et qu'elle évitait chaque fois que possible. Puis elle a pris la résolution de se donner du mal pour être bonne et aimante avec cette même sœur. À chaque fois qu'elle la croisait, elle lui adressait un sourire chaleureux. Alors un jour, cette sœur l'a prise à part et a demandé à sainte Thérèse : « Qu'y a-t-il en moi que vous aimez tant ? » Personne ne savait à quel point elle s'était maîtrisée dans son cœur. Vous voyez, mes sœurs, les saints rencontrent les mêmes difficultés et problèmes que nous, mais la différence, c'est qu'ils ont pris de fermes résolutions et les ont tenues coûte que coûte. Nous devrions être prêtes à accepter avec joie tout ce qu'Il nous donne – éloges ou blâmes.

TOUT SURMONTER AVEC UN SOURIRE RADIEUX

Vous voyez cet homme de Pune, tous ces adjectifs qu'il a écrits après mon nom et qui ont été publiés dans beaucoup des grands journaux ; alors je lui ai écrit pour le remercier de ces adjectifs. Même pour Jésus, ils ont dit : « Hosanna, hosanna », et le lendemain ils réclamaient à grands cris Sa crucifixion. Nous devons essayer de surmonter tout ce qui nous blesse ou nous contrarie avec un sourire radieux. Souvenez-vous de ce que nous disons tous les jours dans la prière : « Aidez-moi à répandre Votre parfum où que j'aille. »

LÀ OÙ NAÎT LA JOIE

« Lui offrir notre libre volonté, notre raison, toute notre vie dans une foi pure, afin qu'Il puisse penser Ses pensées dans notre esprit, faire Son Œuvre par nos mains et aimer avec notre cœur. » L'an dernier, j'ai voyagé. Pendant dix jours, je suis allée de maison en maison. Le matin : « Où suis-je ? » C'était un grand sacrifice. Mais c'est cet abandon total. Mais c'est là où naît la joie.

Sacrifice

L'amour doit être bâti sur le sacrifice et nous devons être capables de donner jusqu'à en souffrir.

« SUIS-JE LA SEULE DANS CETTE MAISON ? »

« Suis-je la seule dans cette maison ? C'est encore moi qui nettoie les toilettes ! » Cela peut arriver. Malgré vos sentiments, cela arrive. Vous ne devez pas tuer vos sentiments, mais vous devez offrir. Voilà le sacrifice. Voilà la Croix que nous devons prendre.

AVEZ-VOUS JAMAIS PARTAGÉ ?

Le sacrifice est nécessaire dans notre vie si nous voulons nous rendre compte de la tendresse de l'amour de Dieu. Si je restais là toute la journée et toute la nuit, demain, et le lendemain, et que je vous parlais de toutes les belles choses liées à la présence de cette tendresse et de cet amour chez nos gens (les hommes, les femmes, les enfants), vous seriez surprises de voir que c'est bien de l'amour, l'amour de Dieu en action. Et c'est pourquoi Dieu a envoyé Jésus nous apprendre cet amour. Et vous le découvrez dans votre propre vie : Avez-vous jamais connu la joie d'aimer ? Avez-vous jamais partagé ? Il ne s'agit pas de donner en puisant dans votre abondance. Avez-vous partagé quelque chose avec les malades, les isolés, et ensemble fait quelque chose de beau pour Dieu ? C'est quelque chose qui doit venir du dedans de nous. C'est pour cela que Jésus S'est fait Pain de Vie, pour créer cette chose dans notre cœur et si elle n'est pas là, je pense qu'il est bon d'examiner notre cœur. Notre cœur est-il pur ? Parce que Jésus a dit : « Heureux les cœurs purs, car ils verront Dieu[1]. » Et si nous ne voyons pas Dieu les unes dans les autres, nous ne pouvons pas nous aimer les unes les autres. Il est donc important pour nous d'avoir un cœur pur ; un cœur pur sera capable d'être seulement tout à Jésus et de donner Jésus aux autres. C'est pour cela que Jésus S'est fait Pain de Vie, c'est pour cela qu'Il est là vingt-quatre heures [par jour], c'est pour cela qu'Il désire ardemment que vous et moi partagions la joie d'aimer. Et Il dit : « Aimez comme Je vous ai aimés[2]. » Nous devons nous aimer les unes les autres comme Il nous a aimés.

« POURQUOI M'AIMEZ-VOUS AUTANT ? »

La Petite Thérèse ne supportait pas une sœur. Mais elle ne l'a jamais montré. Elle lui adressait toujours un beau sourire. Elle [cette sœur] lui a demandé un jour : « Pourquoi m'aimez-vous autant ? » Dans son sourire, elle voyait son amour. « Oui, j'aime Jésus. » Quand elle nettoyait ses vêtements et que toute l'eau sale lui éclaboussait le visage… Si j'avais été à sa place, peut-être que je n'aurais rien dit, mais je lui aurais lancé un bon regard. Une des sœurs faisait du bruit avec son chapelet. Peut-être que nous dirions

1. Matthieu 5, 8.
2. Jean 13, 34 et Jean 15, 12.

gentiment: « Ne pourriez-vous pas arrêter. » Non. « Jésus, quel beau chapelet. » Elle savait que, si elle restait là, elle allait [le] dire. Alors elle est partie en courant. Elle est devenue une sainte. Elle a été canonisée parce qu'elle aimait Dieu. Ce bruit du chapelet, quelle stupidité. Elle aurait pu dire: « S'il vous plaît, arrêtez cela, j'ai très mal à la tête. » Non, elle a offert.

LE VRAI SARMENT

C'est au moment où cela nous est difficile que nous montrons que nous sommes le vrai sarment, si à ce moment-là nous pouvons nous sourire les uns aux autres, si à ce moment-là nous pouvons voir le Christ sous le déguisement désolant de notre enfant, de notre propre famille, de nos propres sœurs ou de nos propres prêtres, frères… c'est à ce moment-là. Il est vraiment, vraiment nécessaire que nous vivions cette vie d'amour. […] Je ne veux pas que nous soyons des coopérateurs juste pour le nom, parce que nous faisons un travail, parce que nous secourons les pauvres, etc. etc. Ce n'est pas le but des coopérateurs. Le but des coopérateurs est de répandre l'amour et la compassion, et partout où nous allons – cet amour et cette compassion. C'est le but des coopérateurs d'apaiser la soif d'amour de Jésus, d'une manière très simple et d'une manière très petite.

UN BEAU SACRIFICE

L'autre jour, j'ai reçu 15 dollars d'un homme qui est couché sur le dos depuis vingt ans et la seule chose qu'il peut bouger, c'est sa main droite. Et la seule compagnie dont il jouisse, c'est le tabac. Et il m'a dit: « Je ne fume pas pendant une semaine et je vous envoie cet argent. » Ça a dû être un sacrifice terrible pour lui, mais voyez comme c'est beau, comme il a partagé. Et avec cet argent, j'ai acheté du pain et je l'ai donné à ceux qui ont faim – avec une joie mutuelle. Lui donnait et les pauvres recevaient.

C'est quelque chose que vous et moi pouvons faire ; c'est un don que Dieu nous a fait d'être capables de partager notre amour avec les autres. Faisons en sorte que cela soit comme ce fut pour Jésus. Aimons-nous les uns les autres comme Il nous a aimés. Aimons-Le d'un amour sans partage.

L'EXEMPLE D'UNE ENFANT

J'ai été très touchée, l'autre jour, une petite enfant des États-Unis a écrit pour dire… En fait, c'est son père qui a écrit et qui m'a envoyé l'argent. Cette petite faisait sa Première Communion et avant sa Communion, elle a dit à ses parents : « S'il vous plaît, n'achetez pas mes vêtements de Première Communion, n'achetez rien et ne faites pas de fête dans notre maison pour moi (car elle était le seul enfant de la famille), mais donnez-moi cet argent. Je le donnerai à Mère Teresa pour ses enfants et je ferai ma Première Communion en uniforme. » Voyez ce courage, et tous les autres enfants dans de belles tenues et cette petite, par amour pour les pauvres de Dieu, pour les petits de Calcutta, elle est allée en uniforme. Et cela a beaucoup touché son père, et beaucoup touché sa mère, alors elle a arrêté de fumer et lui a arrêté de boire. […] Voilà ce bel amour, cette tendresse de l'amour de Dieu : il a touché cette petite enfant et à travers cette enfant, il a touché les parents, apporté la paix, l'unité et l'amour dans la famille – par ce petit geste.

CONSACRÉE

J'ai vu de terribles souffrances physiques, terribles, et de voir ces gens en Éthiopie… Quand vous ouvrez le portail le matin, ils sont juste devant notre portail, ils ont terriblement soif d'un verre d'eau, ils n'ont pas touché de nourriture, ils font tout ce chemin juste pour obtenir un petit peu d'amour et de soins tendres et de nourriture. Et cette fois-là où j'étais là-bas avec les sœurs, le ministre, le ministre des Affaires étrangères, qui est un communiste convaincu, est venu me voir. Et alors, juste à ce moment-là, c'était l'heure pour les sœurs d'ouvrir le portail et il y avait environ vingt-cinq personnes couchées là devant notre portail, en plein sur la route. Et les sœurs ont commencé à les soulever, à les porter, à prendre soin d'elles, et l'homme s'est tourné et a dit : « Seule une vie consacrée et dédiée peut faire ce que font vos sœurs – seule une [vie] consacrée. » Et cette consécration est synonyme de cœur amoureux. Alors apportons cette joie d'aimer d'abord dans nos propres cœurs et partageons-la avec les autres. N'ayez pas peur d'aimer jusqu'à en souffrir, jusqu'à en souffrir – parce que c'est facile de donner [juste] comme ça, c'est facile de donner en puisant dans son abondance.

SUCRE

Je vais juste vous donner un beau petit exemple d'un petit enfant qui aimait d'un grand amour. […] Il y a quelque temps, il y a eu une très grande pénurie de sucre à Calcutta et un petit enfant, un enfant hindou d'environ quatre ans, a dit à ses parents : « Mère Teresa n'a pas de sucre pour ses enfants. Je ne vais pas manger de sucre pendant trois jours et ce sucre, je vais le donner à Mère. » Et alors les parents, qui n'étaient jamais venus à notre maison avant (et je ne connais pas du tout cet enfant), ont amené leur enfant et l'enfant m'a apporté assez de sucre. Il pouvait à peine parler et il a dit : « Mère, je n'ai pas mangé de sucre pendant trois jours. Donnez cela à vos enfants. » Et je pense que cet enfant aimait d'un grand amour.

LES PETITS DONS

Accepter avec joie tous les petits sacrifices qui se présentent quotidiennement. Ne passez pas à côté des petits dons, car ils sont très précieux.

Le fruit de l'amour est le service

La foi en action est amour. L'amour en action est service.

COMMENT POUVONS-NOUS AIMER JÉSUS AUJOURD'HUI ?

Comment pouvons-nous aimer Jésus aujourd'hui dans le monde ? En L'aimant dans mon mari, ma femme, mes enfants, mes frères et sœurs, mes parents, mes voisins, les pauvres.

*

J'appartiens à Jésus ; j'ai été choisie, dans le but d'apaiser Sa soif d'amour en L'aimant, en mettant cet amour pour Lui en actes. Nous devons œuvrer au salut et à la sanctification des plus pauvres des pauvres.

VOYEZ CE QUE VOUS FAITES

L'amour que nous Lui portons se voit dans le travail que nous faisons – et ce travail est le fruit de la prière. Si vous voulez voir à quel point vous L'aimez, voyez ce que vous faites. J'aime Jésus et je mets mon amour pour Jésus en actes. Ma prière à votre intention est que vous grandissiez vraiment, pleinement, dans cette joie. Et si elle n'est pas là, pourquoi ? Quel est l'obstacle ? Ce n'est pas de l'orgueil de savoir que vous aimez Jésus. Que les gens voient vos bonnes œuvres et glorifient le Père[1]; toutes nos bonnes œuvres viennent de Lui.

L'AMOUR, C'EST…

L'amour, ce n'est pas parler; l'amour, c'est vivre. Je peux parler de l'amour toute la journée et ne pas aimer une seule fois; regarder partout, sauf là où un homme est en train de mourir dans la rue.

PAS SEULEMENT EN MOTS

Je ne peux pas aimer Dieu seulement en mots: mon cœur doit l'exprimer, mes mains doivent l'exprimer, mes pieds doivent l'exprimer. Il ne suffit pas de juste dire: « Je veux aimer les pauvres. » Notre service doit être « de tout cœur » – c'est un mot important pour les m.c. […] Il doit être de tout cœur, pas à moitié, la preuve de notre amour pour Dieu par des actes. Dans l'Écriture, il est dit que nous devons aimer Dieu de tout notre cœur et notre prochain. Voilà le sens de notre quatrième vœu, d'aimer les pauvres de tout notre cœur, de toute notre âme et de toute notre force – « de tout cœur ». Pour nous, il ne suffit pas de dire: « Oh, j'aime Jésus tendrement. » Nous devons montrer que nous L'aimons par notre service de tout cœur.

CE N'EST PAS LA QUANTITÉ DE CE QUE NOUS FAISONS

Ce n'est pas la quantité de ce que nous faisons, mais la quantité d'amour que nous mettons à le faire qui importe à

1. Matthieu 5, 16.

Dieu Tout-Puissant. Et c'est cela, l'amour pour Dieu – que Dieu continue à aimer le monde à travers chacune de nous, à travers le travail qui nous a été confié. Le travail que vous faites au bureau est un travail sacré. Ne le faites jamais de manière bâclée… c'est Jésus qui est là. Dans une certaine partie du travail, vos mains nourrissent le Christ affamé, vos mains vêtent le Christ nu, vos mains donnent un logis au Christ sans logis. Alors faites bien votre travail, et faites-le avec un grand amour. Autrement, ce n'est pas la peine de le faire. Ce n'est pas la peine de le faire moitié-moitié. C'est le moyen pour vous de devenir saints parce que Jésus notre Dieu est là.

VOUS ÊTES L'AMOUR DE DIEU EN ACTION

« Notre congrégation rend l'Église pleinement présente dans le monde d'aujourd'hui. » Faites votre examen de conscience et voyez : « Est-ce que je rends l'Église présente ? » En Éthiopie, le délégué apostolique nous a dit pendant l'homélie à la Messe : « Je vous remercie, au nom du Saint-Père, parce que, par votre présence, vous rendez l'Église pleinement présente ici. » Nous rendons l'Église présente en proclamant la Bonne Nouvelle. Quelle est cette Bonne Nouvelle ? La Bonne Nouvelle est que Dieu aime toujours le monde à travers chacune de vous. Vous êtes la Bonne Nouvelle de Dieu ; vous êtes l'amour de Dieu en action. À travers vous, Dieu aime toujours le monde. Alors si vous êtes une m.c. paresseuse, vous donnerez une fausse image de l'amour de Dieu en action. Les gens nous observent constamment, en permanence, et ils rencontrent l'amour de Dieu en action par notre toucher plein de compassion et d'amour pour les pauvres de Nirmal Hriday, de Shishu Bhavan, les malades de la lèpre, partout.

JÉSUS VIVANT EN MOI

Jésus ne peut pas marcher maintenant dans les rues de Calcutta et dans les rues du monde, alors que fait-Il ? À travers moi, Il marche, touche les pauvres et montre au monde l'amour et la pureté de Son Père. Aujourd'hui, Dieu aime tant le monde qu'Il nous envoie. Il vous a envoyées à travers Mère où que vous deviez aller. Pour faire quoi ? Pour rayonner la pureté de l'amour de Dieu.

LA MARQUE DU CHRÉTIEN

Jésus a dit : « À ceci on saura que vous êtes Mes disciples[2]. » Les premiers chrétiens furent mis en prison parce qu'ils aimaient. Lorsque saint Laurent fut mis en prison, le préfet lui demanda d'apporter toutes les richesses de l'Église. Saint Laurent dit : « Oui, je les apporterai demain matin. » Le lendemain matin, il rassembla des centaines de pauvres devant le presbytère et lorsque le préfet les vit, il fut encore plus en colère.

---

2. Jean 13, 35.

D'humbles actes d'amour

La fidélité aux tâches humbles est notre moyen de mettre notre amour en actes.

SAISISSEZ L'OCCASION

Saisissez l'occasion de faire les tâches humbles. Vous devez désirer ardemment aller là-bas [...] pour laver et nettoyer, pour montrer votre amour de Jésus par une action réellement vivante. [...] Un père jésuite m'a demandé ce que je ferais quand je ne serai plus Mère Générale. Je lui ai dit que j'étais très forte pour nettoyer les caniveaux et les toilettes. Avant, j'allais à Kalighat tous les dimanches et mon travail spécifique était de nettoyer les toilettes. Celles d'entre vous qui ont été là-bas savent que chaque matin la pièce tout entière est pleine de saleté. Un homme est venu me voir (j'ai pensé que c'était un frère, je n'ai pas très bien regardé), il a dit qu'il voulait m'aider. J'ai répondu : « Alors venez avec moi », et je suis allée dans les toilettes. J'ai commencé à balayer et verser de l'eau, mais le frère ne semblait pas savoir quoi faire. Je lui ai dit de verser de l'eau pour moi. Il a fait ça assez correctement. Je me disais : « Ils n'apprennent pas aux frères quoi faire », et je récriminais intérieurement. Ensuite, quand il a eu fini, il m'a dit : « Merci, Mère. Je ne sais pas comment vous remercier. » Aucun frère ne m'avait jamais remerciée comme ça, alors j'ai regardé plus attentivement. J'ai vu que ce n'était pas un frère, mais un monsieur très bien habillé. Il m'a dit qu'il était directeur général d'une grande entreprise.

PRÊCHER L'AMOUR DE DIEU

L'humilité rayonne toujours la grandeur et la gloire de Dieu. N'ayons pas peur d'être humbles, petits, impuissants, pour prouver notre amour de Dieu. La tasse d'eau que vous donnez aux malades, la façon dont vous soulevez un mourant, la façon dont vous donnez un médicament à un lépreux, la façon dont vous nourrissez un bébé, dont vous instruisez un enfant ignorant, la joie avec laquelle vous souriez à vos proches à la maison – tout cela, c'est l'amour de Dieu dans le monde d'aujourd'hui. Je veux que ceci soit gravé dans vos esprits : Dieu aime toujours le monde à travers vous et à travers moi aujourd'hui. Nous ne devons pas avoir peur de rayonner l'amour de Dieu partout. Un jour, quelqu'un m'a demandé : « Pourquoi allez-vous à l'étranger ? N'avez-vous pas assez de pauvres en Inde ? » J'ai répondu : « Je pense que Jésus nous a dit d'aller prêcher à toutes les nations[1]. C'est pour cela que nous allons dans le monde entier prêcher l'amour et la compassion de Dieu par nos humbles actes d'amour. »

CELUI QUI DONNE S'ENRICHIT

Les gens dans le monde ont été si profondément touchés par nos humbles œuvres d'amour en action qui apportent le

1. Marc 13, 10 ; 16, 15 ; Matthieu 28, 19.

tendre amour et la sollicitude de Dieu aux mal-aimés, aux négligés, aux indigents, que cela a créé dans le cœur d'un grand nombre le profond désir de partager ; certains le font en puisant dans leur abondance, mais beaucoup, et peut-être le plus grand nombre, en se privant de quelque chose qu'ils auraient bien voulu se donner à eux-mêmes, dans le but de partager avec leurs frères et sœurs moins privilégiés. C'est si beau de voir l'esprit de sacrifice réussir à s'ouvrir un chemin dans tant de vies, car cela ne bénéficie pas seulement aux pauvres qui reçoivent ; celui qui donne est aussi enrichi de l'amour de Dieu. Voilà une chose pour laquelle nous devons constamment louer et remercier Dieu.

RIEN QU'UNE GOUTTE

Nous sentons nous-mêmes que ce que nous faisons n'est qu'une goutte dans l'océan. Mais si cette goutte n'était pas dans l'océan, je pense que l'océan serait amoindri par l'absence de cette goutte.

NOUS NE SOMMES PAS DES TRAVAILLEURS SOCIAUX

Nous nous dépensons et, à moins que nous continuions à nous recharger [spirituellement] et à chercher une union plus intime avec le Christ, nous deviendrons vite des travailleurs sociaux – et j'insiste pour dire que nous ne sommes pas des travailleurs sociaux. Nous sommes réellement des contemplatifs au cœur du monde. Donc, pour pouvoir respecter cela fidèlement, nous avons besoin de cette recharge permanente. C'est pour cela que chaque semaine, nous restons une journée à l'intérieur pour approfondir [notre vie spirituelle], lire, prier, et que ce jour-là nous avons confession et instruction du confesseur qui vient pour les sœurs.

Nous faisons peut-être un travail social aux yeux des gens, mais nous sommes réellement des contemplatifs au cœur du monde. Car nous touchons le corps du Christ vingt-quatre heures [par jour] ! Nous avons vingt-quatre heures en Sa présence, vous et moi. Vous aussi, vous devez essayer d'amener cette présence de Dieu dans votre famille, car la famille qui prie ensemble reste ensemble.

*

Nous sommes vingt-quatre heures [par jour] avec Jésus dans l'affamé, dans le nu, dans le sans-logis, dans l'isolé. Et ce sont des gens tellement admirables ; je ne les ai encore jamais entendus dire quelque chose de mal, mécontentement ou insultes. Vous gagnerez beaucoup à les connaître, ils vous donneront beaucoup plus que vous ne leur donnez.

MON FRÈRE

L'œuvre est l'œuvre de Dieu et non pas notre œuvre, c'est pour cela que nous devons la faire bien. Si souvent, nous gâchons l'œuvre de Dieu et nous cherchons à en tirer gloire pour nous-mêmes. Mon frère vit à Palerme, en Italie, depuis vingt ans, mais personne ne connaissait son existence avant que nos sœurs ouvrent une maison dans cette ville. Les gens, les prêtres et l'évêque ont tous commencé à lui demander : « Mais vous ne nous aviez jamais dit que vous étiez le frère de Mère Teresa et vous êtes ici depuis toutes ces années. » Il ne voulait le dire à personne et quand ils lui ont demandé, il a dit : « Pour vous, elle est votre sœur et aussi Mère Teresa ;

pour moi, elle est ma sœur – que cela reste ainsi pour moi. » Et il ne voulait simplement pas en tirer la moindre gloire pour lui-même. Alors vous voyez, mes sœurs, comment sont les gens dans le monde ; qu'en est-il de nous religieuses ?

L'ŒUVRE DE DIEU

Et vous priez pour nous afin que nous ne gâchions pas l'œuvre de Dieu, afin qu'elle reste Son œuvre. Et aussi pour que nous puissions ne donner que Jésus à nos gens, qui qu'ils soient. Qu'ils soient chrétiens ou non chrétiens, ils sont tous enfants de Dieu, créés pour aimer et être aimés.

Amener Jésus

Quand je suis allée à Addis-Abeba avec l'intention d'emmener les sœurs là-bas, tout le monde m'a dit que je devais être folle ou que je devais être quelqu'un d'extraordinaire parce qu'il était hors de question que nous soyons acceptées à Addis-Abeba, surtout pas des missionnaires catholiques comme ça. Et j'ai dit : « Rien n'est impossible avec Jésus[1]… » J'ai voulu voir l'empereur et alors, par l'intermédiaire de quelqu'un, nous avons vu sa fille. Et sa fille, Dieu sait ce qu'elle lui a dit, en tout cas il a été décidé que nous allions venir voir l'empereur. […] Il était si grand, il se tenait de si belle manière, comme ça, devant une missionnaire… en tout cas, je me suis sentie beaucoup plus petite que je ne suis. Il s'est tenu là telle une statue et ensuite, quand nous nous sommes tous assis, il a demandé : « Quelles qualifications ont les sœurs, que vont-elles faire ? » J'ai dit : « Nos sœurs vont donner l'amour et la compassion de Jésus à votre peuple, et ce peuple deviendra notre peuple. » Il m'a regardée et il a dit : « Cela ressemble tellement au Christ, c'est ce que Jésus faisait. Venez, elles seront très bienvenues. » Ensuite, j'avais la médaille [miraculeuse] dans la main et je lui ai donnée. J'ai oublié qu'il était empereur et je me suis dit qu'il n'était qu'un homme ordinaire pour moi à

1. Luc 1, 37.

ce moment-là. Je lui ai donné une médaille de Notre-Dame. Il a pris la médaille de Notre-Dame, il a regardé Notre-Dame et il a dit : « La Vierge Marie est l'espérance de l'humanité. » Ensuite, il s'est tourné vers le premier ministre et il a dit : « Que les sœurs viennent, et faites tout ce qui est possible, tout ce qui est nécessaire, pour qu'elles aient les visas au plus tôt. » Et, dans la quinzaine, les sœurs ont reçu leurs visas de résidence à l'aéroport. Alors nous sommes là-bas maintenant, et quand les sœurs sont arrivées là-bas, tout de suite, il leur a donné un lieu pour faire un foyer pour les mourants etc.

Voilà ce qu'il y a : il a été frappé par le fait que les sœurs n'allaient pas faire quelque chose, un travail social ou quelque chose. Nous ne sommes pas des travailleurs sociaux. Nous allons là-bas pour donner Jésus – en hâte pour donner Jésus. Et ça a été le plus grand des miracles que cet homme soit si favorable alors que tous les autres étaient tellement contre.

APPORTER LA PAROLE DE DIEU

Je pense qu'une des choses qui aident le plus, c'est d'apporter la Parole de Dieu dans leur vie [la vie des gens isolés] et puis aussi notre présence auprès d'eux. Nos sœurs rayonnent la joie, rayonnent la compassion, et je pense que, lorsqu'elles entrent dans les maisons des reclus et de nos gens qui sont indésirables, mal aimés, je pense qu'ils font l'expérience que Dieu les aime à travers ces sœurs qui sont la réalité vivante de l'amour de Dieu pour eux.

*

Récemment, à l'invitation du président du Mexique, nous avons ouvert une maison au Mexique, et nos sœurs, comme c'est l'habitude dans notre congrégation, font des tournées et encore des tournées, et elles cherchent tout le monde, voient tout le monde et elles marchent et marchent encore jusqu'à avoir bien mal aux deux jambes pour voir quel est l'endroit le pire, là où le besoin est le plus grand pour commencer là. Mais au Mexique, la pauvreté des gens alentour était très grande, où qu'elles aillent (c'était dans la banlieue de [Tijuana]), [...] c'était une pauvreté vraiment très, très grande. Mais à la surprise des sœurs, personne ne leur demandait ni vêtements, ni médicaments, ni nourriture, rien à part : « Enseignez-nous la Parole de Dieu. » Cela m'a tellement frappée ; ces gens ont faim de Dieu – « Enseignez-nous la Parole de Dieu. »

APRÈS 800 ANS...

Au Yémen, [...] après 800 ans, on a demandé à des sœurs catholiques d'aller là-bas et je me souviens que, quand le premier ministre a demandé, j'ai dit que j'étais prête à donner les sœurs à condition qu'il autorise le prêtre à venir parce que nous n'allons pas sans Jésus. Et comme ils voulaient les sœurs, ils ont autorisé le prêtre à venir. Et c'était tout à fait extraordinaire, après 800 ans – parce qu'il n'y avait pas de prêtres, il n'y avait pas de tabernacle, il n'y avait pas d'autel, pas Jésus, et dès l'instant où nous sommes allées là-bas, il y avait Jésus, il y avait un tabernacle, il y avait tout. Et pour la construction de notre couvent pour les sœurs, ils nous ont donné un grand terrain. Elles ont un très grand foyer pour les mourants là-bas, et le gouverneur lui-même a dit à la sœur : « Ma sœur, montrez-moi comment on construit une église catholique. » Et au départ, la sœur lui avait demandé de construire une jolie chapelle, une pièce spéciale pour Jésus, et donc la sœur lui a dit : « Oh, c'est très difficile de construire une église catholique, mais construisez-nous une chapelle où nous pourrons garder Jésus avec nous. » Mais cet homme a écrit à Mgr H. pour lui dire que la présence des sœurs avait allumé une lumière nouvelle dans la vie de nos gens. Et c'est quelque chose : nous n'avons pas peur de dire que cette personne qui est en train de mourir dans la rue, c'est Jésus – l'affamé, le nu, le sans-logis… Nous n'avons pas peur de porter Jésus, pas peur de prier le chapelet dans la rue. Ils nous regardent.

NOUS SOMMES TÉMOINS

Un monsieur hindou m'a un jour demandé, un fonctionnaire très important, haut placé : « Ne tenez-vous pas beaucoup à tous nous convertir ? » Et j'ai dit : « Naturellement, le trésor que j'ai, Jésus, naturellement que je veux le partager avec vous, mais la conversion doit venir de Lui. Mon rôle est de vous aider à faire des œuvres d'amour et alors, par ces œuvres d'amour, vous vous trouvez naturellement face à face avec Dieu et c'est entre vous que ce trésor, Son amour, s'échange. Et alors soit vous êtes converti, vous acceptez Dieu dans votre vie, soit non. » Voilà ce que doit être notre vie. En tant que coopérateurs, nous ne sommes pas simplement censés recueillir des fonds, c'est la dernière chose que nous ayons à faire, ni réunir des choses, mais nous devons témoigner de cette présence du Christ en nous, ce témoignage de Son amour et de Sa compassion.

Rayonner le Christ

Rayonnons la paix de Dieu [et] allumons ainsi Sa lumière pour éteindre dans le monde et dans le cœur de tous les hommes toute haine et tout amour du pouvoir.

*

Nous sommes tous capables du bien et du mal. Nous ne naissons pas mauvais. Tout le monde a quelque chose de bon en lui. Certains le cachent, certains le négligent, mais c'est là. Dieu nous a créés pour aimer et pour être aimés. Dieu n'est pas séparé de l'Église, car Il est partout et en tout, et nous sommes tous Ses enfants – hindous, musulmans ou chrétiens. Quand vous savez à quel point Dieu est amoureux de vous, alors vous ne pouvez que vivre votre vie en rayonnant cet amour. Gardez la joie d'être aimés de Dieu dans votre cœur pour qu'elle soit votre force et partagez cette joie avec d'autres. Je vous garderai dans mes prières.

RÉPANDRE LE RAYONNEMENT

Nous devons *répandre le rayonnement du message de l'Évangile dans le monde entier*. Nous devons d'abord commencer dans notre petit monde – au sein de notre communauté, que nous ne soyons peut-être que trois ou quatre, peu importe le nombre de sœurs. Chacune de nous vient d'un endroit différent et d'un milieu différent. Par cette vie en communauté, nous proclamons cette unité de l'Église, de même qu'en travaillant avec tous les gens, en servant tous les gens, quelles que soient leur religion ou leur race.

Une vie totalement consacrée à Dieu

C'est un privilège pour nous d'avoir été choisies. Il vous a appelées par votre nom, chacune de vous a été appelée par son nom. Vous Lui appartenez d'une manière spéciale. Vous Lui êtes précieuses parce qu'Il vous aime et Il a déversé l'amour dans vos cœurs afin que vous soyez capables de donner cet amour aux autres.

QUELLE EST NOTRE VOCATION ?

Qu'appelons-nous vocation ? Notre vocation est Jésus. Nous le voyons très clairement dans l'Écriture : « Je t'ai appelé par ton nom, tu M'es précieux[1] » ; « Je vous appelle mes amis[2] » ; « les eaux ne te submergeront pas (les eaux, ce sont les tentations), la flamme (les tentations du diable) ne te brûlera pas[3] » ; « Je donnerai des nations pour toi, tu es précieux[4] » ; « Comment une mère oublierait-elle son enfant ? Ou une femme l'enfant dans son sein ? Mais même si une mère pouvait oublier, Je ne t'oublierai jamais, tu M'es précieux ; Je t'ai gravé sur la paume de Ma main[5]. » [...]

1. Isaïe 43, 1 et 4.
2. Jean 15, 15.
3. Isaïe 43, 2.
4. Isaïe 43, 4.
5. Isaïe 49, 15-16.

Pourquoi sommes-nous là ? Nous devons avoir entendu [notre] nom ; Jésus nous a appelées par notre nom.

TOUT LE MONDE A QUELQUE CHOSE

Dieu m'a appelée tout d'abord à être religieuse et ensuite à prêcher le Christ. Le plus grand missionnaire fut le Christ. Donc nous devons faire la même chose. Tout le monde doit dire : « Oui, voilà la très belle vocation que Dieu m'a donnée. Je suis indigne. » Je dois sentir cela. Alors, de cette conviction, découle ma gratitude de vivre en véritable m.c. – par ma façon de parler et de regarder les gens, de les toucher, de leur parler. D'abord les sœurs – je dois respecter l'autre sœur. Elle fait partie de ma vie, elle aussi est une coopératrice du Christ. Pas de parole blessante – je ne blesserais aucune partie de mon corps, donc je ne dois pas non plus blesser ma sœur. Nous devons nous aimer les unes les autres – celle qui est intelligente, celle qui est *boka*[6], celle qui est sainte, celle qui ne l'est pas. « Aimez-vous les uns les autres comme Je vous ai aimés[7]. » [...] Aujourd'hui je dois aimer ma sœur dont le visage, la voix, me sont insupportables. C'est comme cela dans la communauté : il n'y a pas deux nez pareils ; comme nos âmes doivent être différentes ! Certaines ont cinq, d'autres deux, d'autres un seul talent. Tout le monde a quelque chose. N'ayez pas la lâcheté de dire : « Je ne suis bonne à rien. » Je ne dois pas être paresseuse, je dois essayer. Dieu me rendra cela possible.

---

6. *Bornée.*
7. Jean 13, 34.

JÉSUS ME SUFFIT

Nos vœux sont aussi liés à la joie parce que je sais que Dieu prend soin de moi aujourd'hui et chaque jour. Dans l'obéissance, je suis pleine de joie parce que je reconnais la personne du Christ dans ma supérieure. Dans la chasteté, j'imite Marie, la Cause de notre Joie, la Vierge très pure. Mes sœurs, si vous voulez que votre chasteté soit chaste, que votre virginité soit vierge, que votre pureté soit pure, alors soyez comme Marie, la Cause de notre Joie, qui est toute pure. Si vous voulez être une cause de joie pour Dieu, pour la congrégation, pour le Sacré-Cœur, pour Notre-Dame, pour Mère, pour votre communauté, pour vos sœurs et pour les pauvres, alors respectez votre vœu de chasteté. La chasteté implique vérité, sincérité. Mourir, oui, mais ne pas pécher. Si vous faites votre examen de conscience, toutes les tentations contre la charité surviennent lorsque vous êtes triste et de mauvaise humeur. Une sœur de mauvaise humeur est comme une balle entre les mains du diable ; il peut faire d'elle ce qu'il veut. C'est alors que vous sortirez en chercher d'autres pour satisfaire votre faim d'amour. Si vous voulez que votre chasteté soit chaste, alors cultivez cette joie, cette vertu de joie. « Que Ma joie soit en vous[8] », la présence de Dieu, l'union avec Dieu. Rien ne peut me séparer du Christ[9]. Je n'appartiens qu'à Lui. Jésus me suffit.

LA VOCATION FAMILIALE

J'ai eu une famille très heureuse ; et c'était cela, la famille : ensemble, on priait ensemble, c'était le plus important, je

---

8. Jean 15, 11.
9. Romains 8, 35-36 et 39.

pense. Nous avons beaucoup reçu de nos parents parce que les parents s'aimaient et donc nous avons pu apprendre à aimer auprès d'eux. Très simple, je pense, rien de spécial… Nous avons appris à la maison comment aimer les autres parce que nous avons vu nos parents, la façon dont ils aimaient les pauvres, et je pense que j'ai appris d'eux comment aimer les autres. Et, naturellement, il y avait une vie de prière au sein de la famille, une vie de prière pleine de foi et une fidélité à l'Église et aux enseignements du Christ. Et je pense que cela a gardé la famille unie ; puis Dieu a appelé, et alors un sacrifice est toujours nécessaire.

SEULEMENT AIMER JÉSUS

Saint Ignace ne voulait pas écrire de constitution, seulement aimer Jésus. Mais il ne s'était pas rendu compte qu'ils n'étaient pas tous capables de vivre cela. Alors il a rédigé les constitutions avec beaucoup de détails. « Le son de la cloche est la voix de Dieu. » Pour nous, les constitutions sont la volonté de Dieu mise par écrit. C'est une chose vivante. C'est l'expression de la chasteté, l'expression de la pauvreté, l'expression de la vie de prière. Alors s'ensuit l'observance : je sais ce que j'ai à faire dans la vie en communauté [pour vivre] dans la chasteté, dans la pauvreté, dans l'obéissance, dans la charité.

ÉCRIVEZ « AMOUR SANS PARTAGE » PARTOUT

Écrivez ces mots, « amour sans partage », partout (dans votre esprit, dans votre cœur, sur chaque partie de votre être, sur chaque doigt de votre main, partout) afin de ne jamais oublier que vous êtes devenues complètement et pour toujours Siennes. Vous êtes précieuses à Dieu – peut-être pas à l'homme. N'ayez pas peur. « Je t'ai appelé par ton nom – tu es à Moi. Les eaux peuvent te recouvrir, mais tu ne te noieras pas. N'aie pas peur[10]. » Souvenez-vous des paroles de Jésus : « Prends ta croix et suis-Moi[11]. » Un jour, j'ai vu une sœur qui sortait faire son apostolat avec une triste mine, alors je l'ai appelée dans ma chambre et je lui ai demandé : « Que nous a dit Jésus, de porter la Croix devant Lui ou de Le suivre ? » Avec un grand sourire, elle m'a regardée en disant : « De Le suivre. » Alors je lui ai demandé : « Pourquoi essayez-vous de Le devancer ? » Elle a quitté ma chambre avec le sourire. Elle avait compris ce que signifiait suivre Jésus.

On raconte dans les pays slaves l'histoire d'un roi qui était riche et qui devint saint, saint Venceslas[12]. Chaque soir, il sortait accompagné de son serviteur avec des vêtements et de la nourriture pour les pauvres. Un soir, les rues étaient très enneigées et le serviteur avait du mal à marcher parce qu'il s'enfonçait dans la neige. Alors le roi Venceslas lui dit : « Regarde mes pas. » Le serviteur a commencé à suivre dans les traces du roi, dans la neige. Alors qu'il mettait ses pieds dans les pas du roi, il a senti une profonde chaleur se répandre dans son corps et marcher lui est devenu facile. Alors suivons dans les pas de Jésus et nous ne trébucherons jamais.

NI RIEN NI PERSONNE

Ni rien ni personne, c'est la meilleure expression que nous pouvons donner d'un amour sans partage. Dans le contrat de

---

10. Isaïe 43, 1-4.
11. Matthieu 16, 24.
12. Saint Venceslas Ier de Bohème (905-935), saint patron de la République tchèque et de Pologne.

mariage, c'est la même chose : dès l'instant où quelque chose ou quelqu'un arrive, dès cet instant, l'amour est divisé et ce vide doit être comblé. Jésus a dit à l'une des saintes : « Mon amour pour toi n'était pas une plaisanterie. » Qu'affirmons-nous devant le monde entier ? « J'ai choisi d'aimer Dieu d'un amour sans partage. » Ce « ni rien ni personne » rend mon cœur pur, mon cœur vierge, mon cœur libre d'aimer le Christ. Dans le mariage, ce « ni rien ni personne » porte les fruits de cet attachement, c'est-à-dire l'enfant, et nous, ce qui nous attache au Christ, c'est notre quatrième vœu. Mes sœurs, c'est une chose sacrée, sainte, une chose que je ne peux pas simplement rompre comme ça.

RIEN NE ME SÉPARERA DE LUI

Ce vœu, cet amour pour le Christ, est mis en actes vivants par mon service des pauvres, des mourants, des lépreux. J'appartiens à Jésus et rien ne me séparera de Lui. Mes sœurs, une nouvelle fois je dis que les quatre vœux[13] forment ensemble un tout si complet que vous ne pouvez pas en rompre un tout en respectant les autres. Si vous en rompez un, vous rompez les autres. Alors aujourd'hui, faites votre examen de conscience : Quel a été votre attachement au Christ ? Votre union avec le Christ ? Vos yeux sont-ils si purs que vous puissiez voir le Christ face à face ? L'orgueil, la dureté, brouillent la vue ; ma dureté, mon impatience – c'est de l'impureté.

---

13. Pauvreté, chasteté, obéissance et service gratuit et de tout cœur aux plus pauvres des pauvres.

APPARTENIR À JÉSUS

À quoi est-ce que je m'engage? À propos de quoi est-ce que je donne mon vœu à Dieu? [...] C'est un engagement: je m'engage envers Dieu avec un amour sans partage. Je dis à Dieu Tout-Puissant: « Je peux les aimer tous, mais le seul que j'aimerai en particulier, c'est Vous, exclusivement. »

Pour pouvoir aimer Jésus d'un amour sans partage, je *veux* être libre. Je veux ne rien avoir qui m'éloignerait de Lui. Notre vœu de pauvreté nous donne cette liberté. Jésus a pu nous aimer de cette manière: Lui qui était riche S'est fait pauvre par amour pour nous. Nous aussi – même chose. Nous aussi, nous étions riches – peut-être pas riches d'argent, mais nous avions l'amour de notre famille, peut-être une chambre à nous, des vêtements que nous aimions porter.

Si j'appartiens réellement à Jésus, si j'aime réellement Jésus d'un amour sans partage, l'obéissance viendra naturellement. « Il descendit et Il leur était soumis[14]. » Il a accepté la flagellation, les crachats. Si je ne suis pas obéissante, je dois examiner mon cœur. Est-ce que je L'aime vraiment d'un amour sans partage? Et parce que j'aime Jésus, je ne me promène pas pour autant en disant: « J'aime Jésus, j'aime Jésus » – ça, c'est de la folie; mais si je vois un pauvre homme, je l'emmène à Kalighat. Je déverse mon amour sur les pauvres – quatrième vœu. Les vœux sont tous liés au vœu de charité. Je peux pratiquer mon quatrième vœu avec ma sœur. Parce que j'aime Jésus, je déverse mon amour sur ma sœur.

14. Luc 2, 51.

SIGNES DE CONSÉCRATION

Le fait de donner un nom est le signe d'un effacement intérieur de la personne – du fait qu'elle n'existe plus. Comme l'a dit saint Paul : « Ce n'est plus moi qui vis, mais le Christ qui vit en moi[15]. » Paul aussi a changé de nom. Il s'appelait Saul, mais maintenant il est devenu Paul. Pierre aussi a changé de nom.

*

Le fait de couper les cheveux est un autre signe de séparation du monde, du fait que nous sommes consacrées. Les gens dans le monde ne se coupent pas les cheveux. Plus ils sont longs, plus la beauté est éclatante. C'est une création de Dieu pour une femme.

LE SARI BLANC

Au Bengale, nous avons cette coutume [...] : quand le mari meurt, la femme se rase la tête et revêt un sari blanc. Quand j'ai fondé la congrégation, j'ai voulu ce sari blanc pour nos sœurs. Les gens de l'extérieur se disaient entre eux : « J'espère qu'elle ne portera pas de sari blanc parce que les gens penseront qu'elle est veuve. » Nous qui épousons Jésus, nous sommes bien vivantes, et Lui pour nous.

POURQUOI M'A-T-IL APPELÉE ?

À Rome, dans notre maison des novices, nous avons une très grande et belle vigne. [...] [Elle] est étendue et recouvre

15. Galates 2, 20.

tout le patio. J'ai dit aux novices : « Je ne donnerai pas d'instruction aujourd'hui, mais prenez votre Évangile, lisez saint Jean 15 et faites votre méditation. » Elles sont parties, chacune s'est assise sous la vigne et a lu, tâté, touché la vigne, lu l'Évangile encore et encore, levé les yeux vers la vigne. C'est étrange l'effet que cela a produit sur les sœurs. Chacune sentait différemment. Une sœur est venue dire : « Mère, il n'y avait pas une seule grappe sur le pied de vigne, mais toutes les grappes étaient sur les sarments. Les sarments sont chargés de fruits et il est tellement étrange qu'il n'y ait rien sur l'arbre. Vous voyez comme c'est lié à notre vie : nous sommes les sarments et nous devons porter du fruit. » Donc elle m'a donné une instruction. Puisque nous sommes Son amour, nous devons porter les fruits de la compassion, de l'amour et de la sollicitude pour nos sœurs, nos gens avec qui nous travaillons. Une autre novice est venue dire : « Mère, j'ai vu quatre nœuds où les sarments se rattachaient à la vigne et ils m'ont rappelé les quatre vœux, cette unité qu'ils forment aussi dans nos vies. » Chacune est venue partager sa propre expérience et elles se sont rendu compte qu'elles devaient être un beau sarment attaché au Christ dans la vie religieuse et qui porte du fruit.

Faire profession, c'est professer, proclamer que je suis une âme consacrée. Je proclame que j'appartiens à Jésus quand je fais ma profession. Il a donné un appel, c'est un appel personnel. Il ne nous a pas appelées en groupe, pas même en même temps, mais chacune de nous séparément. Il y a des milliers de jeunes filles dans le monde. Pourquoi alors sommes-nous appelées, vous et moi ? Il n'y a pas de réponse. Il est bon pour nous d'examiner devant le Saint Sacrement : Comment m'a-t-Il appelée ? Quand m'a-t-Il appelée ? Pourquoi m'a-t-Il appelée ?

UN AMOUR ÉTERNEL

Quand on y pense, mes sœurs, imaginez que Dieu a été si soucieux de vous, si préoccupé de chacune, qu'Il nous a donné un appel personnel. Il n'a pas envoyé qui que ce soit pour m'appeler, mais Il m'a appelée personnellement. Il a dit : « Je t'ai aimée d'un amour éternel[16]. » Et de penser qu'Il m'a eue en tête de toute éternité. Il y a des milliers de gens dans le monde, mais Il m'a appelée personnellement – moi, de ce pays, de cette ville, de ce village.

DIEU M'A CHOISIE PERSONNELLEMENT

Dieu nous connaît personnellement. C'est dit dans l'Évangile : « Vos cheveux même sont tous comptés[17]. » Je ne sais pas combien j'ai de cheveux, mais Dieu le sait. Il nous a appelées vous et moi, choisies vous et moi, gardées [dans la congrégation] vous et moi en tant que personnes. C'est pour cela que lorsque vous êtes brusques, désagréables, dures avec les sœurs, avec les gens, vous êtes indignes de notre nom. La sœur avec laquelle vous êtes dure a aussi été personnellement appelée par le Christ.

FAIRE PROFESSION D'AIMER

Nous religieuses ne faisons pas profession au sens de « professionnel », mais nous faisons profession de n'aimer que Jésus.

16. Jérémie 31, 3.
17. Matthieu 10, 30 ; Luc 12, 7.

Chasteté : Je Lui appartiens, donc, amour sans partage.

Pauvreté : Liberté. Les richesses peuvent s'interposer entre Lui et moi. Si je suis riche, je ne suis pas pure de cœur, je ne peux pas Le voir. Je ne peux pas Lui appartenir.

Obéissance : Cet abandon. Je Lui appartiens. Il peut Se servir de moi de toutes les manières qu'Il veut.

Service gratuit et de tout cœur aux pauvres : Si quelque chose m'appartient, j'ai plein pouvoir de m'en servir comme je le veux. Voilà ce qu'est appartenir au Christ.

C'est la seule chose qui doit être claire dans notre esprit – cette conviction – deux et deux font quatre. Peu importe qui dit quoi, personne ne peut changer cela pour moi : j'appartiens à Jésus ; Il peut me faire tout ce qu'Il veut. Le travail n'est pas notre vocation. [...] Le travail n'est pas notre vocation. Notre vocation est de Lui appartenir. Nous professons que nous Lui appartenons. Donc, je suis prête à faire n'importe quoi : laver, récurer, etc. ; comme une mère qui donne naissance à un enfant. L'enfant lui appartient. Le fait qu'elle fasse la lessive, qu'elle veille la nuit etc., tout cela prouve que l'enfant lui appartient. Elle ne fera cela pour aucun autre enfant, mais elle fera n'importe quoi pour son propre enfant – même laver le linge sale. Si j'appartiens à Jésus, alors je ferais n'importe quoi pour Jésus.

Aujourd'hui, méditez seulement sur tout cela. Quelle est mon attitude à l'égard de Jésus ? Ai-je un amour vivant pour le Christ ?

TOMBER AMOUREUX DE JÉSUS

Dieu vous a choisies, vous a appelées – chacune de vous – par votre nom. Cela fait partie de Son plan, partie de Sa miséricorde infinie, qu'Il nous ait appelées toutes ensemble, chacune de nous avec nos caractères et nos défauts particuliers. Nous avons besoin les unes des autres.

C'est Lui qui nous a choisies ; nous ne L'avons pas choisi les premières[18]. Mais nous devons répondre en faisant de notre congrégation quelque chose de beau pour Dieu, quelque chose de très beau. Pour cela, nous devons tout donner, notre maximum. Nous devons nous accrocher à Jésus, L'agripper, avoir une prise sur Lui et ne jamais lâcher pour quoi que ce soit. Nous devons tomber amoureuses de Jésus.

Ne soyons pas comme le jeune homme riche de l'Évangile. Jésus l'a vu, l'a aimé et l'a voulu, mais il avait donné son cœur à autre chose : ses richesses. Il était riche, jeune et fort[19]. Jésus ne pouvait pas le remplir. Soyez plutôt comme Zachée. C'était un homme petit (un homme de petite taille) et il se savait petit. Il reconnaissait sa petitesse, alors il a pris un moyen très simple pour voir Jésus : il est monté sur un arbre parce qu'il se savait petit. S'il n'avait pas ouvert son cœur et répondu à Jésus de cette manière simple, Jésus n'aurait pas pu montrer Son amour ; n'aurait pas pu dire : « Descends, Zachée ! Descends[20] ! » C'est là le fondement de tout : « Mettez-vous à mon école, car je suis doux et humble de cœur[21]. » Soyez petites. Quand une sœur vous réprimande, est en colère contre vous, ne vous aime pas, réfléchissez juste une minute : « Suis-je coupable ? » Si oui, dites « pardon » – c'est un beau don à Dieu. Sinon, offrez cela. Il n'y a rien de plus beau que vous puissiez donner. Partagez avec Lui. On L'a traité de tellement de noms, de

18. Jean 15, 16.
19. Luc 18, 18-23.
20. Luc 19, 1-10.
21. Matthieu 11, 29.

Béelzéboul[22], de diable, de menteur, et Il n'a jamais répondu. Il n'a jamais dit un mot – et Il était Fils de Dieu.

Soyez une avec Lui, jointes à Lui, unies à Lui, pour que rien, absolument rien, ne puisse nous séparer de l'amour du Christ. Il m'appartient, je Lui appartiens. Aussi simple que cela. Je dois accepter tout ce qu'Il me donne et donner tout ce qu'Il me prend avec un grand sourire. Pourtant, nous oublions. Nous aimons le lépreux, ce visage et ces mains brisés et défigurés, mais quand notre sœur est orgueilleuse ou impatiente, nous oublions [...], oublions que ce n'est qu'un déguisement désolant, que la personne est réellement Jésus. Nous n'avons pas cet amour sans partage pour le Christ, nous laissons le diable nous berner avec le déguisement désolant. Nous devons être saintes. Nous devons être capables de voir Jésus dans nos sœurs et dans les pauvres.

LES RÈGLES SONT LÀ POUR NOUS ÉLEVER

Les règles ne sont pas là pour nous écraser, mais pour nous élever et nous aider à faire que notre vie soit belle aux yeux de Dieu. C'est pour cela que je les accepte avec amour. Le Christ ne nous oblige pas à Le servir. « Si vous M'aimez, gardez Mes commandements[23]. »

JÉSUS VEUT QUE NOUS SOYONS SAINTES

Jésus veut que nous soyons saintes. La sainteté n'a *rien* d'extraordinaire, et il est encore moins extraordinaire pour une sœur d'être sainte puisqu'elle s'est consacrée à Dieu.

22. Matthieu 12, 24 ; Marc 3, 22.
23. Jean 14, 15.

C'est un état de vie naturel pour une religieuse d'être sainte, car Jésus, mon époux, est saint. L'Évangile dit : « Soyez saints comme votre Père céleste est saint[24]. » [...] Il n'y a rien de spécial pour une professe à être sainte et pure, à prier, à être toute à Dieu, car elle s'est donnée à Dieu. Le vœu est un acte de dévotion, donc la sainteté est un devoir pour nous. Rien d'extraordinaire. Ce n'est pas un luxe. Tout comme une femme mariée prend soin de son mari et de ses enfants, il en va de même pour nous qui sommes mariées au Christ. Si mon cœur entier est complètement donné à Jésus, alors nous devons être saintes. Si *qui que ce soit d'autre* dit quoi que ce soit de contraire, croyez-moi, il cherche à vous tromper. [...] Ne jamais, jamais plaisanter au sujet de la sainteté. La sainteté n'est pas une plaisanterie. J'ai lu dans un livre : « L'amour de Jésus ne fut pas une plaisanterie. » Sa mort sur la Croix ne fut pas une plaisanterie. Il m'aimait et Il S'est livré pour moi[25]. Je L'aime, je me livre à Lui. Alors ne tournons jamais la sainteté en dérision. C'est sottise de notre part de dire : « Je ne suis pas destinée à être sainte. » Je Lui appartiens, je Lui ai consacré ma vie, alors je dois être sainte. Examinez en vous s'il y a ce désir brûlant dans votre cœur. Est-ce que je veux vraiment être sainte ? [...] Demandez à Notre-Dame de vous aider à comprendre comment recevoir Jésus et L'amener aux autres comme elle L'a amené.

LA VIE RELIGIEUSE

C'est un privilège pour nous d'être religieuses. Pourquoi nous et pas les autres ? Très souvent, je me suis dit (j'ai été

---

24. Matthieu 5, 48.
25. Galates 2, 20.

sœur de Lorette pendant vingt ans) et je me disais : « Pourquoi, pourquoi ? Il y a tant de religieuses là-bas, pourquoi Dieu a-t-Il choisi la plus stupide, la plus impuissante, la plus *rien* ? » Alors qu'Il aurait pu choisir quelqu'un – c'est un mystère de Son amour, c'est le privilège. Et plus nous nous rapprocherons de Jésus, plus nous comprendrons ce qu'Il a fait pour nous. Très souvent, nous ne comprenons pas Son amour et nous ne faisons que dire continuellement : « Je Vous aime, je Vous aime », mais très souvent nous devons Lui permettre de nous aimer. Nous devons Lui permettre de goûter notre présence parce qu'Il nous aime et qu'Il est très amoureux de nous et qu'Il veut notre abandon total. Il veut cette confiance aimante, Il veut cette joie de Lui appartenir. Nous n'avons pas été forcées. La veille des vœux perpétuels (cette année, nous avons eu quarante-quatre sœurs qui ont prononcé leurs vœux perpétuels ; nous avons eu quatre-vingt-une novices qui ont prononcé leurs premiers vœux), et la veille de la profession, j'ai dit aux sœurs : « Mes sœurs, si vous sentez que vous ne pouvez pas aimer le Christ d'un amour sans partage, si vous sentez que vous ne pouvez pas vous livrer totalement à l'obéissance, vous êtes venues heureuses, je vous aiderai à rentrer chez vous heureuses, mais ne prononcez pas des vœux, ne dupez pas le Christ. »

Cela a été merveilleux, [...] chacune de nous est allée devant le Saint Sacrement pour examiner ce point : Est-ce que je veux vraiment Lui appartenir totalement ? Et me servir de moyens humains pour vivre cette vie religieuse d'abandon ? Si nous ne nous livrons pas totalement, nous ne pouvons pas faire l'expérience de cette union. Comme mari et femme. Je compare toujours cet amour entre une sœur et le Christ à la vie conjugale. Quand on lit l'Évangile, l'homme et la femme renoncent à tout, ils s'attachent l'un à l'autre[26], et cet attachement est toujours la famille, l'enfant. Le fruit de leur amour, le fruit de leur attachement, c'est cela – cette union. Même chose pour nous. Quand nous prononçons ces vœux, quand nous prononçons le vœu de chasteté, le vœu d'obéissance, nous nous attachons au Christ; Jésus et moi ne faisons plus qu'un et le fruit de cette union est l'œuvre qui nous a été confiée par l'Église; c'est pour cela que nos vies doivent être totalement tissées avec l'Église. Nous ne sommes pas simplement laissées comme cela, nous appartenons à quelque chose; l'Église est appelée notre Mère l'Église, nous devons voir sa tendre sollicitude, nous devons sentir cette présence dans nos vies. Nous ne sommes pas simplement laissées comme cela [...], nous ne devons pas nous sentir seules, parce que nous avons toujours quelqu'un et que ce Quelqu'un est Jésus. [Nous sommes] toujours en Sa présence: Demeurez en Moi [...] et Je demeurerai en vous[27].

Comme je l'ai lu, aucune eau ne vous submergera – quelles que soient les tentations, quelles que soient les difficultés, l'eau ne vous submergera pas; le feu ne vous brûlera pas[28]. Il se peut que des choses terribles arrivent dans le travail, [mais elles] ne vous brûleront pas. Vous Lui êtes précieuses. Nous Lui sommes précieuses, nous oublions cela. Nous pensons que nous ne sommes qu'un numéro dans la congrégation. Nous sommes précieuses à Dieu, Il nous a appelées par notre nom. Nous Lui appartenons réellement corps et âme, et Il doit avoir le droit de Se servir de nous. Ce vœu de chasteté est le plus grand don que Dieu puisse faire

---

26. Genèse 2, 24; Matthieu 19, 4-6; Marc 10, 7-8.
27. Jean 15, 5.
28. Isaïe 43, 2.

à un être humain. Ce vœu d'obéissance – nous n'avons pas à nous inquiéter. Jamais je n'ai eu à obéir aussi aveuglément que ces dernières années, quand j'ai dû partir, tout quitter, m'en aller. J'ai dit au Saint-Père : je suis simplement déchirée. J'aime mes sœurs et je veux être avec mes sœurs ; j'aime les pauvres, je veux être avec les lépreux, je veux être avec les mourants, et devoir aller et venir comme ça... c'est un réel acte d'obéissance aveugle et je sens que c'est cela qui obtient la grâce, cet abandon, cette obéissance au Saint-Père, cette obéissance à l'Église. C'est une chose pour laquelle nous devons toutes prier, dont nous devons ressentir le besoin en tant que religieuse et nous demander : Est-ce que j'appartiens réellement, totalement, librement à Dieu, d'une manière telle qu'Il peut Se servir de moi ?

CONSACRÉES POUR APPARTENIR À JÉSUS

Et où les sœurs trouvent-elles cette joie d'aimer ? En étant fidèles à la vocation, à la consécration que l'Église nous a donnée (elle a accepté que nous soyons consacrées), et en mettant notre consécration en actes vivants, car notre vocation n'est pas de servir les pauvres. Votre vocation n'est pas de prendre soin des malades dans les hôpitaux ni d'enseigner ni... notre vocation est d'appartenir à Jésus avec la conviction que ni rien ni personne ne nous séparera de l'amour du Christ, et c'est pour cela que nous avons besoin de cet abandon complet dans l'obéissance. [...] L'Église nous a fait ce don (d'appartenir à Dieu), nous a acceptées, a accepté notre consécration, accepté nos vies. Alors c'est une chose que nous ne pouvons comprendre que lorsque nous prenons conscience de ce qu'est notre vocation ; et l'œuvre qui nous a été confiée, l'œuvre de notre obéissance, de notre abandon, est notre amour pour Jésus mis en actes vivants, et c'est là que vous et moi devons pouvoir nous mettre face à Jésus et nous livrer complètement à Lui.

L'ORDINATION DES FEMMES

Nous religieuses qui avons totalement consacré nos vies à Dieu, prions aujourd'hui pour nos gens. Grandissons toujours plus dans l'humilité de Marie afin d'être capables d'être saintes comme Jésus et d'aider nos gens à grandir dans cette sainteté. Vous voyez, Notre-Dame était tellement, tellement sainte, tellement pleine de grâce, tellement pleine de Dieu, et pourtant humble servante. Elle a juste [dit] très, très, simplement : « Je suis la servante du Seigneur[29]. »

*

Un jour, des gens sont venus dans notre maison et ils m'ont posé la question de l'ordination des femmes et j'ai dit que personne n'aurait pu être un meilleur prêtre que Notre-Dame et que pourtant elle était seulement restée la servante du Seigneur. Le lendemain matin, je crois que c'était dans tous les journaux : « Mère Teresa dit que les femmes peuvent être de meilleurs prêtres. » Dieu merci, beaucoup de gens sont revenus là-dessus pour essayer de prouver que ce n'était pas ça, que c'était en réalité la joie de proclamer l'humilité de Marie, la beauté et la pureté de Marie. Et c'est tellement vrai, elle a tout donné à Jésus. C'est pourquoi vous, en tant que prêtres, accrochez-vous à elle, aimez-la, elle sera une vraie Mère pour vous. Elle vous aidera, elle vous guidera, elle

---

29. Luc 1, 38.

vous protégera de tant de difficultés, tant de tentations qui nous entourent tous dans le monde d'aujourd'hui.

*

Nous les femmes, nous avons un merveilleux, merveilleux rôle à jouer dans le monde, celui de donner Jésus par notre présence, par notre action, par notre amour ; parce que Dieu a donné quelque chose spécialement à notre cœur : [la capacité] d'aimer et d'être aimées. Alors gardons notre chasteté chaste, gardons notre pureté pure, gardons notre virginité vierge, soyons libres de tout ce qui nous éloignera de Dieu, parce que c'est cela que doit être la pauvreté : une liberté. Pour comprendre les pauvres, nous devons savoir ce qu'est la pauvreté. Nous devons comprendre les pauvres ; pour comprendre leurs souffrances, nous devons savoir.

DEUX GRANDS DONS

La veille de Sa mort, Jésus nous a fait deux grands dons : le don de Lui-même dans l'Eucharistie et le don du sacerdoce pour continuer Sa présence vivante dans l'Eucharistie. Sans prêtres, nous n'avons pas de Jésus. Sans prêtres, nous n'avons pas d'absolution. Sans prêtres, nous ne pouvons pas recevoir la Communion. [...] Il n'y a rien de comparable à la vocation du prêtre. C'est comme remplacer Jésus à l'autel, au confessionnal et dans tous les autres sacrements où il utilise son propre « Je » comme Jésus. Comme le prêtre doit complètement ne faire qu'un avec Jésus pour [que Jésus] Se serve de lui à Sa place, en Son nom, pour dire Ses mots, faire ce qu'Il fait, enlever les péchés et changer du pain et du vin ordinaires en Pain Vivant de Son Corps et de Son Sang. Il n'y a que dans le silence de son cœur qu'il peut entendre la Parole de Dieu et, du trop-plein de son cœur, il peut prononcer ces mots : « Je vous pardonne » et « Ceci est Mon Corps ». Comme la bouche du prêtre doit être pure et comme le cœur d'un prêtre doit être pur pour pouvoir parler, pour prononcer ces mots : « Ceci est Mon Corps », et pour transformer le pain en Jésus Vivant ! Comme la main du prêtre doit être pure, comme la main de Jésus doit être complètement la main du prêtre pour que, à l'intérieur, lorsque le prêtre lève cette main, se trouve le Précieux Sang de Jésus. Un pécheur arrive à la confession couvert de péché, il quitte le confessionnal pécheur sans péché. Oh, comme un prêtre doit être pur, comme il doit être sacré pour enlever le péché et pour dire ces mots : « Je vous pardonne. »

DONNER LA PAIX

J'ai vu cela bien des fois, chez nos gens du foyer pour les mourants lorsqu'ils se sont réconciliés avec Dieu… La dernière fois que j'étais à New York, nous avons un foyer pour le SIDA et il y a eu un appel, un jeune homme téléphonait : « Mère Teresa, je crois que j'ai la maladie. Je vais chez le médecin et s'il dit que je l'ai, je veux venir chez vous, je veux mourir avec vous. » Et j'ai dit : « Oui, vous seriez très bienvenu. » Le lendemain, il a rappelé, il a dit : « Oui, je l'ai. » J'ai dit : « Venez immédiatement, je serai très heureuse de vous avoir. Venez. » Et il est venu. Et cette joie qu'il y avait sur le visage de cet homme parce qu'on voulait de lui, parce qu'il allait pouvoir se réconcilier avec Dieu, parce qu'il allait y avoir un prêtre là-bas pour lui pardonner, pour l'aider à se réconcilier avec Jésus. Il n'est pas resté là deux semaines et nous l'avons préparé à mourir. Et il est mort d'une belle mort, une belle mort. Ce que le prêtre pouvait donner à cet homme... cette joie, cette paix que personne ne peut donner. Il est mort d'une sainte mort tant son cœur était d'une pureté immaculée. Nous avons des choses tout à fait merveilleuses qui se passent dans ces foyers où les gens arrivent face à face avec Dieu, face à face.

DONNER JÉSUS

Jésus S'est fait Pain de Vie pour que nous ayons la vie[30]. Il S'est fait de telle sorte que vous et moi puissions Le recevoir, puissions vivre avec Lui, puissions Le garder dans nos cœurs. C'est pourquoi il est très important que, pendant la journée, nous disions très souvent : « Jésus dans mon cœur, je crois en Votre tendre amour pour moi, je Vous aime », encore et encore. « En union avec toutes les Messes célébrées en ce moment à travers le monde, je Vous offre mon cœur. » Quel merveilleux don de Dieu que le prêtre, mais quelle merveilleuse et grande responsabilité d'apporter, de donner Jésus ! Quand nous sommes allées, quand nous avons eu l'autorisation d'entrer en Russie, un médecin responsable d'un très grand hôpital nous a acceptées, alors nous sommes allées là-bas et il nous a donné trois chambres. Et nous avons commencé le travail là-bas en nettoyant les toilettes – cela a été notre premier travail apostolique. Et nous faisons toutes les humbles petites tâches aux quatre coins de l'hôpital. Et ensuite, le soir, le prêtre est venu apporter [Jésus] et, dans notre petite chapelle, nous avons un petit tabernacle ; nous avons eu la Messe, il nous a donné Jésus et il a changé tout l'état d'esprit ; tout l'hôpital semblait très différent après

---

30. Jean 6, 53-56.

cela. Nous avions la Messe une fois par semaine dans notre petite chapelle et donc, au bout d'une semaine, le médecin est venu me dire : « Mère Teresa, qu'est-ce qui se passe dans mon hôpital ? » J'ai dit : « Je ne sais pas, docteur, quoi, que se passe-t-il ? » Il a répondu : « Je ne sais pas, il se passe quelque chose. Je vois les infirmières et les médecins beaucoup plus gentils, beaucoup plus aimants avec les patients. Je vois que les patients ne hurlent plus de douleur comme avant. Qu'est-ce qui se passe ? Que font les sœurs ? » Alors je l'ai regardé et je lui ai dit : « Docteur, vous savez ce qui se passe ? Jésus est dans cette maison maintenant. Là, dans cette petite chapelle, Il est vivant, Il est aimant, Il est là, Il est la cause, Il est l'artisan, Il est Celui qui donne cette joie, cette paix, cet amour. » Alors il a juste secoué la tête : « Merci. » Et c'était merveilleux de sentir cette présence de Jésus dans cet hôpital ; après soixante-dix ans, cette présence se faisait ressentir. Tout le monde savait que Quelqu'un était là grâce à ce prêtre qui nous donnait Jésus. Et cela a produit cet immense changement dans ce lieu.

LE SACERDOCE

Je prierai pour vous, pour ces résolutions que vous avez prises ici, de grandir dans une vivante réalité de sainteté avec Marie, pour que vous puissiez être fidèles à votre parole. Donnez votre parole d'honneur à Dieu que vous serez un prêtre selon le cœur de Jésus. Et je prierai pour tous les gens qui entreront en contact avec vous, afin qu'en levant les yeux, ils ne voient que Jésus en vous. Et pour que quoi que vous fassiez (pas seulement en mots peut-être, puisque vous devez dire la Parole de Dieu), mais que par votre présence, votre façon de toucher les gens, votre façon de donner les sacrements – [...] cette tendresse et cet amour en confession pendant des heures et des heures... [c'est] très difficile, mais c'est [comme cela que] Jésus a passé les heures de Son agonie et c'est à votre tour maintenant. C'est pour cela que vous êtes un autre Christ. Demandons à Notre-Dame de manière spéciale aujourd'hui et promettons-lui d'aimer son Fils, de Lui consacrer totalement notre vie pour qu'Il S'en serve. Demandez-lui que Jésus puisse Se servir de vous sans vous consulter, sans [demander] – même si vous ne savez pas pourquoi – mais qu'Il puisse Se servir de vous parce que vous Lui appartenez. Vous êtes Siens et seulement Siens. Et que la prière du cardinal Newman vive en vous et à travers vous parmi les gens que vous servez.

La pauvreté est liberté

Si vous voulez devenir saints, devenez pauvres. Jésus S'est fait pauvre pour nous sauver et si nous voulons réellement devenir pauvres, comme le Christ, alors nous devons être réellement pauvres, spirituellement pauvres.

VALISES ET CHAUSSURES

[Parfois quand je voyage] je [transporte mes affaires dans] un carton et les gens proposent de me donner des valises. Je dis : « Ça ne m'embarrasse pas. » Il n'y aurait rien de mal à ce que j'aie une valise, mais je choisis de ne pas avoir de valise. C'est de cela qu'il s'agit. Vous devez avoir le courage de choisir, même avec votre supérieure. Une autre fois, quelqu'un [voulant remplacer mes vieilles chaussures usées] m'a dit : « Mère, je vous donnerai trois cents dollars, donnez-moi les chaussures. – Trois cents dollars ? Donnez-moi les dollars [pour les pauvres], mais je garderai les chaussures. »

LES STYLOS-PLUMES

Je me souviens de mon frère avant sa mort. Il ne m'avait jamais rien donné. Je ne lui avais jamais rien donné. Cette fois-là, je ne sais pas ce qui s'est passé, il est allé acheter un très beau stylo et il voulait que je sois la seule à m'en servir. Sans exagérer, [à] ce moment-là une dame est entrée avec deux stylos-plumes et elle me les a donnés sans condition. Je n'ai pas pris le stylo donné par mon frère parce il l'avait donné pour mon usage personnel, mais j'ai pris les stylos que [la] dame m'avait donnés pour les pauvres. Je ne peux pas vous dire la joie qui s'est lue sur le visage de mon frère. Il était fier de moi, sachant que, dans les deux semaines, il allait mourir. Nos gens attendent de nous que nous soyons fidèles à nos vœux. Nous devons être libres. [Sinon], vous ne pouvez pas lever les yeux et regarder les plus pauvres des pauvres en face. Saint Ignace a une belle expression : « Aimer la pauvreté comme une mère. »

IMITATION DU CHRIST

Il ne suffit pas que nous pratiquions le vœu de pauvreté ; nous devons nous efforcer d'acquérir le véritable esprit de pauvreté qui se manifeste dans un amour pour la pratique de la vertu de pauvreté à l'imitation du Christ, à l'imitation de Celui qui l'a choisie comme compagne de Sa vie terrestre quand Il est venu vivre au milieu de nous. Le Christ n'avait pas à mener cette vie de pauvreté, Il l'a menée pour accomplir notre rédemption, et pourtant Il a choisi d'être pauvre et d'aimer les pauvres. Ainsi Il nous a enseigné combien la pauvreté est importante pour nous dans l'œuvre de notre sanctification.

LA PAUVRETÉ DE JÉSUS

Quand [Jésus] est né, Il était si démuni, si petit. Il aurait pu naître dans un palais, dans [une] vie de famille ordinaire, mais Il est né dans une étable[1]. Il n'y avait pas de fenêtres, pas d'air ;

1. Luc 2, 7.

Il était avec les animaux. La foi de Marie a dû être tellement forte pour accepter. Jésus était le Fils de Dieu. Ensuite Il a dû porter la Bonne Nouvelle aux pauvres[2]. Quelle est cette Bonne Nouvelle ? Que Dieu nous aime et que nous devrions nous aimer les uns les autres comme Il nous aime. Donc la pauvreté a beaucoup à voir avec la charité. Avant, les gens avaient peur de Dieu. Quand nous lisons certains des psaumes, nous voyons combien les gens avaient la terreur de Dieu. Ensuite Jésus est venu, plein de douceur ; n'importe qui aurait pu Le détruire. Il était si pauvre.

LA PAUVRETÉ DU CHRIST

Aux yeux de Dieu, même le plus riche des hommes est un objet de pauvreté. Maintenant, tournez la page : voilà le m.c. Peut-être que nous avions tout ce que l'argent peut acheter, mais nous avons quitté toutes ces choses. C'est notre choix d'avoir des privations et toutes les difficultés qui découlent de notre pauvreté. Alors pourquoi résistons-nous aux grâces qui découlent de notre pauvreté ? Si le Christ, le Saint-Père et les gens regardaient notre pauvreté, que diraient-ils ? « N'est-il pas le charpentier de Nazareth[3] ? » La pauvreté doit être une réalité vivante. Je dois la vouloir, et chaque fois que je fais cela, je choisis avec le Christ ; et parce que je la veux, je [l']aime. La connaissance conduit à l'amour. Aimons-nous la pauvreté dans le sens où elle nous est donnée ? La pauvreté volontaire ne consiste pas à demander la permission d'utiliser les choses, mais [à être] véritablement pauvre en esprit et à choisir la pauvreté du Christ.

2. Isaïe 61, 1 ; Matthieu 11, 5 ; Luc 4, 18 ; 7, 22.
3. Matthieu 13, 55 ; Marc 6, 3.

Le Christ, qui était riche, S'est anéanti Lui-même[4]. C'est là que réside la contradiction. Si je veux être pauvre comme le Christ, qui S'est fait pauvre alors même qu'Il était riche (Il a renoncé, Il a donné), je dois faire la même chose. Les gens d'aujourd'hui veulent être pauvres et vivre avec les pauvres, mais ils veulent être libres de disposer d'objets qui ont une valeur vénale. Ce sont des richesses. Ils veulent les deux et on ne peut pas avoir les deux. C'est une autre sorte de contradiction.

Qu'est-ce que pratiquer la vertu de pauvreté ? C'est cette vertu qui nous fait aimer d'imiter la vie de pauvreté que le Christ S'est choisie. Pour cette raison, nous sommes encouragées à nous réjouir lorsque notre vie religieuse nous donne l'occasion de pratiquer la véritable pauvreté. La vertu de pauvreté nous conduira à nous donner du mal pour prendre soin de tout ce qui nous est donné pour notre usage, personnel ou commun, par la congrégation. Saint Ignace nous dit d'aimer la pauvreté comme nous aimons notre propre mère – aussi tendrement et aussi intensément.

LE VŒU DE PAUVRETÉ

Nous prononçons un vœu de pauvreté par amour de Dieu, pas sous la contrainte. Je renonce pour l'amour de Dieu à tout ce qui m'appartient et qui a une valeur vénale. Je ne peux pas garder, donner ou détruire sans permission. Je dois prendre soin des choses qui me sont remises. Ce n'est pas *mon* sari – il est seulement donné pour mon usage pendant un certain temps. La supérieure a le droit de tout me prendre. Elle ne le fait pas, mais elle en a le droit. Je

4. 2 Corinthiens 8, 9 ; Philippiens 2, 6-7.

renonce à ma liberté de me servir des choses à ma guise, par pur amour de Dieu. Je dois demander la permission. C'est folie de récriminer quand on ne nous donne pas de belles choses. Parfois les sœurs récriminent quand on ne leur donne pas de la bonne nourriture ou qu'elle n'est pas servie correctement. Nous avons voulu être pauvres, alors nous mangeons cette nourriture – le boulgour etc. Nous devons être heureuses d'être pauvres. Naturellement, nous n'apprécions pas cela. Nous voulons l'apprécier, mais c'est difficile. Mais surnaturellement, nous l'apprécions.

Nous devons aimer notre pauvreté. Nous devons être heureuses d'être pauvres, de ne pas avoir de choses, d'avoir les pires choses de la maison. Par amour de Dieu, nous avons renoncé à tout. Dieu a fait de belles choses – nous y avons renoncé. Certaines sœurs, dans d'autres congrégations, m'ont dit qu'elles Se servent de jolies choses pour donner à d'autres la possibilité de gagner de l'argent. Mais pour nous, cela ne convient pas. Pour les sœurs de Lorette, ça n'est pas un problème d'avoir des choses comme ça, ou pour d'autres d'avoir de beaux hôpitaux. Elles ne peuvent pas travailler comme à Nirmal Hriday. Elles ont besoin de ces choses. Mais nous devons vivre d'une autre façon. Autrement, nous ne pouvons pas comprendre les gens. Aujourd'hui, dans les bidonvilles, je peux dire que nous avons les mêmes choses qu'eux pour manger et pour nous habiller. Nous n'avons pas de ventilateur – nous pourrions –, nous ne voulons pas. Alors nous pouvons ressentir ce que ressentent les pauvres. Pourquoi notre pauvreté est-elle si stricte ? Nous ne pouvons pas servir les pauvres si nous ne les aimons pas. Je les aime et je veux leur donner mon amour. Nous nous privons pour l'amour de Dieu. Je le veux, personne ne m'a forcée. À chaque fois que je dis : « Je le veux », je le dis et je le fais pour l'amour de Dieu. Je grandis dans cet amour depuis le moment où je suis aspirante et postulante, novice, jeune professe, jusqu'aux vœux perpétuels et [jusqu'à] ma mort.

La pauvreté implique aussi de demander la permission, de prendre soin des choses, de repriser les vêtements correctement. Mère et nous, nous avons toutes le même privilège de vivre pleinement la vie de pauvreté. Je veux vivre la vie de Nazareth pour pouvoir aimer la pauvreté par amour de Jésus. Accrochez-vous à la pauvreté : c'est la meilleure façon de montrer l'amour de Dieu. Les jésuites à Rome ont dit pendant le chapitre : « Nous devons abaisser la congrégation jusqu'aux plus pauvres des pauvres. » La pauvreté est un privilège. Nos sœurs au Venezuela ont été heureuses de donner les jolies choses qu'elles avaient au début. Nous devons aimer la pauvreté.

LE COURAGE DE NE PAS AVOIR

Je peux avoir, mais je choisis de ne pas avoir et ce choix de « ne pas avoir » exige beaucoup de courage, parce que nous aimons tous avoir. Plus nous serons amoureuses de Jésus, plus nous aimerons la pauvreté et plus nous aimerons la pauvreté, plus nous connaîtrons cette liberté, cette liberté du cœur et de toutes les choses aussi. Dans notre congrégation, la pauvreté demande quelque chose de plus, le don total de soi aux plus pauvres des pauvres : les indésirables, les mal-aimés et les négligés ; être libre de toutes les choses matérielles qui nous tiendraient éloignées de la joie d'aimer Jésus. [...] Plus vous serez libres, plus vous serez semblables au Christ et plus vous serez semblables au Christ, plus vous serez aimantes. La pauvreté est un don de Dieu. Si vous étudiez la vie de Notre-Dame, vous le verrez, et dans la vie de Jésus aussi, vous le verrez. Lui qui était Fils de Dieu, né dans la pauvreté. Il aurait pu avoir un palais, mais Il a choisi de naître dans un endroit pauvre. La pauvreté a beaucoup d'attrait pour le ciel, alors demandons à Notre-Dame de nous éclairer sur cela.

PRATIQUER LA PAUVRETÉ DU CHRIST

Nous pratiquons la vertu de pauvreté quand nous reprisons nos vêtements à temps et d'aussi belle manière que possible. Circuler en habit et sari déchiré n'est certainement pas le signe de la vertu de pauvreté, car, souvenez-vous, nous ne professons pas la pauvreté des mendiants, mais la pauvreté du Christ. Souvenons-nous aussi que notre corps est le temple de l'Esprit Saint et que, pour cette raison, nous devons toujours le respecter avec des vêtements soigneusement reprisés. Jamais nous n'aurions l'idée d'utiliser un tissu sale, déchiré, comme voile de tabernacle pour couvrir la porte de la demeure que le Christ S'est choisie sur terre depuis qu'Il est monté au ciel. De la même manière, nous ne devrions jamais couvrir le temple de l'Esprit Saint (c'est-à-dire notre corps) avec des vêtements déchirés, sales, négligés. [...] Il n'est pas honteux de porter des vêtements rapiécés. On dit de saint François d'Assise que, lorsqu'il est mort, son habit, celui qu'il portait tous les jours, avait quarante pièces. Le tissu original n'était plus là.

TENTÉES PAR DE PETITES CHOSES

L'argent est un danger – il peut faire de si grands dégâts et être la cause de souffrances. C'est une arme dangereuse dans les mains du diable. Mon amour de la pauvreté disparaît. Libérons-nous. Soyez très strictes avec vous-mêmes. Le diable ne viendra jamais vous dire de faire quelque chose qu'il vous est interdit de faire. [...] Donnez cet exemple à vos sœurs – pas la vie stricte d'un esclave... mais j'ai donné ma parole à Dieu. [...] Aucune de nous n'est à l'abri au point de pouvoir jouer avec le feu. Le diable n'essaiera jamais de vous tenter avec quelque chose de grand, mais avec une petite chose. Si le diable devait recevoir un prix Nobel, ce serait un prix de patience.

UNE VEILLE CONSTANTE

Il y a une autre sorte de pauvreté, qu'on appelle pauvreté spirituelle : accepter d'être là où vous êtes, de faire ce qu'on vous dit de faire, parfois avec des gens qui sont très agréables, parfois avec des gens qui sont désagréables, qui n'ont peut-être pas la même culture, les mêmes idées, et être capables d'être tout amour avec ce genre de personnes. Je crois que c'est une grande pratique de pauvreté. Et, dans nos congrégations, je pense que nous avons de plus en plus besoin de cela, dans toutes nos congrégations – cette liberté complète qui nous fait dire tout le temps : « Puis-je ? »

Nous commençons à oublier ce petit mot[5], mais ce petit mot change tout à notre pauvreté : nous ne possédons rien et, en ne possédant rien, en fait nous possédons tout puisque nous possédons le Christ. Et pour nous toutes, pour vous et aussi pour notre congrégation, nous avons besoin de cette veille constante pour que les richesses du monde ne nous étouffent pas. C'est ce que je ressens aux États-Unis. C'est-à-dire, en Inde, il nous est plus facile de pratiquer la pauvreté, beaucoup

5. Référence à la formule qui accompagne les demandes de permission chez les m.c. : « S'il vous plaît, puis-je... ? »

plus facile, mais pour vous qui avez tant, je trouve cela très difficile, cela doit être très difficile pour vous. Pour nous, ça ne l'est pas parce que nous n'avons même pas ces choses qui sont là, mais vous, quand vous êtes entourées de tant choses, avoir le courage de dire : « C'est là, mais je ne m'en sers pas… »

PAUVRETÉ ET CHOIX

Quelqu'un m'a demandé : « Quand la pauvreté de l'Inde sera-t-elle abolie ? » Et j'ai dit : « Quand vous et moi commencerons à partager avec eux. » C'est une joie de pouvoir partager avec vous ce que j'ai et je ne peux pas le garder pour moi, je dois le donner à mon frère, à ma sœur qui n'a pas, et ce partage apporte paix, joie, amour. Même l'avortement est une grande pauvreté parce que les gens ont peur de l'enfant, ils ont peur d'avoir à nourrir un enfant de plus et d'avoir un enfant de plus, [donc] l'enfant doit mourir. Et donc, c'est de la peur. Une autre forme de pauvreté que nous voyons beaucoup en Occident : nous avons la pauvreté matérielle que doivent souffrir nos gens en Inde et en Afrique, mais en Occident et autre et dans les pays américains, vous avez la pauvreté du cœur, la pauvreté de l'esprit, [les gens sont] trop entravés, et ils sont entourés de choses qui les affament [spirituellement]. […] Il y a une bien plus grande avidité de pouvoir, de choses [en Occident] : il me faut encore une chose de plus, et encore une chose, et encore une chose – comme ça. Et pour les avoir, il faut renoncer à quelque chose, alors ils renoncent à l'enfant.

NE PERDEZ PAS VOTRE LIBERTÉ

Un monsieur, un homme riche, est venu à Shishu Bhavan en disant qu'il donnerait tout ce que les sœurs demanderaient. Il voulait donner un groupe électrogène. Cela coûte des milliers. Je lui ai dit : « Non. » Aujourd'hui un groupe électrogène, demain une machine à laver. Vous devez avoir le courage de refuser ce qui n'est pas pour nous. Dans la maison mère, très souvent le courant est coupé et les sœurs ont beaucoup de mal à étudier. Elles sortent sur la terrasse etc. Alors un monsieur très riche a proposé de nous donner un groupe électrogène pour que, même s'il n'y a pas de courant, nous puissions avoir de la lumière. Je lui ai dit : « Merci. Nous n'en avons pas besoin. » Ne vous méprenez pas sur ce que je dis, mes sœurs. Il n'y a rien de mal à avoir cela, mais je dois choisir de ne pas avoir. [...] Je lui ai dit de le donner aux Petites Sœurs des Pauvres parce qu'elles ont un très grand foyer et que les vieilles personnes pourraient tomber dans cette brusque obscurité. Alors il leur a donné.

Au bout de deux semaines, cet homme est revenu me voir et m'a dit : « Mère, du fait que vous m'ayez dit non, ma vie a complètement changé. Avant, je pensais toujours à la façon d'obtenir de plus en plus d'argent, mais maintenant je veux donner. » Alors il nous a donné des lampes à pétrole.

Mes sœurs, nous devons être convaincues et nous en tenir aux moyens les plus humbles. [...] Toutes ces choses entourent les sœurs et elles ont perdu la joie et la simplicité de la pauvreté. Elles sont ligotées si étroitement par toutes ces choses qu'elles ne peuvent plus bouger. Il me faut tout avoir. Encore, encore, encore, de plus en plus. [...] Vous perdrez la liberté de la pauvreté. Si vous recherchez l'affection de chacun, ça aussi, ce sont des richesses. Vous devez être libres et convaincues que vous appartenez à Jésus.

C'est si beau d'être libre ; autrement, je me sens étouffée.

Un amour sans partage

Pour moi, la chasteté n'est pas seulement l'absence de mariage, mais un amour sans partage.

UN CŒUR PUR

Si vous êtes tout à Jésus, Il fera de grandes choses. Comment ? Parce que si votre cœur est pur, Dieu viendra y demeurer parce qu'Il est très attiré par les cœurs purs. J'ai lu l'autre jour que Dieu avait été comme « forcé », que Jésus était « impatient » de descendre en Marie tant sa pureté était belle. Alors demandez à Marie de vous enseigner à être pures pour que Jésus puisse venir dans votre cœur et vous rendre saintes.

LE MONDE D'AUJOURD'HUI

Dans le monde d'aujourd'hui, la chasteté est la vertu la plus attaquée. Il est bon de prendre des précautions. Mère a dit à des jeunes couples que le meilleur don qu'ils pouvaient se faire l'un à l'autre le jour de leur mariage est un cœur pur, un corps pur et un corps vierge.

RUSER AVEC LE DIABLE

En tant que femmes, nous sommes créées avec ce pouvoir d'aimer. Nous le donnons à Jésus, ce pouvoir d'être réellement amoureuses de Lui. Les pensées impures, les imaginations néfastes et les désirs mauvais, répondez-leur par un : « Je ne veux pas. » Tenez-en votre volonté éloignée. J'ai appris une ruse très facile avec le diable : « Je suis vraiment désolée, mais je suis très occupée en ce moment. »

FEMMES CONSACRÉES ET AMOUR

Pour pouvoir devenir des femmes vraiment consacrées, nous devons tomber de plus en plus amoureuses de Jésus. L'aimer de toutes les forces du corps et de l'âme. Qu'il ne soit pas dit qu'une femme dans le monde aime mieux son mari que nous n'aimons Jésus. C'est notre droit et notre privilège, car en tant que femmes nous avons été créées pour aimer et être aimées. Plus une âme est tenue étroitement captive par l'amour, plus elle s'identifie avec toute l'humanité, car l'amour la fait entrer dans toutes les souffrances, où que des âmes doivent être sauvées. En tant que missionnaires et femmes consacrées, nous devons donner à l'amour la première place dans nos vies. Nos vœux, notre apostolat, notre vie en communauté, tous sont le fruit de notre union d'amour avec Jésus.

LE VŒU

Le vœu de chasteté n'est pas simplement une liste d'interdictions, c'est de l'amour. [...] C'est [le vœu] de prendre et de donner : je me donne à Dieu et je reçois Dieu. Dieu devient mien et je deviens Sienne. C'est pourquoi je Lui deviens complètement dévouée par mon vœu de chasteté.

FIDÉLITÉ

À Rome, une femme m'a raconté son histoire. Le jour où elle est sortie de l'église, mariée, elle est tombée amoureuse d'un autre homme. Pendant vingt-six ans, elle a vécu avec cet amour pour cet homme. « Mais j'ai donné ma parole à cet homme [mon mari] et, par fidélité à Dieu et à l'homme à qui j'ai donné ma parole, j'ai dû lui dire non [à l'autre]. Chaque journée a réellement été une crucifixion. Chaque fois qu'il vient à Rome : Non. Alors que je n'ai aucun amour pour l'homme que j'ai épousé. » Cette femme disait : « La mort, oui ; le péché, non. » Vingt-cinq [ans] fois trois cent soixante-cinq [jours] fois soixante minutes ! Je parle là d'une chrétienne. Voilà, elle aime son mari d'un amour sans partage. J'ai donné mes vœux à Dieu et seule la mort peut séparer. Voilà la chasteté.

REFUS DE LA VIE CONJUGALE

Par le vœu de chasteté, je me prive du mariage, d'avoir un foyer et de fonder une famille, pour l'amour de Dieu[1]. Nous catholiques, nous le comprenons facilement, mais les non-catholiques ne comprennent pas qu'une femme puisse vivre sans se marier. Pour eux, c'est tout à fait contre-nature et pourtant ils admirent cela ; ils ne comprennent pas ce qui nous fait renoncer à ce droit.

Par le vœu de charité, je ne renonce pas seulement au mariage, je consacre aussi à Dieu le libre usage de mes actes intérieurs et extérieurs, de mes affections. Je ne peux pas, en conscience, aimer une créature avec l'amour d'une femme

1. Matthieu 19, 12.

pour un homme. Je n'ai plus le droit de donner cette affection à aucune autre créature, mais seulement à Dieu. [...] Pour qu'une amitié soit néfaste, il faut que ce soit quelque chose que nous enlevons à Dieu pour le donner aux créatures. Tant que je n'enlève rien à Dieu, cela va. À la minute où j'enfreins une règle pour cette amitié, j'enlève à Dieu, donc elle est néfaste.

Alors quoi ? Devons-nous être des pierres, des êtres humains sans cœur ? Dire simplement : « Cela m'est égal ; pour moi, tous les êtres humains sont pareils. » Non, pas du tout. Nous devons nous garder telles que nous sommes, mais tout garder pour Dieu, à qui nous avons consacré tous nos actes externes et internes. C'est là que réside la pleine signification de toutes les règles qui concernent le toucher, les baisers, les regards, etc. Ne dites pas : « Jamais de ma vie je n'aimerai une sœur. » Notre Seigneur, au moment de mourir, pensa à Sa mère[2], c'est là la preuve qu'Il fut humain jusqu'au bout. Donc, si vous avez une nature aimante, gardez-la et servez-vous-en pour Dieu ; si vous avez un tempérament souriant, gardez-le et servez-vous-en pour Dieu.

Écoutez bien : tant que vous connaissez votre faiblesse, vous êtes à l'abri. Ceux qui sont enclins à des amitiés particulières ne veulent jamais le reconnaître. Pour la paix de l'esprit, apprenez à mesurer vos affections. Est-ce que j'enfreins une règle pour cette sœur, cet enfant ? Non. Parfait. Mais vous devez être sincères. Dans ce cas, peu importe ce que quiconque vous dira. Mais si votre conscience dit « *oui* », alors vous devez prendre un couteau et trancher[3], car cela vous met au danger. Et alors vous ne

2. Jean 19, 25-27.
3. Matthieu 5, 27-30 ; 18, 8-9 ; Marc 9, 43-46.

grandirez jamais jusqu'à devenir une sœur amoureuse de Dieu, qui aime tout le monde parce qu'elle aime Dieu dans chaque âme. N'ayez pas peur d'aimer vos sœurs d'un amour profond et sincère. Très souvent, Mère se demande qui elle aime le plus : Jésus ou les sœurs ? C'est une question absurde, car c'est Jésus dans et à travers les sœurs que Mère aime.

LA LIBERTÉ D'AIMER TOUT LE MONDE

Les gens dans le monde pensent que le vœu de chasteté nous rend inhumaines, nous rend semblables à des pierres, dépourvues de sentiments. Chacune de nous peut leur dire que ce n'est pas vrai. C'est le vœu de chasteté qui nous donne la liberté d'aimer tout le monde au lieu de devenir la mère de trois ou quatre enfants. Une femme mariée ne peut aimer qu'un seul homme ; nous pouvons aimer le monde entier en Dieu. Le vœu de chasteté ne nous diminue pas, il nous fait vivre pleinement s'il est observé correctement et que nous ne nous limitons pas aux interdictions. Le vœu de chasteté n'est pas simplement une liste d'interdictions ; c'est de l'amour. C'est pourquoi nous pouvons regarder tout le monde en disant : « Je les aime tous. » Dans nos constitutions, nous lisons que nous devons nous aimer les unes les autres d'un amour intense. Nous pouvons faire cela parce que nous aimons Dieu. C'est donner et prendre : je me donne à Dieu et je reçois Dieu. Dieu devient mien et je deviens Sienne. C'est pourquoi je Lui deviens complètement dévouée par le vœu de chasteté. Et lorsque nous nous abaissons à des pensées sales, nous jetons des pierres précieuses pour ramasser de la boue. Dans notre vie spirituelle, nous avons Dieu Tout-Puissant, incommensurable, et pourtant nous nous abaissons jusqu'à une créature. Il est inconcevable que nous nous détournions du Dieu Tout-Puissant pour nous préoccuper d'une créature, aussi bonne que puisse être cette créature. C'est comme un petit enfant qui se détournerait des bonbons pour manger du plâtre ou même de la boue. Nous devons nous regarder franchement parce que cette envie maladive de nous abaisser vers la « boue » se trouve en chacun de nous ; mais certains [en] mangent et d'autres s'en détournent.

PETITES MAIS DANGEREUSES

Est-il possible à la religieuse de briser le foyer qu'elle forme avec le Christ ? Oui. Et comment ? Par de très petites infidélités. Exactement comme un bidon d'huile se vide à cause d'une fuite. Souvenez-vous que nous ne serons jamais tentées directement sur de grosses choses. Ce sont de petites infractions qui nous tenteront. Il y a deux ans, il y a eu un très gros incendie qui a commencé avec une allumette. Cette toute petite quantité de matière destructible au bout d'une allumette a provoqué des dégâts immenses. Cette petite allumette est la petite tentation d'enfreindre les différents points de notre règle. Ils peuvent sembler tellement insignifiants et pourtant, comme l'allumette, ils peuvent provoquer des dégâts immenses dans l'âme ! Rompre le silence, donner sans permission, ne pas prendre la peine de préparer notre classe, etc. Ce sont ces petites infractions qui sont très dangereuses. Si nous n'aimons pas Dieu réellement et si nous ne Lui sommes pas réellement et pleinement dévouées, cette petite infraction nous détournera finalement de l'intimité avec Dieu.

« JE NE SUIS PAS CE QUE MES SENTIMENTS FONT DE MOI »

Ne pensez pas qu'il nous suffise de nous livrer à Dieu une fois pour toutes. Si nous ne pratiquons pas un contrôle quotidien de nous-mêmes, une abnégation quotidienne de nous-mêmes, nous deviendrons des boules de nerfs. Jésus a grandi en âge et en sagesse devant Dieu et les hommes[4]. Nous devons nous aussi grandir de cette manière. Nos supérieures sont là pour nous aider à couper et arracher ce qui est néfaste pour notre vie spirituelle. C'est absurde de montrer de l'irritation quand on vous corrige. Et cela n'a pas de sens d'entrer dans une congrégation religieuse si vous ne voulez pas être saintes. Nous devons surveiller nos humeurs de très près et les maîtriser dès le tout début. Quand nous nous apercevons que nous sommes enclines à être de mauvaise humeur et hystériques, surveillons, surveillons, surveillons. Les femmes sont enclines à cela – nous vivons en fonction de nos sentiments, mais en tant que religieuses nous ne pouvons pas faire cela. Si je suis très fervente aujourd'hui, ne pensez pas que je suis fervente ; je ne suis pas ce que mes sentiments font de moi, je suis ce que je suis devant Dieu. Je vous en supplie, mes sœurs, surveillez-vous bien au début. Soyez sévères avec vous-même maintenant plutôt qu'ensuite, quand ce sera tellement plus difficile. Que je sois encline à être entraînée vers le bas, ce n'est pas grave, mais je ne dois pas céder à cette inclination.

« Seigneur, ne permettez pas à mes sentiments de gâcher la belle œuvre que vous avez commencée dans mon âme. » Toute cette mauvaise humeur n'est rien d'autre qu'une forme d'égoïsme. La vérité n'est rien d'autre que l'humilité

---

4. Luc 2, 52.

et, lorsque nous sommes humbles, nous sommes saintes. Aidez-vous à devenir équilibrées. Faites vôtre cette conviction que vous aimez Dieu et que c'est parce que vous L'aimez que vous êtes ici.

LE MARIAGE

Lors des premières Journées Mondiales de la Jeunesse, alors que tous les jeunes anglophones étaient rassemblés dans l'église Sainte-Sabine, Mère Teresa s'apprêtait à leur parler, lorsque d'un seul coup les portes de la basilique se sont ouvertes et que toute une noce est entrée. Les gens qui programmaient les activités de la basilique avaient commis une erreur et ils avaient permis qu'un mariage soit programmé à l'heure même où Mère Teresa devait prendre la parole. Alors, quand nous avons démêlé quel était le problème, Mère Teresa a dit : « Bien, allons-y, faisons ce mariage. C'est d'accord. » Et alors les jeunes se sont écartés et ont formé une allée pour laisser passer la noce ; le mariage a eu lieu et Mère Teresa a passé son temps en prière dans un des renfoncements, un autel sur le côté. C'était une chose phénoménale et cela montrait à quel point Mère était humaine. Elle a accueilli la mariée et le marié, elle a été très bonne avec eux, elle les a bénis et cela a fait très plaisir à tout le monde ; il n'a fallu que quelques minutes pour célébrer le mariage et ensuite elle a parlé à tous les jeunes qui étaient là et ils lui ont vraiment fait un triomphe tant ils applaudissaient et approuvaient Mère et ce qu'elle avait dit[5].

La nudité n'est pas seulement le manque d'un morceau de tissu, la nudité, c'est la perte de la dignité humaine, la perte

---

5. Témoignage d'un des organisateurs du rassemblement.

de cette belle vertu, la pureté – elle est si maltraitée aujourd'hui. Vous le voyez dans les rues, dans ces grandes villes, vous voyez qu'on s'aime, qu'on s'embrasse, qu'on s'enlace dans les rues. Vous voyez nos foyers peuplés de mères célibataires. Comment? Pourquoi? [...] Prenons, jeunes gens, prenons une ferme résolution aujourd'hui devant l'autel de Dieu, devant Notre-Dame, de garder notre pureté pure, de garder notre chasteté chaste, de garder notre virginité vierge. Et le plus grand don que vous puissiez vous faire l'un à l'autre le jour où vous vous marierez ou le jour où vous entrerez dans le sacerdoce ou la vie religieuse: un cœur vierge, un corps vierge. Comme c'est merveilleux de voir cette grandeur, cette ressemblance à Marie, alors nous avons besoin d'elle. Prions-la en lui demandant d'obtenir pour nous cette grande grâce de la pureté et, pendant ces journées où vous êtes là avec le Saint-Père au cœur de l'Église, demandez et prenez la résolution que notre pureté soit pure, que notre chasteté soit chaste, que notre virginité soit vierge. Et c'est là la grâce que je demanderai pour vous en prière, car c'est la grâce qui vous aidera, qui vous rendra saints. La sainteté n'est pas le luxe d'un petit nombre, c'est un simple devoir pour vous et pour moi. Et si Dieu vous appelle, s'Il vous appelle par votre nom, s'Il vous a choisi pour être entièrement Sien, s'Il vous a choisi pour vous épouser avec tendresse et amour, n'ayez pas peur. Dites « oui » et suivez-Le comme l'ont fait les apôtres. Et quelle sera celle qui vous guidera, vous protégera, vous aidera, vous aimera? La Vierge Marie, la Mère de Jésus. Et nous lui demanderons encore. Je prierai tout spécialement pour vous, pour que vous grandissiez dans cette pureté de Marie afin que vous et moi, et tous ensemble, nous puissions glorifier Dieu par la tendresse et l'amour que nous Lui offrons.

PURETÉ

C'est beau d'aimer une jeune fille et, pour une jeune fille, c'est beau d'aimer un jeune homme, mais le plus grand don, le plus beau don que vous puissiez vous faire l'un à l'autre le jour de votre mariage, c'est un cœur vierge, un corps vierge, un cœur pur, un corps pur. Et cela, Notre-Dame vous l'obtiendra si, chaque jour, vous lui dites les trois *Je vous salue, Marie*. Elle protégera votre pureté et votre pureté restera pure, votre chasteté restera chaste et votre virginité restera vierge parce qu'elle obtiendra ces grâces de son Fils.

NOUS SOMMES LIBRES

Donnée au nom du Royaume, elle [la chasteté consacrée] libère le cœur d'une manière unique et le rend brûlant d'amour pour Dieu et pour toute l'humanité.

Obéissance

Vous ne serez pas prêtes à dire « oui » aux grandes choses si vous ne vous exercez pas à dire « oui » aux mille et une occasions d'obéir qui croisent votre chemin au cours de la journée.

L'OBÉISSANCE DE JÉSUS

C'est cet abandon total à Dieu qui fait de moi une religieuse. À nouveau, nous en revenons à Notre Seigneur et à Notre-Dame : « Je suis envoyé par Mon Père[1] ; Mon Père est plus grand que Moi[2]. » Jésus n'avait pas besoin de faire tout ce qu'Il a fait. Il est l'égal de Dieu, Dieu né de Dieu, Lumière née de la Lumière, et pourtant Il S'est soumis – en naissant, en obéissant, en descendant à Nazareth. Il a accepté qu'on le mette ici ou là. Quand le grand prêtre Lui a demandé : « Dis-nous si tu es le Christ[3] », Jésus a obéi et donné la réponse. Il savait que s'Il obéissait, ce serait la crucifixion, mais Il était totalement livré. Sommes-nous venues ici pour faire de même ? Nous sommes venues ici pour être totalement livrées, mais au lieu de cela nous continuons à dire que la supérieure a parlé gentiment ou

1. Jean 5, 36 ; 6, 38 ; 8, 16.
2. Jean 10, 29.
3. Luc 22, 67.

sévèrement, qu'elle est noire ou blanche. Pourtant Jésus a obéi à tous, qu'il s'agisse de Marie, Joseph ou Pilate.

Dans l'Évangile, nous trouvons de nombreuses preuves de l'obéissance du Christ. Si nous devions aller à Nazareth en esprit, nous entendrions d'abord la réponse de Notre-Dame à l'ange : « Qu'il m'advienne selon ta parole[4]. » Ensuite nous lisons à propos de Jésus : « Il descendit et Il leur était soumis[5] », à un charpentier, Joseph, et à Marie qui, suivant les calculs humains, n'était qu'une simple fille de village. Ensuite nous entendons Jésus dire : « Je suis venu faire la volonté de Mon Père, de Celui qui M'a envoyé[6]. » Ensuite, pendant Sa Passion, Il obéit aveuglément à Ses bourreaux. Sur ces exemples que le Christ nous donne dans l'Évangile, nous devons bâtir notre obéissance.

*

Jésus, comme Il a obéi ! Il y a quelque temps, je méditais et cela m'a tellement frappée : pendant trente ans, Jésus a vécu dans cette petite maison de Nazareth, avec le ménage, avec la lessive, avec la cuisine, avec Sa mère ; juste [à faire] des choses ordinaires, tellement ordinaires que les gens ont dit après : « Comment fait-Il ce qu'Il fait[7] ? » Ils étaient sous le choc, simplement. Trente ans dans cette petite maison de Nazareth, une vraie maison de pauvres, comme en ont certaines de nos familles, des maisons simples. Pas trois ans, pas quinze ans ; la même maison, le même travail, le même

4. Luc 1, 38.
5. Luc 2, 51.
6. Jean 6, 38.
7. Matthieu 13, 53-55 ; Marc 6, 1-3 ; Luc 4, 20-22 ; Jean 1, 7-15.

endroit, avec Son père et Sa mère. Cela m'a réellement fait un choc que, pendant trente ans, Il ait vécu dans une petite maison comme ça. Lui, le Créateur du monde, [le] Dieu vivant, mais Il a vécu une vie d'obéissance totale. Je veux, mes sœurs, que vous compreniez ce que je dis : Aimez l'obéissance. Ne dites pas : « Je dois obéir », mais : « J'aime obéir ». Cette petite cloche : « J'aime l'entendre » ; ce petit travail que je dois faire : « J'aime le faire ». Toujours « j'aime » et non « je dois ». Je m'oblige toujours à dire cela : « J'aime. »

LE PREMIER PÉCHÉ

L'obéissance doit être quelque chose de spirituel puisqu'on la trouve aussi au ciel. La désobéissance fut le premier péché ; juste là devant Dieu, Lucifer (le plus bel ange) refusa de se soumettre, refusa d'obéir, pas dans la chasteté ni autre chose, mais il a dit : « Je ne servirai pas[8]. » Quand il a été chassé du ciel[9], il a voulu davantage de compagnons, alors il est allé voir Adam et Ève. Dieu leur avait dit : « Vous pouvez manger de tous les arbres, de celui-là, celui-là et des milliers d'arbres… un jardin plein de beaux arbres[10]. » Ensuite Dieu a dit une si petite chose : « Ne mangez pas de ce seul arbre[11]. » On dit que c'était un pommier. Il devait y avoir beaucoup d'autres pommiers, mais ce seul arbre, ils ne pouvaient pas le toucher. Ce qui arriva fut une continuation de ce premier péché : ils refusèrent d'obéir et mangèrent ce fruit[12]. Quand nous désobéissons,

8. Isaïe 14, 12-15.
9. Apocalypse 12, 1-8.
10. Genèse 2, 16.
11. Genèse 2, 17.
12. Genèse 3, 6.

c'est une continuation de ce même premier péché – ce premier péché fait de nous des pécheurs ; à cause de ce premier [péché], cette inclination est là. Je dois affronter cela en moi. En tant que religieuses, nous cherchons à expier, à faire réparation pour ce péché, et donc nous faisons vœu d'obéissance.

L'OBÉISSANCE DANS LA VIE QUOTIDIENNE

Aujourd'hui nous avons de nombreux foyers brisés parce qu'il n'y a pas cette obéissance, cet abandon l'un à l'autre, entre mari et femme, parents et enfants. S'il y a tellement de problèmes avec les jeunes gens, c'est parce qu'ils veulent être libres de tout faire comme il leur plaît. S'il y a tellement de problèmes dans nos propres communautés, tant de troubles, c'est parce que les sœurs veulent faire ce qui leur plaît, comme il leur plaît. De nos jours, beaucoup de religieuses parlent du besoin de dialogue, de « liberté personnelle », comme si une vie d'obéissance ne contenait pas ces choses. Elles parlent aussi du grand besoin de vie communautaire, mais on ne peut pas avoir de vie communautaire sans supérieure, et la présence d'une supérieure amène immédiatement l'obéissance. Dans la vie communautaire, nous avons besoin que quelqu'un prenne la place de Dieu, et la supérieure est le moyen dont Il Se sert pour exprimer Sa volonté. Donc ce n'est pas « elle », c'est Lui. La supérieure est comme le crayon dans la main de Dieu. Si vous deviez recevoir une lettre de Mère, vous ne regarderiez pas quelle sorte de stylo j'ai utilisé, ou si l'encre sortait correctement, ou de quelle qualité était le papier. Non, vous vous occuperiez de voir quel message Mère a écrit, qu'est-ce que Mère est en train de me dire. En lisant cette lettre, vous voulez entrer dans mes pensées, pour savoir ce que Mère veut vous dire. Même chose dans l'obéissance : nous voulons savoir ce que Dieu veut et, en obéissant en tout à l'ordre de la supérieure, à l'exception du péché, nous l'accomplissons parfaitement. Ne regardons pas les vœux comme quelque chose de cruel. De nos jours, il y a une attitude qui veut qu'une fois que vous avez perdu la liberté de faire ce qui vous plaît, comme il vous plaît, il n'y a aucune raison de rester religieuse. En fait, les religieuses qui parlent comme cela sont celles qui ont perdu cette réelle liberté de vivre en vraies religieuses, et elles seraient mieux à l'extérieur.

« SI VOUS SAVIEZ QUE VOUS ALLEZ MOURIR… »

Un des saints (Jean Berchmans ou Louis de Gonzague) jouait à la balle quand un de ses compagnons lui a dit : « Mon frère, si vous saviez que vous allez mourir sur l'heure, que feriez-vous ? » Saint Louis de Gonzague a répondu : « Je continuerais à jouer parce qu'en cet instant, c'est la volonté de Dieu pour moi. » Avons-nous cette même conviction que tout ce que nous faisons dans l'obéissance est béni, car c'est la volonté de Dieu pour nous ?

UN CŒUR LIBRE

Nous ne pouvons pas obéir quand notre cœur est impur – jalousie, critiques, récriminations, paresse. Quand ces choses sont là, nous ne sommes pas pures. Être pur de cœur, avoir un cœur libre, c'est la même chose. Nous n'avons qu'à dire « oui », nous n'avons pas à nous casser la tête. Mais pour avoir un cœur pur, nous devons prier, ces deux choses vont ensemble. Et nous deviendrons saintes.

PAS L'OBÉISSANCE DE L'ESCLAVE, MAIS DE L'AMOUR

Aujourd'hui les jeunes ne peuvent pas obéir. J'ai essayé de découvrir pourquoi ils sont tellement réfractaires à l'obéissance. De nos jours, même dans les communautés, le « groupe » prend les décisions. Les familles sont incapables de contrôler même le plus jeune enfant de sept ans et quand on m'a dit cela, j'ai demandé : « Pourquoi ne pouvez-vous pas les prendre par la main pour les contrôler ? » Un livre a été écrit et on a demandé à toutes les mères de lire ce livre. Il y est écrit de laisser l'enfant faire ce qu'il veut à partir de l'âge d'un an, donc à partir de cet âge il peut dire : « Oh non, je n'irai pas aujourd'hui, j'irai où je veux. » Voilà l'état d'esprit et nous connaissons la raison de ce terrible bouleversement. Ce sont les richesses. L'homme de l'Évangile ne pouvait pas y renoncer et nous non plus[13]. Celui qui est totalement donné à Dieu connaît l'obéissance. Je ne parle pas de l'obéissance de l'esclave, mais de l'amour. Mes parents, je les aime et ils m'aiment et donc j'obéis. Il doit aussi y avoir un peu de peur : la peur d'offenser Dieu, d'offenser nos parents, d'offenser nos supérieures. Comme notre vie de religieuse est vide si nous n'avons pas compris cela : que je Lui appartiens et qu'Il peut faire de moi ce qu'Il veut.

AMOUR POUR AMOUR

Pour que notre obéissance soit joyeuse et prompte, nous devons être convaincues que c'est à Jésus que nous obéissons. Et comment atteignons-nous cet état ? Par la pratique d'une vertu d'obéissance héroïque – amour pour

---

13. Matthieu 19, 16-22 ; Marc 10, 17-22.

amour. Si vous voulez savoir si vous aimez Dieu, posez-vous la question : « Est-ce que j'obéis ? » Si j'obéis, tout va bien. Pourquoi ? Parce que tout dépend de ma volonté. Il dépend de moi que je devienne une sainte ou une pécheresse. Alors vous voyez à quel point l'obéissance est très importante. Notre sainteté dépend, après la grâce de Dieu, de notre volonté. Ne perdez pas de temps à attendre de grandes choses à faire pour Dieu alors que vous négligez toutes les petites règles de la vie religieuse. Vous ne serez pas prêtes à dire « oui » aux grandes choses si vous ne vous exercez pas à dire « oui » aux mille et une occasions d'obéir qui croisent votre chemin au cours de la journée. Par exemple, c'est arrivé à une des sœurs de la Charité. On avait envoyé une jeune sœur étudier et finir son B.T.[14] Le matin du jour où les résultats sortaient, elle est morte – deux heures avant leur publication. Quand [elle] se mourait, elle a demandé : « Pourquoi Jésus m'a-t-Il appelée pour si peu de temps ? » Et Mère a répondu : « C'est vous que Jésus veut, pas vos œuvres. » Elle a été parfaitement heureuse après cela. Nous devons faire notre travail selon l'obéissance. Donc l'obéissance doit être quelque chose de très important puisque tout doit être fondé sur elle.

Connaissance de Dieu, amour de Dieu, service de Dieu : c'est le but de notre vie, et l'obéissance nous donne la clé de tout cela. [...] Et si je vis constamment en compagnie de Jésus, moi aussi je ferai la même chose que Lui. Rien ne plaît plus à Dieu que lorsque nous obéissons. Aimons Dieu, non pour ce qu'Il donne, mais pour ce qu'Il daigne nous prendre – nos petits actes d'obéissance qui nous donnent l'occasion de prouver notre amour pour Lui.

---

14. *Baccalaureus Theologiae* (baccalauréat en théologie).

PLUS FACILE DE CONQUÉRIR UN PAYS QUE DE SE CONQUÉRIR SOI-MÊME

Nous obéissons *simplement* parce que c'est à Jésus que nous obéissons. C'est tellement simple qu'il est parfois difficile de comprendre les complications qui surviennent parfois. Nous devons nous servir des yeux de la foi pour voir Celui qui nous a appelées et pour obéir *promptement*, maintenant, pas demain. Ce « demain » conduit facilement à la tiédeur. *Aveuglément*: l'obéissance aveugle nous sort tous les « pourquoi » de l'esprit. Dès lors que vous commencerez à utiliser le petit mot « pourquoi ? », vous n'arriverez nulle part. Votre vie sera une vie vide. Vous obéissez avec votre main, mais vous désobéissez avec votre cœur. C'est de la fausse obéissance, d'après saint Ignace. Ce n'est pas facile et nous ne pouvons pas empêcher ces « pourquoi » de nous venir à l'esprit, mais nous pouvons les empêcher de nous conquérir. Dès que vous prenez conscience d'eux, tenez-en votre volonté éloignée. Nous perdons tellement de temps précieux à nous préoccuper de nous-mêmes. Les supérieures ne sont pas tenues de nous donner les raisons, mais nous sommes tenues d'obéir. *Joyeusement*: les sœurs qui obéissent ainsi sont comme de solides piliers dans la congrégation. Vous ne savez pas combien il est parfois difficile pour les supérieures de procéder à un petit changement. Votre sécurité dans la congrégation vient d'abord et avant tout de votre vœu d'obéissance. Si vous obéissez, vous ne commettrez jamais d'erreur. Du petit matin jusqu'au soir, je peux être certaine que mes actions sont bonnes parce que je les ai faites dans l'obéissance. Ce sentiment de sécurité nous rend heureuses. Renversez l'image : si vous n'obéissez pas, alors vous devenez malheureuses, inquiètes. Vous devez faire l'expérience de cette obéissance pour pouvoir vous sentir parfaitement à l'aise. Il est beaucoup plus facile de conquérir un pays que de nous conquérir nous-mêmes. Chaque acte de désobéissance affaiblit ma vie spirituelle. C'est comme une blessure qui laisse s'échapper jusqu'à la dernière goutte de notre sang. Rien ne peut provoquer de tels ravages dans notre vie spirituelle aussi rapidement que la désobéissance.

Nous devons être à l'aise avec Dieu, et Dieu doit être complètement à l'aise avec nous.

PLUS PROCHES DE DIEU

Que signifie l'obéissance parfaite ? C'est une infaillible source de paix. Quand des sœurs viennent dire à Mère qu'elles sont malheureuses, insatisfaites, la première chose que Mère leur demande, c'est : « Obéissez-vous ? » et leur réponse sincère donne à Mère l'explication de leur inquiétude. Pas de demi-mesure avec Dieu ; ne servons pas Dieu selon nos humeurs. Le prix de notre amour est la joie intérieure : nous devons être capables de sourire vingt-quatre heures par jour. La joie intérieure ne vient que de l'obéissance parfaite. Si vous n'êtes pas heureuse dans la congrégation, ne blâmez pas la congrégation, blâmez-vous vous-même.

Une union intime avec Dieu est le résultat naturel de l'obéissance, de l'obéissance parfaite. D'un point de vue humain, nous nous rapprochons de nos supérieures en obéissant et d'un point de vue surnaturel, nous nous rapprochons de Dieu en obéissant.

LES YEUX DE LA FOI

Saint Bernard nous dit que si nous regardons notre supérieure avec les seuls yeux de notre corps, nous ne verrons que le corps de notre supérieure avec tous les défauts de celle-ci, mais que si nous regardons notre supérieure avec les yeux de la foi, alors nous rencontrerons Jésus, qui est toute beauté, toute sainteté, et dans tous les ordres et les corrections, nous verrons la main de Dieu qui nous façonne à Sa manière aimante.

Remontez aux anges, à Adam et Ève : la difficulté a toujours été une difficulté d'obéir. C'est l'obéissance qui dirigera notre apostolat de charité[15]. Soyons fermes dans cette unique résolution : « J'obéirai sans récriminer ni critiquer. »

Les actes de désobéissance sont des actes d'orgueil et l'orgueil est haïssable à Dieu. Si une religieuse choisit de désobéir délibérément, elle peut se trouver en état de péché mortel parce qu'elle ne s'est pas efforcée d'atteindre la perfection après avoir embrassé un état de perfection. Pensons maintenant à ce dont mes infidélités privent Dieu : je n'accomplirai pas Son plan pour moi. [...]

Plus je deviens sainte, plus je peux attirer d'âmes à Dieu. Chacune de nous a un certain nombre d'âmes qui dépendent de nous pour leur salut, donc je dois devenir sainte pour le bien de ces âmes. Plus je deviens sainte, plus elles s'approcheront de Dieu. La sainteté consiste à faire la volonté de Dieu avec joie ; en d'autres termes, la sainteté est obéissance. Nos supérieures nous communiquent cette volonté de Dieu, elles sont les instruments par lesquels la volonté de Dieu nous parvient. Nous devons pour cette [raison] aimer et respecter nos supérieures et remercier Dieu d'avoir des supérieures. [...] Notre Seigneur n'a jamais mesuré Son obéissance : « Je suis venu faire la volonté de Celui qui M'a envoyé[16]. »

15. Le travail des m.c. parmi les pauvres.
16. Jean 6, 38.

OBÉIR N'EST PAS INDIGNE DE NOUS

Comment les anges devinrent-ils des démons ? Ils étaient tous sous le regard de Dieu. Lucifer, l'ange de lumière, devint le démon des ténèbres. Nous lisons que Dieu leur a fait passer une épreuve : quand le Fils de Dieu Se ferait homme, [ils devraient Le servir] ; dans leur orgueil, ils dirent : « *Non serviam.* » L'enfer n'était pas dans le plan originel de Dieu, mais Dieu a été forcé de le créer. Dieu, qui est amour miséricordieux, n'avait pas créé l'enfer avant que les anges désobéissent et deviennent des démons. Souvenez-vous de ces petits mots en latin, « *non serviam* ». [Dieu] a créé les anges, Il a créé les êtres humains. Lui qui est le Créateur a obéi. Obéir n'est pas indigne de nous.

Manger une pomme n'est pas un péché. En fait, nous en mangeons beaucoup. Pourtant, Dieu dit à Adam et Ève de ne pas en manger. Je ne pense pas qu'Ève ait mangé toute la pomme, elle a dû n'en manger qu'une bouchée. Cela a suffi au diable ; le *Non serviam* a été dit dans cette bouchée. À chaque fois que nous désobéissons, nous parlons et nous agissons de la même façon. Comment la désobéissance est-elle arrivée ? Comme la sainteté [naît] de la fidélité dans les petites choses, [l'infidélité naît de] l'infidélité dans les petites choses. Aujourd'hui une chose n'a pas d'importance et demain deux, et ainsi de suite. Aucune chute ne se produit jamais d'un seul coup. [...] Vous vous faites du mal. Qui a donné l'exemple de l'obéissance ? Notre Seigneur Lui-même – de la naissance jusqu'au dernier souffle, une obéissance parfaite. Une chose qu'Il disait tout le temps : « Je suis venu faire la volonté de Mon Père[17] » ; « Ma nourriture est de faire

17. Jean 6, 38.

la volonté de Mon Père[18]. » [Comme s']il n'y avait pas d'autre préoccupation, toujours : « Mon Père, Mon Père » – cette obéissance filiale, cette obéissance d'enfant.

Notre-Dame ne comprenait pas, mais « Qu'il m'advienne…[19] » fut sa réponse – une obéissance humble. C'est effrayant, mes sœurs, si tout au fond de votre cœur, vous dites : « *Non serviam.* » « Demain j'obéirai. » Ce demain ne viendra jamais. Dans l'obéissance, il n'est pas question de « je peux faire mieux, j'ai plus d'expérience [que ma supérieure] », etc. Obéissez et livrez-vous complètement, totalement. Voyez Jésus avec Pilate : « Puisque tu as le pouvoir d'en haut[20] », a dit Jésus. […] Le pouvoir de Dieu, pas d'autre pouvoir. Il doit être utilisé comme Dieu veut qu'il soit utilisé.

SACRIFICE

L'obéissance est très difficile. Elle est censée être un sacrifice. Jésus n'est pas venu de Lui-même, Il a été envoyé. Si nous sommes de vraies religieuses, soit nous obéissons soit il est inutile d'être là. Pourquoi tant de familles brisées ? Les enfants n'obéissent pas. Si nous n'obéissons pas à l'heure de la prière, au travail, alors naturellement nous mourrons d'inanition. Ce qui était merveilleux en Marie : « Qu'il m'advienne selon ta parole[21]. » L'obéissance doit être quelque chose de spécial si elle est devenue Mère de Dieu par l'obéissance. Jésus à Gethsémani : « Que Ta volonté soit faite[22]. » Voyez l'obéissance : ce père, quand il consacre, Jésus

18. Jean 4, 34.
19. Luc 1, 38.
20. Jean 19, 11.
21. Luc 1, 38.
22. Luc 22, 42.

obéit et ce pain devient Jésus. Voyez un peu, mes sœurs, l'obéissance de Jésus !

Nous ne pouvons obéir que si nous sommes douces et humbles. C'est nécessaire. Je n'appellerai pas cela une vertu ; comme le sang est nécessaire pour le corps, ainsi de l'humilité pour l'âme. Le fruit de l'humilité est l'obéissance.

ABANDON

Charles de Foucauld a une belle prière. C'est une prière que je trouve étroitement liée à l'obéissance :

> Mon Père, je m'abandonne à Vous. Faites de moi ce qu'il Vous plaira. Quoi que Vous fassiez de moi, je Vous remercie. Je suis prêt à tout, j'accepte tout. Pourvu que Votre volonté se fasse en moi et en toutes Vos créatures, je ne désire rien d'autre, mon Dieu. Je remets ma vie entre Vos mains. Je Vous la donne, mon Dieu, avec tout l'amour de mon cœur parce que je Vous aime, et que ce m'est un besoin d'amour de me donner, de me remettre entre Vos mains sans mesure avec une infinie confiance, car Vous êtes mon Père.

J'APPARTIENS AU CHRIST

Si je comprends réellement que j'appartiens au Christ, que ni rien ni personne ne peut me séparer de l'amour du Christ[23], l'obéissance est naturelle, complètement naturelle, parce que si j'appartiens à quelqu'un, alors cette personne a le droit de m'utiliser[24]. Cela n'est pas étonnant que

---

23. Romains 8, 35-38.
24. Luc 1, 38.

Notre-Dame ait dit : « Qu'il me soit fait...[25] » [...] Elle Lui appartient, immédiatement elle est allée en [hâte] Le donner aux autres, immédiatement[26]. Et vous savez ce qu'elle a fait après ça ? Elle était complètement à l'aise parce qu'elle avait dit oui, et Marie a dit oui quand elle a su que c'était la volonté de Dieu. Et, c'est très étrange, je suis toujours surprise du fait que Dieu n'ait à aucun moment parlé directement à Notre-Dame. Il a parlé par les prophètes. Il a parlé à Moïse, Il a parlé à tout le monde possible dans la Bible, mais nous ne voyons à aucun moment que Dieu ait parlé directement à Notre-Dame. C'était par l'ange, c'était par saint Joseph et ainsi de suite. Et qu'a-t-elle dit à l'ange ? « Qu'il m'advienne selon ta parole. » Elle non plus n'a jamais fait allusion à la parole de Dieu. Toi, l'ange, ce que tu dis[27], « qu'il m'advienne[28]... », et c'est ça, l'obéissance. Cet abandon. Je Lui appartiens, Il peut Se servir de moi, Il peut faire ce qu'Il veut de moi. Et à nous, mes sœurs, Dieu ne va pas nous parler. Il nous parlera par nos constitutions, qui sont la volonté écrite de Dieu qui nous est transmise par l'intermédiaire de l'Église. Et ensuite à travers nos supérieures ; elle peut être noire, elle peut être blanche, elle peut être intelligente, elle peut être stupide, elle peut être sainte, elle peut ne pas être sainte, et pourtant Dieu va Se servir d'elle pour me dire comment aller, où aller, quoi faire, comment faire. C'est d'une si belle simplicité, l'obéissance. Et nous, nous pouvons nous rendre cela difficile parce que nous perdons cet amour plein et sans partage pour le Christ.

---

25. Luc 1, 38.
23. Luc 1, 39-45.
27. Luc 1, 34.
28. Luc 1, 38.

LA VIE D'AMOUR EN ACTION

L'obéissance est la vie d'amour en action par l'esprit de sacrifice, si naturel pour une religieuse. Même dans la vie de famille, la chose la plus naturelle dans la vie de famille, celle qui garde la famille unie, qui nourrit la vie de la famille unie, c'est cet abandon l'un à l'autre, cette obéissance, cette acceptation l'un de l'autre. Sans cette obéissance et cet abandon du père et de la mère l'un à l'autre, ils n'auraient guère le courage de demander cette obéissance à leurs enfants. Et si aujourd'hui nous avons tous ces problèmes avec la vie de famille, je pense que cela commence par là. Cette chose manque et c'est pareil pour nos jeunes qui veulent entrer dans la congrégation. [...] C'est difficile pour elles d'obéir, mais elles veulent, elles veulent voir, elles veulent voir. Bien des fois, les filles m'ont dit, les sœurs m'ont dit, nos jeunes aspirantes : « Mère, c'est tellement difficile. Cela ne me dérange pas de laver un lépreux, mais c'est tellement difficile de m'incliner. » Je pense que c'est là que commence l'amour, dans cette inclinaison. Ce n'est pas la quantité [de ce que vous faites, ni] ce que vous faites, mais la quantité d'amour que vous mettez à le faire, et l'obéissance est cet amour en action.

Voilà ce que nos jeunes veulent voir et, dans cet acte d'obéissance, elles voient comment nous nous aimons les unes les autres et comment nous aimons celle qui a le pouvoir de dire viens, va, fais etc. Et, vraiment, j'ai appris un tel amour de nos jeunes aspirantes, de nos jeunes sœurs au début de leur vie religieuse. Même si j'aurai bientôt derrière moi cinquante ans de vie religieuse, j'apprends encore tant – la joie, l'humilité avec laquelle elles se livrent à Dieu. Je veux dire que c'est à vous et à moi de sentir ce grand don qui se trouve dans les jeunes. Je n'y crois pas quand les gens disent qu'il n'y a pas de vocations aux États-Unis. Il y a beaucoup de vocations, beaucoup plus que jamais auparavant. Mais elles ont une exigence bien plus grande, elles veulent être saintes, elles veulent se livrer, elles veulent renoncer à tout et n'avoir rien. Et c'est partout, pas seulement aux États-Unis. Je le vois en Europe (nous avons un noviciat à Rome), ici en Inde, je le vois en Afrique, je le vois aux Philippines. Je vois exactement cette même exigence : je veux tout donner, je veux être sainte, je veux grandir dans la ressemblance au Christ, je veux permettre à Jésus de vivre Sa vie en moi, je veux prendre part à Sa Passion, je veux. Et là, nous devons entrer dans le tableau pour leur montrer comment nous vivons cette Passion du Christ ; comment nous permettons à Jésus de vivre Sa vie en nous ; comment nous partageons cette joie d'aimer avec les autres. Elles veulent voir.

NOTRE VOCATION EST D'APPARTENIR À JÉSUS

Je n'oublie jamais qu'un jour un de nos frères [...] – il aime les lépreux, il s'occupe de 93 000 lépreux – et il est venu me voir et il m'a dit qu'il avait une petite difficulté avec son supérieur. [...] Et il m'a dit : « J'aime les lépreux, je veux être avec eux, je veux les servir, je... », etc., etc. « Ma vocation est d'être avec les lépreux, de servir les lépreux. » Et je l'ai laissé parler et après cela, je lui ai dit : « Mon frère, vous commettez une très grande erreur. Votre vocation n'est pas de travailler pour les lépreux, ni même d'aimer les lépreux ; votre vocation est d'appartenir à Jésus avec la conviction que ni rien ni personne, pas même les lépreux, ne doit vous séparer de l'amour du Christ[29]. Le travail pour les lépreux

29. Romains 8, 39.

est le moyen de mettre votre amour sans partage pour le Christ en action vivante. »

Je ne peux pas vous dire, mes sœurs, à quel point toute l'attitude de ce frère a changé et il fait un travail tout à fait merveilleux, mais [avec] cette conviction que c'est son amour pour le Christ en action. Son attitude a changé à cause de son abandon, son abandon à l'obéissance. Parce que si nous religieuses, nous comprenons réellement que nous appartenons à Jésus, Jésus doit avoir le droit de Se servir de nous où, quand, comme Il l'aime. Vivez-vous ce « sans me consulter »? Je me souviens qu'il y a quelques années, j'ai écrit cela pour notre cardinal et je crois qu'il la conserve très soigneusement, cette image où j'ai écrit : « Permettez à Jésus de Se servir de vous sans vous consulter. » Et c'est tellement vrai ; c'est la vie même de notre vocation, de notre appartenance et du fait qu'Il Se sert de nous.

Regardez, quand les gens se marient : peu importe qui était cette dame avant le mariage, elle était Mademoiselle et dès l'instant où elle se marie, elle change de nom, elle devient Madame. Et je ne sais pas ce qu'elle devient, mais elle n'est plus reconnue sous le nom qu'elle portait avant parce que maintenant elle appartient à cet homme. Cet homme et elle s'attachent l'un à l'autre et ne font plus qu'un[30]. Alors c'est pareil pour nous : une fois que nous avons donné notre parole au Christ, une fois que nous avons fait ce vœu de chasteté, d'aimer le Christ d'un amour sans partage dans la chasteté, une fois qu'Il m'a appelée par mon nom, Lui et moi devons aussi nous attacher comme cela, et cette union est l'amour que nous donnons à notre prochain, qui qu'il soit, quelle que soit la forme sous laquelle l'Église nous a acceptés.

30. Genèse 2, 24 ; Matthieu 19, 5 ; Marc 10, 7 ; Éphésiens 5, 31.

C'est l'Église qui a accepté que nous soyons des Missionnaires de la Charité, ou cette congrégation-ci, cette congrégation-là, quelle que soit la forme, et en acceptant d'appartenir, de nous livrer totalement à Dieu par nos vœux, nous rendons l'Église présente, puisque nos constitutions ont été acceptées par l'Église pour qu'elles nous conduisent à l'amour parfait de Dieu et de notre prochain. Elles ont ce pouvoir. Si souvent, des religieuses m'écrivent et elles veulent entrer dans notre congrégation. Je refuse et je leur dis : « Vos constitutions ont le pouvoir de vous remplir d'un profond désir d'une plus grande union, d'un plus grand amour, d'une plus grande sainteté ; seulement vivez vos constitutions au moins pendant une année pleine, vraiment avec un grand amour et une grande sainteté. Et ensuite, au bout d'un an, vous m'écrirez. » Et à chaque fois, elles répondent : « Merci, j'ai trouvé ce que je cherchais. » Voilà, elles ont ce pouvoir parce que l'Église nous a acceptées sous cette forme. Nous appartenons au Christ (dans la congrégation, quelle qu'elle soit, dans laquelle nous sentons que Dieu veut que nous soyons) et ensuite, en vivant selon nos constitutions, selon l'obéissance, nous proclamons la présence de l'Église où que nous soyons, quelque travail que nous fassions – nous dans les bidonvilles et vous peut-être au niveau de l'université, au niveau du collège, au niveau de l'hôpital, peu importe le niveau, au niveau de la cuisine, je ne sais pas... il y a tant de façons. Mais il n'y a aucun travail qui soit inconvenant pour une religieuse. Une fois, on m'a demandé ce que je ferai quand je ne serai plus Mère Générale. J'ai dit que j'étais très forte pour nettoyer les toilettes et les caniveaux. Alors quand je vais au foyer pour les mourants le dimanche, après avoir pris soin des mourants, avoir fait le tour, je vais tout droit aux toilettes et je nettoie toutes les toilettes là-bas. Et j'ai appris à les nettoyer de belle manière. Alors ça, c'est important : ce n'est pas ce que nous faisons, mais la quantité d'amour que nous mettons à le faire.

Si j'appartiens au Christ, si en cet instant Il veut que je nettoie les toilettes ou que je prenne soin des lépreux ou que je parle au président des États-Unis – même niveau. Parce que je suis où Dieu veut que je sois et que je fais ce qu'Il veut que je fasse, je Lui appartiens. Et Dieu ne nous parlera jamais directement. [...] Il parle à travers nos supérieures, à travers nos constitutions, qui sont la volonté écrite de Dieu, et la supérieure est la parole de Dieu, la parole orale de Dieu. Elle peut ne pas être sainte, elle peut être sainte. Je dis toujours à mes sœurs : nous pratiquons notre obéissance aux mains de nos supérieures, mais elle peut être sainte, elle peut ne pas être sainte ; elle peut être intelligente, elle peut être stupide ; elle peut être... je ne sais pas tout ce qu'elle peut être. Et pourtant, pourtant, même si elle commet une erreur, je ne commets pas d'erreur en lui obéissant. Et c'est une chose qui a tellement à voir avec notre vie religieuse.

ABANDON TOTAL

Il se peut que nous disions beaucoup de prières, mais que nous ne priions pas pleinement, dans cet abandon total, dans cette confiance aimante. C'est très important pour que nous vivions notre vie religieuse, pour que nous répondions à notre raison d'être en tant que Missionnaires de la Charité ou autre, quelle que soit la forme sous laquelle Dieu nous a appelées, parce qu'Il est Celui qui nous a choisies. Et pour être disponibles. C'est merveilleux, ce matin, une jeune fille est venue, elle a dit : « Je crois que je dois y aller, je dois aller voir. » Comme je vous l'ai dit ce matin : Venez et voyez. Elle va aller à New York pour voir ; il y a quelque chose qui parle en elle. J'ai dit : La seule personne qui sache ce qui se passe en vous, c'est vous. Et c'est entre vous et Lui et personne d'autre. Personne ne peut vous dire d'aller ici ou là, vous devez décider, vous-même. Vous serez en mesure de décider si vous priez. Car le fruit de la prière est toujours un approfondissement de la foi et si nous avons la foi, alors aucune difficulté avec l'obéissance. Parce que cette obéissance est le seul vrai sacrifice de notre vie. Ne pas se marier... des milliers de gens ne se marient pas. Ce n'est pas ce sacrifice, mais ce qui est très important, c'est d'aimer le Christ d'un amour sans partage dans la chasteté – ni rien ni personne[31]. Et comment ? Par cet abandon total dans l'obéissance. « Je Vous appartiens, Vous pouvez faire de moi ce que Vous voulez et à n'importe quel moment, n'importe où, à travers n'importe qui ; mais Vous pouvez décider et Vous devez décider. » C'est quelque chose, mes sœurs, dont je pense [...] que nous devons faire l'expérience. Et l'obéissance est si étroitement unie, tissée avec la pauvreté. Très souvent, il devient difficile d'obéir à cause de tout ce que nous avons. Cela étouffe l'amour, l'abandon. Et pour être capables de vraiment obéir pleinement, de faire vraiment cet abandon total, nous avons besoin de la liberté de la pauvreté et nous devons faire l'expérience de la joie de la pauvreté, cette liberté, ce fait de ne rien avoir en notre possession. C'est extraordinaire la façon dont Dieu Se sert [de nous] quand nous n'avons rien et la façon dont Il pénètre l'âme des gens qu'Il attire à Lui quand ils n'ont rien.

31. Romains 8, 39.

UN PETIT MALENTENDU

Il y a quelques années, nous avons eu une conférence d'un prêtre [sur l'obéissance]. [...] Il nous expliquait comment l'obéissance [aujourd'hui] doit être observée et que nous devons expliquer et donner des raisons à la sœur quand nous devons la transférer etc. Et alors (je n'avais jamais connu ça), alors quand je suis rentrée à la maison, [...] j'ai pensé que je ferais mieux de mettre en pratique ce que le père avait dit. [...] J'ai appelé une des sœurs et j'ai dit : « Ma sœur, je voudrais que vous alliez demain à tel endroit, mais sachez la raison... » Je lui ai donné toutes les raisons possibles auxquelles je pouvais penser, et là, elle s'est mise à pleurer. Alors j'ai dit : « Mais pourquoi ? » « Je ne suis pas venue ici pour que vous me donniez des raisons. Vous me dites de partir, je pars. » Alors le lendemain matin, je suis retournée pour l'instruction, pour une autre instruction sur l'obéissance. J'en ai parlé à ce père, j'ai dit : « Mon père, je suis allée mettre en pratique ce que vous avez dit hier, et voilà ce qui m'est arrivé. » Et il a dit : « Eh bien, si c'est comme ça, vous continuez comme avant. » Et vous voyez, les jeunes veulent, elles veulent tout donner, et s'il y a des difficultés dans leur obéissance, je crois que nous devrions faire notre examen de conscience.

Nous les supérieures, nous avons une très grande responsabilité à l'égard de notre vie religieuse, de nos sœurs, une très grande responsabilité. Nous ne devons pas leur donner des permissions que nous n'avons aucun droit de donner. [Nous devons] les traiter avec dignité, avec respect et avec un amour profond, comme quelqu'un de cher à Dieu Lui-même, comme quelqu'un de très précieux à Dieu Tout-Puissant. Et toujours avec bonté, toujours avec attention, toujours avec ce toucher plein de compassion, parce que je suis certaine qu'aucune de nous ne serait capable de faire ce que nous faisons si nous n'avions pas nos sœurs et cette générosité. Il y a des échecs, il y a beaucoup d'échecs dans chaque vie religieuse, dans chaque famille. Dans les meilleures familles, il y a des difficultés. C'est la nature humaine, c'est la croix, et Jésus nous a demandé de prendre la croix et de Le suivre. Il ne nous a pas dit de Le devancer. [...] Je pense que c'est la croix de notre vie en communauté. Ce petit malentendu. Je dis toujours en plaisantant que nous prions ensemble, nous travaillons ensemble, nous mangeons ensemble et nous nous disputons ensemble. Nous devons vivre notre vie, mais avec un amour bienveillant, avec cette compassion, avec cette attention.

De tout cœur

Le travail que nous faisons pour les pauvres nous lie (le quatrième vœu de service gratuit), alors nous devons prendre grand soin de faire le travail de tout notre cœur. Nous devons pouvoir dire à Jésus que nous Le servons de tout notre cœur. Et vous savez que les autres vœux nous aident pour le quatrième vœu. Jusqu'à présent, personne n'avait prononcé un tel vœu, [service gratuit et] *de tout cœur,* alors vous ne pouvez pas faire du travail bâclé, ne pas partir à l'heure ou faire [les choses] n'importe comment.

SON GRAND AMOUR

Cherchez de tout cœur à aimer Dieu et désirez ardemment Le trouver. De cette façon, vous apaisez la soif de Dieu qui a soif que nous ayons soif de Lui. Jésus, Dieu fait homme, est venu nous révéler Dieu. Écoutez Ses enseignements dans un esprit d'oraison et avec une foi profonde et efforcez-vous de faire ce qu'Il dit. Car Jésus nous dit : « Si vous M'aimez, vous garderez Mes commandements et Mon Père vous aimera et Nous viendrons demeurer en vous[1]. » Jésus nous dit aussi : « Aimez-vous les uns les autres comme Je vous ai aimés ; comme le Père M'a aimé, Je vous ai aimés[2]. » Jésus a souffert

1. Jean 14, 15.
2. Jean 15, 9-12.

de nous aimer, oui, Il en a souffert. Pour s'assurer que nous nous souviendrions de Son grand amour, Il S'est fait Pain de Vie pour satisfaire notre faim de Son amour[3], notre faim de Dieu, parce que nous avons été créés pour cet amour. Jésus S'est aussi fait l'affamé, l'assoiffé, le nu, l'isolé, pour nous permettre de L'aimer en retour, car Il dit : « Tout ce que vous faites à ces plus petits d'entre les Miens, c'est à Moi que vous le faites[4]. » Jésus a faim de notre amour, et cette faim est celle de nos pauvres. C'est la faim que vous et moi devons découvrir. Elle est peut-être dans nos propres maisons.

SERVICE

Notre service dévoué et de tout cœur donné au Christ dans les pauvres est une preuve vivante pour l'Église que nous sommes un membre vivant du Corps du Christ et que le Christ est content de vous et partage Son amour pour Son Père avec nous.

SAINT MARTIN

Les pauvres [...] nous permettent d'aimer et de servir Jésus en eux. Je pense que vous connaissez l'histoire de saint Martin ; comment lui qui n'était qu'un homme ordinaire dans le monde est passé à cheval et a vu un mendiant frissonner de froid. Sans y réfléchir à deux fois, il a pris son épée et coupé son manteau en deux. Cette nuit-là, il a fait un rêve dans lequel il a vu Jésus couvert de son manteau. Comme c'est beau ! Le manteau a été pour lui le moyen de devenir

3. Jean 6, 35.
4. Matthieu 25, 40.

chrétien, puisqu'à ce moment-là il ne l'était pas. Nous, mes sœurs, nous pouvons être avec Jésus vingt-quatre heures [par jour] – dans cette maison même. C'est comme cela que nous vivons notre quatrième vœu. Ce n'est que lorsque nous aurons compris cela que nous pourrons l'aimer et quand nous l'aimerons, nous pourrons le mettre en action.

LIBRE POUR LE ROYAUME DE DIEU

« Heureux les cœurs purs, ils verront Dieu[5]. » « J'avais faim et vous M'avez nourri[6]. » Nous ne pouvons faire cela que si nous avons l'esprit pur ; si notre chasteté est chaste, notre pureté pure. Nous ne pouvons pas donner si nous n'avons pas. Nous ne pouvons pas donner un service gratuit et de tout cœur si nous ne sommes pas libres[7]. La chasteté nous libère. « Cherchez d'abord le Royaume des Cieux et tout le reste vous sera donné par surcroît[8]. » Par mon vœu de chasteté, je me libère pour le Royaume de Dieu. Je deviens Sa propriété et Il S'engage à prendre soin de moi. Je dois alors donner un service gratuit et de tout cœur. Qu'est-ce que ce service gratuit et de tout cœur ? C'est le produit de la chasteté, de mon engagement auprès du Christ. Je m'engage donc à un service non pas à moitié, mais de tout cœur. Lorsque nous négligeons de bien faire, quel que soit le travail que nous devons faire, c'est ce vœu qui en souffre le plus (notre service des pauvres), parce que nous devenons préoccupées de cette chose à laquelle nous donnons notre affection.

---

5. Matthieu 5, 8.
6. Matthieu 25, 34-36.
7. Ici, Mère Teresa joue sur le double sens du mot « free » en anglais, à savoir : libre et gratuit. *NdT*.
8. Matthieu 6, 33.

NE MANQUEZ PAS LES OCCASIONS

Que chaque sœur voie Jésus-Christ dans la personne des pauvres : plus le travail ou les personnes sont répugnants, plus grands doivent aussi être sa foi, son amour et sa dévotion joyeuse en secourant Notre Seigneur sous ce déguisement désolant. Plus le travail est répugnant, plus grand est l'effet de l'amour et du service joyeux. Le détachement de nos goûts et dégoûts. [...] Quand Mère a ramassé pour la première fois cette femme qui était dévorée par les rats (son visage, ses jambes, etc.)... si j'avais juste passé mon chemin en la voyant et en la sentant, je n'aurais pas pu être une m.c. Mais j'y suis retournée, je l'ai ramassée et je l'ai emmenée au Campbell Hospital. Si je ne l'avais pas fait, la congrégation serait morte. Les sentiments de répugnance sont humains et si malgré cela nous donnons encore tout notre service gratuit et de tout cœur, alors nous sommes sur le bon chemin et nous serons des sœurs saintes.

Saint François d'Assise détestait les lépreux, mais il a surmonté cela et c'est ainsi qu'il est mort à lui-même. Il est mort, mais le Christ vit. Voilà. Nous devons être humbles dans notre gratitude pour cette grande vocation qui est la nôtre. Dieu nous a choisies pour faire ce travail spécial : donner notre service gratuit et de tout cœur. Disons souvent à Jésus : « Je Vous donnerai un service gratuit et de tout cœur sous quelque forme que Vous veniez à moi. » Peut-être une sœur qui est en colère et qui a besoin d'aide. Acceptez-la. Ne perdez pas les occasions qui croisent votre chemin. Soyez heureuses ; embrassez la main qui blesse. Nous devons exercer notre regard de foi.

« M'AIMES-TU ? »

« M'aimes-tu ? » demanda Notre Seigneur à saint Pierre après Sa résurrection. « Seigneur, tu sais que je T'aime », fut la réponse de saint Pierre. En récompense de cet amour, Jésus lui dit : « Pais mes agneaux. » Jésus lui dit cela trois fois, mais la troisième fois, Pierre fut attristé et dit : « Seigneur, Tu sais toutes choses. Tu sais que je T'aime[9]. » Maintenant, mes sœurs, pensons que Notre Seigneur nous pose à chacune de nous en particulier cette question : « M'aimes-tu ? » Et selon notre réponse, nous L'entendrons nous répondre : « Pais mes agneaux. » Par ces mots, Notre Seigneur nous invite à travailler pour ceux qui Lui sont chers, les pauvres ; à travailler et à travailler constamment. Si notre réponse à Dieu est sincère, alors nous aurons à prendre la peine de paître Ses agneaux.

CE QUE DEVIENT LA GRAINE

L'arbre devient ce qu'est la graine. Si je mets une graine de pommier, je n'obtiendrai pas des bananes parce que quelle que soit la graine que je mets, c'est le type de fruit que j'obtiendrai. C'est la même chose pour vous postulantes. Quelle graine suis-je en train de faire pousser ? Est-ce la graine de l'obéissance, la graine de la pauvreté, la graine de la chasteté, la graine du service gratuit et de tout cœur aux plus pauvres des pauvres ? Alors j'obtiendrai comme arbre une épouse de Jésus-Christ, une Missionnaire de la Charité. Quand Jésus vient à nous, Il nous dit : « Je veux t'aimer tendrement. » La raison de ma venue dans cette congrégation,

9. Jean 21, 15-19.

c'est de connaître Jésus, de L'aimer et de mettre mon amour en actes vivants par mon quatrième vœu.

C'EST LE VŒU

Il est dit ici : *cet appel du cœur de Jésus* – vocation claire. Un des évêques voulait que les sœurs fassent autre chose et j'ai dit : « Excellence, vous choisissez : c'est le vœu ; je suis prête à retirer les sœurs si vous ne pouvez pas nous accepter telles que nous sommes. Pas question de leur faire du mal. » Nous servons les plus pauvres des pauvres et nous devons savoir ce qu'est notre vœu. Nous oublions les plus pauvres des pauvres. S'il n'y a que dix personnes, d'accord, seulement dix, mais nous devons choisir les plus pauvres des pauvres. La dernière fois que je voyageais, un homme riche était assis à côté de moi et [il] a dit : « Mère Teresa, pourquoi ne donnez-vous pas [aux pauvres] la canne à pêche au lieu de poisson à manger ? » Et je lui ai dit : « Les gens à qui je donne le poisson à manger ne tiennent pas debout ; ce sont les lépreux, les mourants, les malades mentaux. Quand ils seront assez forts pour tenir la canne, je vous les enverrai, nous finirons le travail et ensemble nous ferons quelque chose de beau pour Dieu. »

L'amour commence à la maison

Comment connaissez-vous, aimez-vous et servez-vous [Dieu] ? Comment prouvez-vous que vous L'aimez ? Dans la famille, le père prouve son amour par tout ce qu'il fait pour ses enfants, pour son épouse. Nous prouvons notre amour pour Jésus par ce que nous faisons, par ce que nous sommes.

*

Pour chacun d'entre nous, pour vous et pour moi, il est nécessaire avant tout d'aimer les membres de notre propre famille. Peut-être que les souffrants, les isolés, les infirmes et les malades mentaux se trouvent dans notre propre famille, et nous n'avons pas le temps… pas le temps même de leur sourire. Alors que l'amour commence à la maison. Si vous voulez réellement être l'amour de Dieu dans le monde d'aujourd'hui, commencez d'abord par être l'amour de Dieu dans votre propre maison. Et ensuite vous deviendrez le soleil de l'amour de Dieu pour tous ceux que vous rencontrerez.

LA TRINITÉ ET LA SAINTE FAMILLE

La vie en communauté est liée à la Sainte Trinité – cette unité du Père, du Fils et du Saint-Esprit. À nouveau, nous avons Jésus, Marie et Joseph – cette union et cette unité de la vie de famille à Nazareth. C'est pourquoi nous religieuses, nous devons être unies comme une famille. Notre constitution le dit : « Nous devons toutes faire de notre communauté une autre Nazareth où Notre Seigneur puisse venir se reposer un moment. » De tout le malheur du monde, toute la haine des gens, tous les meurtres… de tout cela, Jésus peut venir se reposer à Béthanie[1].

VOICI TA MÈRE

Comme nous le savons, le cœur de la famille est la mère et aujourd'hui, s'il y a beaucoup de problèmes dans le monde, c'est parce que la mère n'agit pas comme une mère, comme le cœur de la famille. Nous lisons dans l'Évangile quelque chose qui paraît impossible : « Même si une mère oublie son enfant, Je ne t'oublierai pas. Je t'ai gravé sur la paume de ma main[2]. » Aujourd'hui la mère fait cette chose impossible : tuer son propre enfant. Aujourd'hui, regardons dans nos cœurs et voyons s'il s'y trouve quoi que ce soit qui m'empêche d'aimer ma mère. Même Jésus n'aurait pas pu venir, même Jésus n'aurait pas pu naître, même Jésus n'aurait pas pu grandir sans l'amour d'une mère. Qui est notre mère ? Alors que Jésus mourait, Ses derniers mots ont été : « Voici ta mère[3] », et, depuis ce moment-là, Marie est apparue tant de fois, dans tant d'endroits. Pourquoi les gens vont-ils à Lourdes, à Fatima et Velankanni[4] ? Parce que nous avons tous besoin de l'amour d'une mère, des soins d'une mère.

---

1. Jean 12, 1-3.
2. Isaïe 49, 15.
3. Jean 19, 27.
4. Sanctuaire à Notre-Dame de Bonne Santé situé dans le golfe du Bengale.

L'AMOUR DE DIEU POUR LES ENFANTS

Nous demanderons à Notre-Dame d'être une mère pour nous comme elle a été la Mère de Jésus et comme elle a appris à Jésus à vivre sa vie de belle manière dans Sa famille à Nazareth. Je suis très heureuse d'être avec vous parce que Jésus avait un amour tout, tout particulier pour les enfants. Et beaucoup d'enfants sont venus voir Jésus et les apôtres ont dit : « Ne venez pas », mais Jésus a dit : « Laissez les enfants venir à Moi[5]. Je les aime. » Vous savez, Dieu vous aime tant ; c'est pour cela que Jésus vient parmi nous et qu'encore et encore Il nous a dit : « Aimez-vous les uns les autres comme Je vous ai aimés[6]. » Jésus nous a tellement aimés qu'Il est mort sur la Croix pour nous et que, pour rester avec nous, Il reste dans le Saint Sacrement. Et donc la plupart d'entre vous ont reçu Jésus et vous vous en souvenez quand Il vient dans nos cœurs parce qu'Il nous aime tant. Nous avons en Inde et dans d'autres endroits beaucoup, beaucoup, beaucoup d'enfants, beaucoup d'enfants pauvres. Beaucoup d'entre eux n'ont personne pour les aimer. C'est pour cela que vous devez remercier Dieu de vous avoir donné de si merveilleux parents qui vous aiment tant.

LE SOLEIL DE L'AMOUR DE DIEU DANS VOTRE MAISON

Vous devez faire de votre maison un centre d'amour brûlant, le soleil de l'amour de Dieu doit d'abord être dans votre maison. Vous devez être cette espérance de bonheur

5. Luc 18, 16.
6. Jean 13, 34.

éternel pour votre mari, pour votre femme, pour votre enfant, pour votre grand-père, votre grand-mère, pour vos domestiques – tous ceux qui ont un lien avec vous. Vous travaillez dans une grande entreprise, vous êtes un coopérateur, mais vous ne connaissez même pas vos proches. Là-bas, vous devez être la flamme brûlante de l'amour de Dieu pour les gens qui travaillent avec vous ou qui travaillent pour vous. Est-ce qu'en levant les yeux, ils peuvent voir la joie d'aimer sur votre visage ? Est-ce qu'en levant les yeux, ils peuvent voir la joie d'un cœur pur ? Est-ce qu'en levant les yeux, ils peuvent voir Jésus en vous ? C'est très important pour un coopérateur. Et comment tendons-nous à cela ? Par la prière. L'amour commence à la maison, la prière commence à la maison, et la famille qui prie ensemble reste ensemble. Et si vous restez ensemble, vous prierez ensemble, vous vous aimerez les uns les autres, si vous restez ensemble.

CONTINUER L'AMOUR DANS NOS ENFANTS

Si nous aidons nos enfants à être ce qu'ils devraient être aujourd'hui, je pense que demain, quand demain viendra, quand demain deviendra aujourd'hui, ils auront le courage de l'affronter avec un plus grand amour. Et ce depuis le tout début, car l'amour commence à la maison ; je pense que nous devrions apprendre à nos enfants cet amour les uns des autres à la maison. Et ils ne peuvent apprendre cela que de leurs parents. S'ils voient cet amour du père pour la mère et cet amour de la mère pour le père, je crois que cela sera la force de nos enfants, pour qu'ils puissent continuer cet amour à l'avenir.

SOMMES-NOUS PRÉSENTS ?

Je n'oublie jamais l'occasion que j'ai eue de visiter un foyer où il y avait tous ces vieux parents de fils et de filles qui les avaient juste mis dans une institution et oubliés, peut-être. J'y suis allée et j'ai vu que, dans ce foyer, ils avaient tout, de belles choses, mais que tout le monde regardait vers la porte. Je n'en ai pas vu un seul avec le sourire. Je me suis tournée vers la sœur et j'ai demandé : « Comment se fait-il ? Comment se fait-il que ces gens, qui ont tout ici, pourquoi regardent-ils tous vers la porte ? Pourquoi ne sourient-ils pas ? » Je suis tellement habituée au sourire de nos gens, même les mourants sourient. Elle a dit : « C'est comme ça presque tous les jours. Ils attendent, ils espèrent qu'un fils ou une fille va venir leur rendre visite. Ils sont blessés parce qu'ils sont oubliés. » Et voyez – c'est là qu'intervient l'amour. Cette pauvreté arrive ici même, dans notre propre maison, [nous] négligeons même d'aimer. Peut-être dans notre propre famille avons-nous quelqu'un qui se sent seul, qui se sent malade, qui se sent inquiet, et ce sont des jours difficiles pour tout le monde. Sommes-nous là ? Sommes-nous là pour les accueillir ? La mère est-elle là pour accueillir l'enfant ?

PERSONNE D'INDÉSIRABLE

L'amour commence à la maison. Veillez à ce que dans votre famille jamais [personne], ni homme, ni femme, ni enfant, ni enfant à naître, ne se sente indésirable. N'ayez pas peur d'aimer comme Dieu vous aime, avec un tendre amour, avec sollicitude, avec inquiétude (où est mon enfant ?), comme Marie et Joseph sont revenus sur leurs pas. Ils L'ont cherché pendant trois jours[7]. Ils ne sont pas reposés avant d'avoir trouvé l'Enfant. Ressentons-nous cela? Mon mari, ma femme, mon enfant – où? Comment? Inquiet? Malade? Seul? Suis-je sa joie? Quelle est ma sollicitude? Peut-être juste un sourire, peut-être juste une petite fleur à apporter, peut-être juste une petite poignée de main.

LE PLUS GRAND DON DE DIEU À LA FAMILLE

Et c'est étrange de dire que ce fut l'enfant à naître [Jean-Baptiste] qui reconnut la présence, la raison de la venue du Christ, qu'Il est venu proclamer la Bonne Nouvelle aux pauvres[8]. Quelle était cette Bonne Nouvelle que le Christ était venu donner? Que Dieu est amour[9], que Dieu vous aime, Dieu m'aime. Mais Dieu vous a faits et m'a faite pour de plus grandes choses: pour aimer et être aimés. Nous ne sommes pas juste un numéro dans le monde; c'est pour cela qu'il est tellement merveilleux de reconnaître la présence de cet enfant à naître, le don de Dieu. Le plus grand don de Dieu à une famille est l'enfant parce que c'est le fruit de l'amour. Et [c'est] si merveilleux aujourd'hui que Dieu ait créé cet enfant, vous ait créés vous, m'ait créée moi, cette personne très pauvre dans la rue, cette personne affamée, cette personne nue. Il a créé à Son image pour aimer et être aimé – pas seulement un numéro. Et il y a aussi quelque chose de très beau dans l'Écriture, quand Dieu parle et qu'Il dit: « Même si une mère pouvait oublier son enfant, Je ne t'oublierai pas. Je t'ai gravé sur la paume de Ma main[10], tu

7. Luc 2, 41-52.
8. Luc 1, 44.
9. 1 Jean 4, 8 et 16.
10. Isaïe 49, 15-16.

M'es précieux, Je t'ai appelé par ton nom[11]. » C'est pourquoi dès qu'un enfant naît, nous lui donnons un nom, le nom que Dieu a appelé de toute éternité à aimer et être aimé. [...] Ce petit enfant à naître, [...] la plus belle création de l'amour de Dieu, le don de Dieu.

AMOUR DE L'ENFANT

La maternité est le don de Dieu aux femmes. Comme nous devons être reconnaissants à Dieu de ce merveilleux don qui apporte tant de joie dans le monde entier, aux femmes comme aux hommes ! Pourtant, nous pouvons détruire ce don de la maternité, spécialement par le démon de l'avortement, mais aussi en pensant que d'autres choses comme un emploi et un poste sont plus importants qu'aimer, que se donner aux autres. Aucun emploi, aucun projet, aucune possession, aucune idée de « liberté » ne peut remplacer l'amour. Donc tout ce qui détruit ce don de Dieu qu'est la maternité détruit Son don le plus précieux aux femmes : la capacité d'aimer comme une femme. Dieu nous a dit : « Aime ton prochain comme toi-même[12]. » Donc d'abord je dois m'aimer correctement et ensuite aimer mon prochain comme cela. Mais comment puis-je m'aimer si je ne m'accepte pas tel que Dieu m'a fait ? Ceux qui nient les belles différences entre les hommes et les femmes ne s'acceptent pas tels que Dieu les a faits, et donc ne peuvent pas aimer leur prochain. Ils n'apporteront au monde que la division, le malheur et la destruction de la paix.

---

11. Isaïe 43, 1 et 4.
12. Lévitique 19, 18 ; Matthieu 19, 19 ; 22, 39 ; Marc 12, 31-33.

UN DON DE DIEU

Je me souviens qu'à Calcutta, une dame est venue et elle a treize enfants, et elle doit travailler, son mari doit travailler, et le premier enfant était un enfant complètement handicapé, complètement. Et je lui ai dit : « Donnez-moi cet enfant, nous prendrons soin de l'enfant. Vous avez tant à faire. » Et la mère m'a regardée et elle a dit : « Mère, qu'est-ce que vous dites ? Cet enfant est un don de Dieu. À nous tous, ce petit apprend à aimer, ce petit donne une belle joie, une belle occasion d'aimer Dieu – en faisant de petites choses. Chacun de nous a un rôle à jouer dans la vie de cet enfant et cet enfant joue un rôle très important dans notre vie. » Ensuite ça... qu'une non-chrétienne me parle comme ça et donc je pense que c'est une merveilleuse leçon pour nous, une merveilleuse leçon, qu'elle ait eu le courage de ne pas rejeter l'enfant, de ne pas mettre l'enfant dans une institution, le don de Dieu, notre enfant, mon frère, ma sœur. C'est merveilleux. Et j'ai pensé que c'était seulement la mère qui parlait comme ça, alors je suis allée voir la famille et j'ai vu les petits enfants tellement occupés : l'un faisait ceci, l'autre faisait cela pour ce petit, [...] et le plus jeune essayait de le faire rire en lui tirant sur le menton, encore et encore – pour que cet enfant infirme réponde à son sourire. Vous voyez, c'est quelque chose de tellement beau.

FAMILLE ET PRIÈRE

La venue de Jésus à Noël a complété la Sainte Famille. Nous devons faire entrer cette présence de Dieu dans nos familles. Et comment faisons-nous cela ? En priant. La famille qui prie ensemble reste ensemble, et si vous restez ensemble, vous vous aimerez les uns les autres. Si vous priez, votre cœur deviendra pur, et un cœur pur peut voir Dieu.

À ce premier Noël, il n'y avait pas de place à l'auberge pour Jésus[13]. Lui qui était Dieu S'est fait si humble, si petit, si démuni. Il S'est fait dépendant d'une mère humaine.

Aujourd'hui, Jésus est toujours humble, petit et démuni dans l'enfant à naître et dans ceux qui sont matériellement ou spirituellement pauvres, affamés d'amour et d'amitié, ignorants des richesses de l'amour de Dieu pour eux, sans logis par manque d'un foyer fait d'amour dans votre cœur. Il est affamé, nu, malade et sans logis dans votre propre cœur, dans votre famille, dans vos voisins. Sommes-nous là pour L'accueillir, pour offrir une parole de réconfort, un sourire ?

Lorsque notre attention n'est tournée que vers les fêtes et les cadeaux, il devient trop facile d'oublier le Christ à Noël. N'oublions pas le meilleur et le plus merveilleux don que Dieu nous ait fait : Jésus. Et donnons-nous Jésus les uns aux autres, en commençant dans nos familles, en nous aimant d'un amour tendre et très personnel comme Dieu aime chacun d'entre nous.

*

De nos propres actions nous pouvons toujours déduire ce que sera demain. Par exemple, comme quand nous entendons le cri de l'enfant à naître… nous savons où nous allons, que cela ne peut pas apporter le bonheur dans le monde, apporter la paix dans le monde, parce que si une mère peut tuer son propre enfant, que reste-t-il [pour nous empêcher ?] de nous entretuer. Et donc, en regardant cet

13. Luc 2, 7.

aujourd'hui, qui ne peut pas apporter la paix, qui ne peut pas apporter la joie, l'avenir semble très sombre de ce point de vue. [...] Je crois que nous oublions que nous avons été créés pour de plus grandes choses. Nous oublions que nous avons été créés pour aimer et être aimés et que nous avons été créés à l'image de Dieu. Et ainsi en oubliant cela, nous oublions tout ce qui est beau, tout ce qui est sacré, tout ce qui est... et je pense que cela vient spécialement de la rupture de la vie familiale parce que nous sommes de moins en moins ensemble, nous prions de moins en moins ensemble. Et si nous ne prions pas ensemble, alors il est impossible de vivre ensemble.

*

Jésus est venu nous donner la Bonne Nouvelle – comment nous aimer les uns et les autres. Et où commence cet amour ? À la maison. Comment commence-t-il ? En priant ensemble. Car la famille qui prie ensemble reste ensemble, et si vous restez ensemble, vous vous aimerez les uns les autres comme Dieu vous aime. Et si aujourd'hui nous avons autant de difficultés dans le monde, c'est parce que, dans notre famille, nous ne prions pas ensemble. Nous avons tant de foyers brisés, tant de familles séparées. Pourquoi ? Parce que l'amour est mort, parce que nous ne prions pas. Si nous prions, nous avons un cœur pur et un cœur pur peut voir Dieu[14], peut aimer comme Dieu aime. Alors faisons de nouveau entrer la prière dans notre famille. Demandez à vos enseignants de l'enseigner à vos enfants. Demandez. Je vous demande à vous, parents, d'enseigner à vos enfants à prier et

14. Matthieu 5, 8.

de prier avec eux. Qu'ils vous voient prier, et en vous regardant, en priant avec vous, ils apprendront à prier, et s'ils apprennent à prier, ils apprendront à aimer. Et s'ils apprennent à aimer, ils apprendront à partager cet amour les uns avec les autres, d'abord dans votre propre famille et ensuite dans la leur.

V

Soyez cause de joie les uns pour les autres

Des huit béatitudes (le « cœur de la prédication de Jésus[1] »), Mère Teresa évoquait le plus fréquemment la sixième : « Heureux les cœurs purs, car ils verront Dieu. » Seul un cœur pur peut « voir Dieu sous l'apparence du pain et sous le déguisement désolant des pauvres ». Un cœur pur est un cœur libéré de tout attachement, un cœur centré sur Dieu et capable de percevoir Sa présence dans les autres. Et « si vous voyez Dieu les uns dans les autres, vous vous aimerez les uns les autres comme Dieu vous aime », vous deviendrez « cause de joie les uns pour les autres ».

La pureté de cœur permet de percevoir la présence de Dieu et Son action aimante dans tous les événements de la vie, le plus trivial comme le plus pénible. La réponse naturelle est alors de rendre amour pour amour. « Prenez tout ce qu'Il donne et donnez tout ce qu'Il prend, avec un grand sourire. » Cette exhortation que Mère Teresa énonçait alors qu'elle se trouvait en pleine sécheresse spirituelle est révélatrice de sa réponse à Dieu en n'importe quelle circonstance : un total abandon, une confiance aimante, dans la joie.

« Qu'Il fasse de moi tout ce qu'Il voudra, comme Il voudra, aussi longtemps qu'Il voudra. » Ces mots résument son abandon total à Dieu. Dans une de ses conversations,

1. *Catéchisme de l'Église catholique*, § 1716.

elle explicita la raison d'une telle réponse : « Un jour, une religieuse m'a dit qu'elle était surprise de mon abandon à Dieu, parce qu'elle avait peur de donner sa main à Dieu de peur qu'Il ne lui prenne tout le bras. Je n'ai pas peur de Celui qui est amoureux, qui m'aime au point qu'Il est mort pour moi. »

Elle s'abandonnait à Son bon plaisir, non par peur, mais parce qu'elle se savait aimée et parce qu'elle était attirée par la force et la tendresse de cet amour. Déterminée à « laisser les mains libres à Jésus et Le laisser Se servir d'[elle] sans [la] consulter », elle ne retenait rien, s'efforçant de donner toujours plus, de donner tout, se livrant à Lui sans condition et sans réserve.

« Dieu dans le Nouveau Testament est le Dieu d'amour, de compassion et de miséricorde. C'est pourquoi nous pouvons Lui faire pleinement confiance, il n'y a plus de peur. » Croyant que l'amour de Dieu était sans limite, elle ne posait à son tour aucune limite à sa confiance en Dieu. Aucun obstacle ni échec ne pouvait amoindrir sa confiance dans l'infinie sagesse de Dieu et Son amour inépuisable ; elle savait qu'Il pouvait réaliser Ses desseins malgré les défauts des instruments.

La confiance dont avait fait preuve la Vierge Marie au cours de sa vie était pour elle un modèle : « Marie aussi a montré sa complète confiance en Dieu en acceptant d'être utilisée pour Son projet de salut en dépit de son néant, car elle savait que Lui, qui est puissant, pouvait faire de grandes choses en elle et par elle. » Ainsi, Mère Teresa mettait son propre « néant » à la disposition de Dieu, sûre qu'Il accomplirait des merveilles à travers elle tandis qu'elle remplirait la mission qu'Il lui avait confiée. Et sa confiance ne fut pas déçue.

La joie, qui s'exprimait dans son sourire rayonnant, était l'un des traits caractéristiques de Mère Teresa. Elle avait

« la joie d'aimer », « la joie de partager », « la joie de donner » et c'est cette joie qui rendait la présence de Dieu tangible à ceux qu'elle rencontrait. Ce sourire nécessitait d'avoir la foi et il était une expression de sa foi.

Il devenait parfois difficile de ne pas céder au découragement face à ses ténèbres intérieures et aux rencontres quotidiennes avec les terribles souffrances de ses pauvres ; elle choisissait délibérément de ne pas agir selon ses sentiments mais selon ses convictions, prenant la ferme résolution d'offrir « un "oui" de tout cœur à Dieu et un grand sourire à tous ». De par sa propre expérience, elle pouvait dire à ses sœurs : « Une m.c. doit être une m.c. de joie. Par ce signe, le monde saura que vous êtes des m.c. »

« Je préfère que vous commettiez des fautes avec bonté plutôt que vous accomplissiez des miracles avec dureté », écrivait-elle à ses sœurs. Elle-même suivait ce principe. C'était précisément cette disposition bienveillante qui la conduisait à voir les actions des autres sous un jour favorable, à leur accorder le bénéfice du doute ou à laisser passer une erreur. Cette bonté la rendait accessible et recherchée même par des personnes qui avaient des opinions opposées aux siennes. C'était cette bonté débordante d'amour qu'elle exigeait de ses sœurs : « Soyez l'expression vivante de la bonté de Dieu : bonté sur votre visage, bonté dans vos yeux, bonté dans votre sourire, bonté dans votre bonjour chaleureux. Dans les bidonvilles, nous sommes la lumière de la bonté de Dieu pour les pauvres. »

La compassion (non pas seulement une sympathie pour celui qui souffre, mais le fait de prendre part à sa souffrance) était devenue une « seconde nature » pour elle. Elle ne s'accoutuma jamais aux souffrances des autres ; et elle ne pouvait pas non plus les ignorer, ni se résoudre à rester impuissante spectatrice. Au lieu de cela, elle s'obligeait sans relâche à agir pour soulager cette détresse, entraînant les autres à sa suite, quels que soient les sacrifices à mettre en œuvre.

Mère Teresa était spontanée et naturelle dans ce qu'elle faisait et dans la manière dont elle accomplissait son œuvre. Aussi simple que soit la tâche, aussi insignifiante en apparence, elle la remplissait avec concentration et soin jusque dans les moindres détails. C'était ainsi qu'elle exprimait son amour. Elle répétait souvent : « Ce n'est pas la quantité de choses que nous faisons, mais la quantité d'amour que nous mettons à les faire. » Inspirée par la « petite voie » de sainte Thérèse de Lisieux, la célèbre exhortation de Mère Teresa à faire « de petites choses avec un grand amour, des choses ordinaires avec un amour extraordinaire » était dans la continuité de l'enseignement de sa sainte patronne. Elle ajoutait : « Plus petite est la chose, plus grand est l'amour. »

« L'amour commence à la maison » ; c'est là que commence la pratique de faire de petites choses avec un grand amour. C'était « à la maison » (dans la famille ou la communauté, avec les personnes les plus proches) que l'authenticité de l'amour était le plus facilement mise à l'épreuve et prouvée. « Comment pouvez-vous aimer les autres si vous n'avez pas d'amour dans votre propre famille ? » demandait-elle. Elle-même se faisait remarquer par ses attentions et exprimait son amour à travers de petits gestes, souvent cachés, qui faisaient « s'illuminer » de joie et de gratitude la personne qui les recevait.

Mère Teresa soutenait qu'aimer ceux qui nous sont proches est une manière de commencer à changer le monde : « L'amour commence à la maison et, de là, de notre propre maison, l'amour s'étendra à mon voisin, dans la rue [où] je vis, dans la ville [où] je vis, dans le monde entier. »

Elle rappelait à ceux qui désiraient partager son service des pauvres qu'aimer les membres de sa famille pouvait être plus difficile, mais tout aussi précieux que de rendre un service occasionnel aux nécessiteux plus éloignés.

Mère Teresa se concentrait sur le fait d'apporter du réconfort à ceux qui se trouvaient en marge de la société, de montrer à ceux qui se sentaient indésirables, mal aimés et négligés, que Dieu les désire, Dieu les aime, Dieu se soucie d'eux. C'était l'œuvre de sa vie. Elle a accompli des choses extraordinaires, mais en réalité il s'agissait d'actions simples, ordinaires, d'« humbles actes d'amour », à la portée de n'importe qui. La vie quotidienne, pour une grande part, est faite précisément de ces « petites choses », tandis que les occasions de faire de grandes choses sont relativement rares. Mère Teresa se rendait donc disponible aux mille et une occasions de « faire des choses ordinaires avec un amour extraordinaire », qui permettaient aux autres de reconnaître qu'ils étaient aimés et choyés.

Elle était pleinement convaincue que sa mission auprès des pauvres était l'œuvre de Dieu, parce qu'elle s'y était lancée en réponse à Son appel. Elle avait peur de sa propre faiblesse et de ses limites, et pourtant Dieu lui avait montré maintes fois qu'Il était « aux commandes ». En réponse à sa crainte d'être incapable de remplir la mission dont Il la chargeait, Jésus lui avait dit : « Tu es, Je le sais, la personne la plus incapable, faible et pécheresse, mais c'est justement parce que tu es telle que Je veux t'utiliser, pour Ma Gloire ! Refuseras-tu ? » Ces paroles, peu flatteuses, eurent pour effet de l'apaiser. Sa faiblesse et son état de péché n'étaient pas une raison suffisante pour rejeter Son appel, ni une excuse pour ne pas faire ce que Jésus demandait. Comment aurait-elle pu refuser ? Et Dieu a continué à l'utiliser comme instrument de Son amour pour les pauvres durant des années. Cette certitude lui faisait déclarer : « Dieu se sert du néant pour montrer Sa grandeur. »

Consciente que son œuvre parmi les pauvres du monde n'était pas la sienne, Mère Teresa déclarait : « Je ne suis qu'un crayon dans la main de Dieu. » Elle connaissait ses dons comme ses faiblesses. Ses dons ne la remplissaient pas d'orgueil ni de suffisance, pas plus que ses faiblesses ne lui inspiraient de mépris d'elle-même ou d'apitoiement sur soi. Elle acceptait la réalité de ce qu'elle était et accueillait tout ce qu'elle recevait avec gratitude. Désirant toujours et uniquement faire la volonté de Dieu, elle craignait de perdre son rôle de simple instrument.

« Je veux que l'œuvre reste "l'œuvre de Dieu" jusqu'au moindre détail. Certes, je l'accomplis de tout mon cœur et de toute mon âme, mais je le fais pour Lui – je Le laisse Se servir de moi comme il Lui plaît – jusqu'à l'accomplissement total de Sa volonté – je ne revendique rien de l'œuvre, car je sais que par moi-même je ne suis en rien capable d'accomplir cette œuvre. » Un grand respect pour le caractère sacré de sa mission la gardait de l'orgueil devant ses succès visibles et les éloges qu'ils engendraient. De même, elle avertissait ses sœurs de ce danger et concluait souvent ses discours en demandant : « Priez pour nous afin que nous ne gâchions pas l'œuvre de Dieu. »

Mère Teresa sillonna le monde à de nombreuses reprises pour apporter aide et consolation aux pauvres. Malgré tout le bien qu'elle faisait, aucun changement notable ne se faisait pourtant sentir. Beaucoup critiquèrent ses efforts en s'appuyant sur le manque de résultat : il y avait toujours autant de pauvres et les causes de leur pauvreté restaient pour l'essentiel inchangées. Mais elle n'avait jamais promis ni prétendu qu'elle pourrait changer les structures sociales ou éradiquer la pauvreté. Dieu ne l'avait pas appelée pour s'occuper des problèmes sociaux ou politiques du monde, mais pour toucher celui ou celle qui souffre dans son besoin immédiat. Elle était consciente que son œuvre n'était qu'une « goutte d'eau dans l'océan », et pourtant, comme elle le disait, « l'océan serait amoindri par l'absence de cette goutte ». Elle contribuait comme elle le pouvait et encourageait les autres à faire de même.

« Beaucoup de gens disent que nous devrions travailler avec des programmes sociaux et des programmes de développement ; nous ne sommes pas là pour ça. C'est le travail d'autres personnes. Que chacun fasse ce qu'il peut. Je vous supplie, mes sœurs, de ne pas vous fourvoyer. L'amour est pour aujourd'hui, les programmes sont pour l'avenir. » Même si elle appréciait sincèrement les efforts de ceux qui travaillaient à améliorer la vie des membres les plus vulnérables de la société, elle insistait sur le fait qu'elle et ses sœurs n'étaient pas des travailleurs sociaux. Même si elle cherchait également à apporter de l'aide à ceux qui étaient dans le besoin, sa mission était d'une autre portée. Elle trouvait son origine dans un appel précis de Dieu et son but dans un mandat reçu de Lui. Par son service concret, Mère Teresa devait « amener les âmes à Dieu, et Dieu aux âmes ». Elle se vouait entièrement à cet appel avec une fidélité extrême, prouvant à ceux qu'elle servait que, même s'ils se sentaient abandonnés et rejetés, ils étaient en vérité aimés et choyés.

Mère Teresa apportait de l'espérance à ceux qui se sentaient impuissants dans leurs souffrances, souvent en leur rappelant simplement l'amour de Dieu. Quand les gens venaient lui parler de leurs difficultés, elle trouvait toujours un moyen de les consoler et de les encourager. Son soutien dans la souffrance, ses conseils dans les moments de doute ou son aide matérielle lorsqu'elles étaient dans le besoin furent pour de nombreuses personnes un signe de l'amour de Dieu. À d'autres moments, tout ce qu'elle pouvait donner était un sourire, un mot gentil, une image pieuse ou une médaille avec une promesse de prière, et pourtant ces petits gages d'amour aidaient aussi à restaurer l'espérance, l'enthousiasme, une raison de vivre ou un désir d'aimer.

Même de son vivant, les gens reconnaissaient la sainteté exceptionnelle de Mère Teresa et la qualifiaient de « sainte de notre temps ». Aux remarques déplacées au sujet de sa sainteté, elle répondait avec la plus grande simplicité : « La sainteté n'est pas le luxe d'un petit nombre, mais un simple devoir pour vous et moi. » Puisque la sainteté devrait être notre état normal, il n'y avait aucune raison de s'en glorifier.

En déclarant que la sainteté était un simple devoir pour chacun, Mère Teresa ne voulait pas suggérer qu'elle était facile à atteindre. Bien consciente que la sainteté est le fruit de l'action du Saint-Esprit dans notre âme, elle soulignait aussi qu'elle requiert un effort et une ferme résolution de notre part. « Je veux, je vais, avec la bénédiction de Dieu, être sainte » – tel fut le leitmotiv des dernières années de sa vie. Si sa force physique déclinait avec le temps, sa détermination à atteindre la sainteté ne faiblit jamais.

Mère Teresa touchait ce qui est le plus fondamental en chaque personne : le besoin d'aimer et d'être aimé. Dirigeant l'œuvre de sa vie vers ceux en qui ce besoin était le moins rassasié, elle leur révélait quelque chose de l'amour et de la compassion de Dieu. Ainsi elle est devenue signe que Dieu *est*, qu'Il est présent et qu'Il aime toujours le monde. Elle répétait souvent : « Dieu aime toujours le monde à travers vous et à travers moi. » C'est pourquoi elle exhortait ses sœurs et frères à vivre consciencieusement leur vocation de Missionnaires de la Charité en se faisant porteurs de l'amour de Dieu.

Les situations d'extrême pauvreté matérielle ou spirituelle qu'elle découvrait et affrontait, dans le monde développé comme dans les pays en développement, représentaient souvent un défi pour les structures sociales comme pour la conscience individuelle. Inspirés par son exemple, beaucoup désiraient participer à sa mission d'amour, mais tous n'étaient pas appelés à travailler directement auprès des pauvres. Chacun, cependant, est appelé à accomplir sa mission particulière et à contribuer à édifier une « civilisation de l'amour », selon le mot de Jean-Paul II. Mère Teresa savait respecter, apprécier et encourager les différents talents et les efforts des uns et des autres : « Tous les dons de Dieu sont bons, mais ils ne sont pas tous identiques. » À ceux qui voulaient imiter son exemple d'une manière ou d'une autre, elle répondait : « Ce que je peux faire, vous ne pouvez pas le faire. Ce que vous pouvez faire, je ne peux pas le faire. Mais ensemble, nous pouvons faire quelque chose de beau pour Dieu. » Faire quelque chose de beau pour Dieu à chaque instant de sa vie, c'était précisément sa manière de rendre le monde meilleur et plus aimant.

Un cœur pur peut voir Dieu

Pour être capable de voir Dieu dans le silence de votre cœur, il vous faut un cœur pur. Seul un cœur pur peut voir Dieu, peut comprendre ce qu'Il nous dit.

SI NOTRE CŒUR EST PUR

Quand j'étais à Delhi, je remontais une de ces grandes avenues en voiture. Il y avait un homme allongé sur la route, à moitié sur le trottoir et à moitié sur la route. Des voitures passaient, mais personne ne s'arrêtait pour voir s'il allait bien. Quand j'ai arrêté la voiture et que nous avons ramassé l'homme, les sœurs étaient surprises. Elles m'ont demandé : « Mais Mère, comment l'avez-vous vu ? » Personne ne le voyait, pas même nos propres sœurs. Si notre cœur est pur, nous verrons Dieu, [...] si notre cœur est affranchi du péché, nous verrons Dieu.

UN CŒUR HUMBLE

C'est pourquoi Jésus, Marie et Joseph ne cessent de nous enseigner l'humilité, car un cœur humble est un cœur pur et un cœur pur voit Dieu[1], et nous grandirons de façon certaine en sainteté comme Jésus par Marie.

1. Matthieu 5, 8.

SOYEZ CE QUELQU'UN QUI RÉCONFORTE

Car les purs peuvent voir et partager les terribles souffrances du Christ. Soyez ce quelqu'un qui Le réconforte quand Il a besoin de quelqu'un pour Le réconforter, en particulier quand il y a tant de péchés.

UN CŒUR HUMBLE PEUT ENTENDRE

Grandissez dans la ressemblance au Christ par l'humilité et la pureté de cœur. Un cœur humble peut entendre Dieu parler dans le silence de son cœur, et un cœur pur peut voir Dieu et Lui parler du trop-plein de son cœur, et Le servir sous le déguisement désolant des plus pauvres des pauvres.

IL NOUS FAUT UN CŒUR PUR

Nous servons Jésus sans Le voir face à face. Nous devons apprendre à voir et à servir. Pour cela, il nous faut un cœur pur, car seul un cœur pur peut voir Dieu[2], peut toucher Dieu, peut servir Dieu. Un cœur pur est un cœur libre, affranchi du péché. Quelle est la différence entre nous et un travailleur social ? Ce ministre à New Delhi a donné la réponse : « Nous le faisons pour quelque chose. Vous le faites à Quelqu'un. » Et il savait qui était ce Quelqu'un, que c'était Jésus. Il nous faut un cœur affranchi du péché pour être capables de voir.

---

2. *Ibid.*

Un abandon total

Soyez cause de joie les unes pour les autres. Vous êtes précieuses à Ses yeux. Il vous aime, Il m'aime, Il l'aime, elle. Il a cet amour délicat pour vous. Jésus m'aime parce que je vous aime. Où est notre maison ? Dans notre communauté même. Comment l'amour commence-t-il ? Par la prière ; la prière donne un cœur pur. Rappelez-vous trois choses que Mère vous dit : un abandon total à Dieu, une confiance aimante les unes avec les autres et la joie avec tous. Alors nous serons vraiment saintes comme Jésus. Soyez saintes comme Jésus, soyez seulement tout à Jésus par Marie.

UN ABANDON TOTAL

Un abandon total consiste à se donner complètement à Dieu. Pourquoi devons-nous nous donner pleinement à Dieu ? Parce que Dieu S'est donné à nous. Si Dieu, qui ne nous doit rien, est prêt à nous octroyer rien moins que Lui-même, devrons-nous répondre avec seulement une fraction de nous-mêmes ? Nous donner pleinement à Dieu est un moyen de recevoir Dieu Lui-même. Moi pour Dieu et Dieu pour moi. Je vis pour Dieu et je renonce à moi-même et, de cette manière, j'incite Dieu à vivre pour moi. Ainsi, pour posséder Dieu, nous devons Lui permettre de posséder notre âme. Comme nous serions pauvres si Dieu ne nous avait pas donné le pouvoir de nous donner à Lui ! Comme nous sommes riches maintenant !

Et comme il est facile de conquérir Dieu ! Nous nous donnons à Dieu ; alors Dieu est nôtre et rien ne peut être plus à nous que Dieu. La monnaie avec laquelle Dieu nous rembourse de notre abandon est Lui-même. Nous devenons dignes de Le posséder lorsque nous nous livrons complètement à Lui.

M'abandonner signifie Lui offrir ma volonté libre et ma raison, c'est-à-dire ma propre lumière, pour être guidée par la parole de Dieu, dans la foi pure. Il se peut que mon âme soit dans les ténèbres, mais je sais que ces ténèbres, cette épreuve et cette souffrance, sont la preuve la plus sûre de mon abandon aveugle.

L'abandon est aussi amour vrai. Plus nous nous abandonnons, plus nous aimons Dieu et les âmes. Si nous aimons vraiment les âmes, nous devons être prêtes à prendre leur place, à prendre sur nous leurs péchés et à les expier par la pénitence et une mortification continuelle. Nous devons être des holocaustes vivants, car les âmes ont besoin de nous en tant que telles. Il n'y a aucune limite à l'amour qui nous pousse à donner. Se donner entièrement à Dieu, c'est être Sa victime – la victime de Son amour indésirable, c'est-à-dire de l'amour de Dieu qui n'a pas été accepté par les hommes. L'esprit de notre congrégation est celui d'un abandon complet. Nous ne pouvons pas nous satisfaire du lot commun. Ce qui est bien pour d'autres n'est pas suffisant pour nous. Nous devons apaiser la soif d'un Dieu infini, mourant d'amour. Seul l'abandon total peut satisfaire le désir brûlant d'une vraie Missionnaire de la Charité.

LE CHRIST S'EST LIVRÉ À SON PÈRE

Le Christ était entièrement à la disposition de Son Père pour le rachat de la multitude. Même s'il était Dieu, Il n'a pas retenu jalousement le rang qui l'égalait à Dieu[1] ; mais Il S'est vidé, prenant la forme d'un serviteur, naissant à la ressemblance des hommes. Et Notre-Dame : « Je suis la servante du Seigneur, qu'il me soit fait selon ta parole[2]. » Marie était complètement vide d'elle-même, alors Dieu l'a remplie de grâce jusqu'à ce qu'elle soit pleine de Dieu. Elle Lui a permis de Se servir d'elle à Sa guise avec une confiance et une joie complètes, en Lui appartenant sans réserve. Et notre abandon total : en nous donnant complètement à Dieu parce que Dieu S'est donné à nous, nous sommes entièrement à Sa disposition pour être possédées par Lui afin de pouvoir Le posséder, pour prendre tout ce qu'Il donne et donner tout ce qu'Il prend avec un grand sourire, pour être utilisées par Lui comme il Lui plaira, pour Lui offrir notre volonté libre et notre raison, notre vie même, dans la foi pure, afin qu'Il puisse penser Ses pensées dans notre esprit, faire Son œuvre par nos mains et aimer avec nos cœurs. Notre abandon total consiste aussi à être totalement disponibles pour Dieu et Son Église à travers notre disponibilité pour nos supérieures, nos sœurs et les gens que nous servons.

SE LIVRER COMME JÉSUS

« Un abandon total » : c'est l'esprit du Christ dans les Évangiles du début à la fin. « Je suis venu faire Ta volonté[3]. » « Mon Père et Moi ne faisons qu'un[4]. » « Père, que Ta volonté soit faite, et non la Mienne[5]. » « Ma nourriture est de faire la

1. Philippiens 2, 5-7.
2. Luc 1, 38.
3. Jean 6, 38.
4. Jean 10, 30.
5. Matthieu 26, 42 ; Marc 14, 36 ; Luc 22, 42.

volonté de Celui qui M'a envoyé[6]. » « Père, entre Tes mains, Je remets Mon esprit[7]. » C'est ainsi que le Christ vivait et c'est ainsi que nous vivons en tant que m.c. Il n'y a pas à demander « pourquoi ? » ni à ajouter quoi que ce soit. C'est également ainsi que vivait Notre-Dame. C'est pourquoi elle est devenue la Mère des douleurs, parce qu'elle devait répondre « Oui » continuellement, « avec une joie et une confiance totales, en Lui appartenant sans réserve ».

Nous devons être capables de nous donner si complètement à Dieu qu'Il puisse nous posséder. Nous devons « donner tout ce qu'Il prend et prendre tout ce qu'Il donne », non pas ce qu'elle (la supérieure ou la sœur) donne, mais ce qu'Il donne à travers elle. Si vous comprenez cela, vous n'aurez aucune difficulté à vivre en communauté.

CECI VOUS TRANSFORMERA

« *Notre abandon total à Dieu signifie que nous sommes entièrement à la disposition du Père, comme l'étaient Jésus et Marie.* » La constitution ne demande rien d'extraordinaire. Seulement d'être comme Marie et Jésus. « En nous donnant complètement à Dieu, parce que Dieu S'est donné à nous, nous sommes entièrement à Sa disposition. » Pas d'explication. Nous savons de quelle manière nous nous sommes données et comment Dieu est dans nos vies. Qu'est-ce que notre abandon à Dieu ? Ne dites pas : « Je ne sais pas. » Vous dites un mensonge. « Parce que Dieu S'est donné à nous, nous sommes à Sa disposition. »

Quand le transfert arrive : « Ce climat ne me convient pas. » Comment cela peut-il être ? Très bien, allez-y et

6. Jean 4, 34.
7. Luc 23, 46.

mourez. Il y avait la guerre en Jordanie. Une sœur m'a téléphoné d'Amman en plein milieu d'une fusillade. C'est sorti directement de ma bouche : « Ma sœur, faites-moi savoir quand vous mourrez. » Je n'avais pas préparé cela. Elles n'ont pas rappelé. S'il faut que vous mouriez, mourez. C'est merveilleux, mes sœurs. Et autre chose : j'avais envoyé une sœur dans un endroit difficile. La sœur n'était pas contente d'y aller. Quand elle est arrivée, elle a écrit : « Quand je suis arrivée, mon Époux m'attendait. » Elle avait trouvé Jésus qui l'attendait là-bas. Elle avait trouvé la paix et la joie, parce qu'elle avait dit « Oui ». Vous devez prendre cette habitude. C'est l'esprit des Missionnaires de la Charité. « Allez », allez. « Venez », venez. J'ai changé une sœur de place. Une fois qu'elle a été à la maison mère, j'ai dû la changer encore. Le froid de Darjeeling lui avait gelé le nez. Il était devenu complètement noir. Après cela, j'ai dû la changer encore. J'avais oublié son nez. Elle n'a rien dit. Cette fois-là, j'ai emmené les sœurs à la gare. À la gare, dans le train, je me suis souvenue de son nez et j'ai dit : « Ma sœur, descendez, s'il vous plaît, prenez toutes vos affaires. » Elle était heureuse. [...] Sommes-nous prêtes à être comme cela ?

Il y avait un jésuite, que je connais très bien. En trente-neuf ans, il avait été transféré trente-sept fois. Et ce matin-là, le supérieur provincial était venu le voir de nouveau en disant : « Je voudrais que vous alliez à cet endroit. » Et qu'a fait ce père ? Il n'a pas dit : « C'est la trente-huitième fois. » Il a dit : « Quel train voulez-vous que je prenne ? » Je me demande ce qui nous serait arrivé à vous et moi ? Pas de pleurs, pas le temps d'inviter celui-ci ou celui-là [pour dire au revoir]. Était-ce un réel sacrifice ? L'obéissance est un réel sacrifice si je veux appartenir à Jésus.

Un autre jésuite m'a raconté une histoire pire encore. Il était transféré. Il est monté dans un train. Il était dans le train, très heureux de se rendre dans cet endroit. Et au bout d'une journée de voyage, le train est entré en gare et un télégramme l'attendait : « Changez de train, allez à tel endroit. » « Comment vous êtes-vous senti ? – Très bien, il a le droit de faire cela. Ce télégramme est la volonté de Dieu pour moi. » Il n'a pas posé de question. Notre obéissance est cet abandon total. [...] Si j'ai compris que j'appartiens à Jésus, Il a le droit de Se servir de moi. L'abandon total et l'obéissance sont la même chose. Je n'ai pas besoin de vous expliquer l'obéissance si vous comprenez l'abandon total aujourd'hui.

Un cardinal m'avait demandé de lui écrire quelque chose. J'ai écrit en grandes lettres, ces lettres particulièrement grandes que j'ai pour les cardinaux ! J'ai écrit : « Laissez Jésus vous utiliser sans vous consulter. » Il a dit que cela lui avait apporté la paix et la joie depuis le moment où je lui avais envoyé cela. Et comment accomplir cet abandon total ? Constitution 17 : « *Être possédée par Lui afin de pouvoir Le posséder. Prendre tout ce qu'Il donne et donner tout ce qu'Il prend avec un grand sourire.* » Apprenez ceci par cœur. La supérieure vous corrige. Prenez, acceptez. Aujourd'hui Il vous donne cela, Il vous prend la santé, le travail que vous aimez, la compagne avec qui vous trouvez facile de travailler, la maison, aujourd'hui il fait si froid. Acceptez. Je vous envoie dans une ville où il fait si chaud. Acceptez. Je ne dis pas que vous devez être indifférente, ne rien ressentir. Ce n'est pas le bon esprit. Il s'agit d'un sacrifice. Mais j'accepte. J'offre. Cela vous transformera.

ACCEPTER LA VOLONTÉ DE DIEU

Je relie toujours la Passion du Christ à l'obéissance. Accepter simplement et accepter de cette façon, sans douter, sans récriminer, sans se plaindre, sans demander d'explication. Il est bon [...] de se poser cette question : avez-vous réellement éprouvé de la difficulté à obéir et à vous livrer ? [...] Peut-être y a-t-il eu des moments dans votre vie où il vous a été difficile d'obéir. Demandez-vous : 1) Est-ce que vous avez prié ? Jésus priait d'autant plus longuement qu'il était plus difficile d'accepter la volonté de Dieu[8]. Qu'avez-vous fait ? 2) Avez-vous récriminé ? 3) Avez-vous critiqué ? Faites votre examen de conscience afin que le diable ne puisse pas vous vaincre. 4) Avez-vous éprouvé la joie de vous livrer totalement ? Dieu n'a pas parlé à Jésus directement, ni à Marie ; c'était par l'intermédiaire d'un ange[9], ou de Joseph[10], ou de César[11], mais jamais directement. Voyez l'abandon total de Marie. Elle est l'exemple vivant de l'obéissance totale, non pas seulement dans un livre, mais dans son cœur. 5) Combien de fois avez-vous obéi avec détermination ? [...] Ce sont des détails, mais pensez-y. César avait écrit que tous les habitants devaient venir se faire recenser dans leur province d'origine[12]. Il était orgueilleux, il voulait simplement savoir combien de sujets il avait ; Joseph et Marie ne l'ont pas jugé, ils n'ont pas critiqué, ils y sont seulement allés. Ils auraient pu dire : « Cela fait déjà neuf mois, le bébé peut naître à n'importe quel moment. » Mais

---

8. Luc 22, 44.
9. Luc 1, 26-38.
10. Matthieu 1, 18-25 ; 2, 13-15 et 19-23.
11. Luc 2, 1-7.
12. *Ibid.*

non. César a dit « Allez », alors ils y sont allés. Plus tard, quelqu'un veut tuer l'enfant, [et ils décident] de fuir[13]. Ils auraient pu se cacher simplement quelque part, mais ils sont partis.

POUR ATTEINDRE CE PARFAIT AMOUR DE DIEU

Si nous nous tenons vraiment à cet abandon total, nous sommes sûres d'atteindre ce parfait amour de Dieu. Ne perdons pas de temps. Dieu nous connaît mieux que personne. Il connaît nos capacités. Sa connaissance de chacune de nous est complète. Une fraction de Sa beauté est en chaque personne. Nous sommes faites à l'image de Dieu[14]. Son caractère aimable est en chacune de nous, alors voyons ce qu'il y a de Dieu en chaque personne. Pour cela, il nous faut un regard pur et un cœur pur, afin d'être capable de voir cette beauté.

---

13. Matthieu 2, 13-15.
14. Genèse 1, 27 ; 9, 6.

Une confiance aimante dans le Bon Dieu, qui nous aime

Une chose que Jésus me demande : que je m'appuie sur Lui ; qu'en Lui et en Lui seul je mette ma confiance complète ; que je me livre à Lui sans réserve. Il faut que je renonce à mes propres désirs pour travailler à me perfectionner. Même quand tout va mal et que j'ai l'impression d'être un navire sans boussole, je dois me donner complètement à Lui. Je ne dois pas tenter de contrôler l'action de Dieu. Je ne dois pas compter les étapes du voyage qu'Il veut me faire faire. Je ne dois pas désirer une perception claire de ma progression sur la route, ni savoir précisément où je me trouve sur le chemin de la sainteté. Je Lui demande de faire de moi une sainte, mais je dois Lui laisser le choix de cette sainteté elle-même et plus encore le choix des moyens qui y conduisent.

ELLE POUVAIT SE LIVRER SANS CONDITION

« *Marie, elle aussi, mettait sa complète confiance en Dieu.* »

Parce qu'elle Le connaissait, elle L'aimait, et ainsi elle pouvait se livrer à Lui totalement, *sans condition*. Vous le savez peut-être, dans l'histoire d'Israël, toutes les femmes se mariaient avec l'intention de devenir la mère du Messie, mais Marie et Joseph avaient décidé de rester purs. Ils avaient fait un vœu ensemble. En général, le garçon et la fille juifs pouvaient vivre comme mari et femme après leurs fiançailles, mais Marie et Joseph avaient décidé de vivre toujours comme frère et sœur ; c'est pourquoi Marie a répondu à la salutation de l'ange par cette question : « [Comment cela se fait-il puisque] je ne connais aucun homme[1] ? » Après l'explication de l'ange, voyez son abandon total, sa confiance : « Je suis la servante du Seigneur[2]. » Elle acceptait le message de l'ange : elle allait devenir la Mère de Dieu, la Reine du ciel et de la terre. Elle faisait pleinement confiance à Dieu pour agir en elle et par elle. Et ensuite, elle ne s'est pas précipitée pour dire à tout le monde : « Tu vois, Joseph, un ange est venu et m'a dit ceci et cela. » Non, Marie a gardé le silence. Même quand Joseph a découvert sa grossesse à cause des signes extérieurs, elle n'a rien dit. Elle a fait confiance à Dieu pour intervenir. Joseph a fait confiance à Notre-Dame. Il ne pouvait pas [penser] qu'elle avait péché, pourtant il ne comprenait pas. Donc, il avait décidé de la répudier discrètement. Dieu est intervenu et a tout arrangé[3]. Voyez la confiance de Notre-Dame et de saint Joseph.

NOUS NE SOMMES PAS OBLIGÉES DE CROIRE CELA

« *Notre confiance aimante en Dieu implique notre confiance en [...] la réalité de Jésus, Fils de Dieu fait homme, dans la vérité de Son enseignement dans l'Évangile.* » Faites confiance à ce qu'Il a dit : « Je vous ai choisis. [...] Tout ce que vous faites au plus petit d'entre Mes frères, c'est à Moi que vous le faites[4]. » Nous ne sommes pas obligées de croire cela. Nous

---

1. Luc 1, 34.
2. Luc 1, 38.
3. Matthieu 1, 18-21.
4. Matthieu 25, 40.

ne sommes pas obligées de croire que deux et deux font quatre. Nous le savons. C'est comme cela, l'enseignement de l'Évangile. Aujourd'hui, il y a tant de difficultés parce qu'on ne fait pas confiance aux enseignements de l'Église.

CONFIANCE INCONDITIONNELLE

« *Jésus faisait si complètement confiance à Son Père qu'il a remis Sa vie entière et la mission pour laquelle Il était envoyé [entre les mains de Son Père].* » Il savait que le Père apporterait le salut malgré l'échec complet. Aux yeux de toute sagesse humaine, la Croix est un échec complet. La confiance de Jésus est *inconditionnelle.* Il a accepté de Se faire homme, semblable à nous en toutes choses à l'exception du péché. Nous ne nous rendons pas compte de ce que cela signifie : « Lui qui S'est fait pauvre, de riche qu'il était[5]. » Lui qui est « Dieu, né de Dieu, Lumière, née de la Lumière, engendré non pas créé, consubstantiel au Père, et par Lui tout a été fait [...], Il a pris chair de la Vierge Marie ». Le Créateur a choisi de se faire créature, un avec nous, semblable à nous, d'être dépendant des autres, d'avoir besoin de nourriture à manger, de vêtements à porter, de boisson pour étancher Sa soif, d'avoir besoin de repos, d'être fatigué comme nous. [...] Un avec nous en toutes choses. Pourquoi ? Par amour pour nous, avec une confiance inconditionnelle en Son Père. Il a choisi de naître d'une femme, la Vierge Marie, de prendre chair et sang humains. De vivre à Nazareth[6]. « De Nazareth, peut-il sortir quelque chose de bon ? » demandait Nathanaël[7]. Le Christ a accepté de venir de cette ville humble entre toutes et qui

5. 2 Corinthiens 8, 9.
6. Matthieu 2, 23.
7. Jean 1, 46.

n'avait pas bonne réputation, de travailler comme charpentier. « Celui-là n'est-Il pas le fils de Marie et Joseph[8] ? » Vous savez que le Christ ne fut pas accepté à Nazareth parce qu'Il avait accepté d'avoir Marie et Joseph comme parents[9]. Sa prédication ne fut pas acceptée là-bas et on voulut Le lapider parce qu'Il Se disait Fils de Dieu[20]. Il fut totalement rejeté. « Il est venu chez Lui et les Siens ne L'ont pas accueilli[11]. »

QUAND LA CROIX EST LOURDE

« [...] *pleine confiance en Sa divine Providence pour toutes nos nécessités*... » « Vous êtes plus importants pour moi que l'herbe, que les oiseaux[12]. » Souvenez-vous de ces paroles. Je suis plus importante. Même le soleil et la lune, si beaux soient-ils, ne peuvent pas communier. Il a créé pour moi le soleil et la lune, les arbres, les oiseaux, tout cela pour moi. S'Il peut nous donner Son propre Corps, Sa Chair, que sont toutes ces choses en comparaison avec la Communion ? À Manille, à la douzième station du Chemin de Croix, après la prière de la douzième station, [les sœurs] chantent : « Pas de plus grand amour[13]. » J'aimerais que vous chantiez comme cela. Apprenez cela par cœur. Quand la Croix est lourde, chantez cela pour vous-même. Il est temps pour moi de montrer un plus grand amour.

*

8. Jean 6, 42 ; Matthieu 13, 55.
9. Jean 6, 42.
10. Luc 4, 28-29.
12. Jean 1, 11.
12. Luc 12,7 et 24-28.
13. « Pas de plus grand amour, il n'y a pas de plus grand amour et il ne saurait y en avoir que le grand amour de Dieu, un amour infini, un amour qu'Il a révélé à travers le Christ au Calvaire. »

Dépendre uniquement de la divine Providence ; et je peux vous le dire : depuis toutes ces années que nous nous occupons de milliers et de milliers de personnes, nous n'avons encore jamais eu à renvoyer quelqu'un parce que nous manquions. Il y a toujours eu suffisamment. Il y a toujours eu une assiette de riz supplémentaire, un lit supplémentaire ici. Jamais nous n'avons eu à dire à quelqu'un : « Je suis désolée, mais je ne peux pas vous accueillir ou bien je ne peux pas vous donner quoi que ce soit. » Le Bon Dieu a toujours été là. Dans cette liberté, dans cette appartenance à Lui, dans cet amour sans partage pour Lui, la divine Providence a été une réalité tout à fait merveilleuse et vivante.

DEUX CAMIONS PLEINS

Dieu ne nous abandonnera jamais, jamais, jamais, si nous avons la foi et si nous Lui faisons confiance. Une semaine, le vendredi et le samedi, pour la toute première fois, nous n'avions pas de riz à donner aux pauvres. Les sœurs nourrissent, je crois, quatre mille personnes par jour, et ces gens n'ont tout simplement rien à manger si les sœurs ne les nourrissent pas, mais nous n'avions rien. Et puis, vers neuf heures du matin le vendredi, un, deux camions pleins, pleins de pain, [plus] qu'ils n'en avaient jamais vu de leur vie. Donc vous voyez, mes sœurs, Dieu est attentionné. Il ne nous abandonnera jamais si nous Lui faisons confiance, même s'Il a dû jouer un tour aux gens et fermer les écoles. Il veillera toujours sur nous. Donc nous devons nous attacher à Jésus.

*

Je me souviens de la première fois où nous sommes allées au Venezuela. Les sœurs ne connaissaient pas un mot d'espagnol. Nous sonnions la cloche dans la rue pour appeler les gens à la Messe, nous parlions avec les gens. [...] Au début, une ou deux personnes sont venues, lentement, lentement. Maintenant, elles en ont plus que les églises ne peuvent en contenir. Ce que font les novices à Calcutta dépasse l'entendement. L'autre jour, dans une maison récemment ouverte, les sœurs ont préparé des enfants, des garçons de dix-huit et vingt ans, à la Première Communion. L'évêque lui-même est venu leur donner la Première Communion. Il est venu de loin. Cette petite sœur timide les avait préparés. Elle avait cherché et elle les avait trouvés. Vous voyez, mes sœurs, quand nous avons une complète confiance en Dieu, que n'accomplira-t-Il pas à travers nous !

NOUS DEVONS GRANDIR

Ne pensez pas qu'il nous suffise de nous livrer à Dieu une fois pour toutes. Si nous ne pratiquons pas un contrôle quotidien de nous-mêmes, une abnégation quotidienne de nous-mêmes, nous deviendrons des boules de nerfs. Jésus a grandi en âge et en sagesse devant Dieu et les hommes[14]. Nous devons nous aussi grandir de la même manière.

14. Luc 2, 52.

La joie

Je veux être sainte selon Son Cœur doux et humble[1], c'est pourquoi je ferai de mon mieux pour grandir dans ces deux vertus de Jésus.

Ma deuxième résolution est de devenir apôtre de la joie pour consoler le Sacré-Cœur de Jésus par la joie.

S'il vous plaît, demandez à Notre-Dame de me donner son cœur afin que je puisse plus facilement accomplir Son désir en moi. Je veux sourire même à Jésus et ainsi, même à Lui, cacher si possible la douleur et les ténèbres de mon âme.

LAISSEZ-MOI Y ALLER…

Laissez-moi y aller et me donner pour eux, laissez-moi m'offrir moi-même et celles qui me suivront pour ces pauvres indésirables, les petits enfants des rues, les malades, les mourants, les mendiants, laissez-moi aller jusque dans leurs trous et apporter à leurs familles brisées la joie et la paix du Christ.

---

1. Matthieu 11, 29.

LES PREMIERS CHRÉTIENS

À Bethléem, la joie a empli tout le monde : les bergers, les anges[2], les rois[3], Joseph, Marie[4]. [...] La joie était la marque caractéristique des premiers chrétiens[5]. Durant la persécution, les gens surveillaient ceux qui avaient le visage rayonnant de cette joie. À cette joie ils savaient qui étaient les chrétiens et ainsi ils les persécutaient. Saint Paul, que nous essayons d'imiter par notre zèle, était un apôtre de la joie. Il encourageait toujours les premiers chrétiens à se réjouir sans cesse dans le Seigneur[6]. Toute sa vie peut se résumer en une phrase : « J'appartiens au Christ[7]. » « Rien ne peut me séparer de l'amour du Christ, ni les souffrances ni les persécutions, ni quoi que ce soit[8]. » « Je vis maintenant, ce n'est plus moi qui vis, mais c'est le Christ qui vit en moi[9]. » C'est pourquoi il était si plein de joie.

AIMEZ-VOUS LES UNS LES AUTRES

Jésus a dit très clairement : « À cet amour des uns pour les autres, on reconnaîtra que vous êtes Mes disciples[10] », et c'est la seule manière pour nous de proclamer le christianisme, le message du Christ. Pourquoi les gens sont-ils tellement impressionnés par l'œuvre ? Ce que nous faisons n'a rien

---

2. Luc 2, 1-20.
3. Matthieu 2, 1-12.
4. Luc 1, 46-47 ; 2, 10-16.
5. Actes 2, 46 ; 13, 52 ; 16, 34.
6. Philippiens 4, 4.
7. 2 Corinthiens 10, 7 ; Galates 3, 29 ; 5, 24.
8. Romains 8, 35-39.
9. Galates 2, 20.
10. Jean 13, 35.

d'extraordinaire, rien de spécial. [C'est parce que] non seulement les sœurs font ce travail, mais elles sont heureuses de le faire et ce bonheur provient de cette union avec le Christ. Et les gens voient cela et alors ils veulent prendre part à ce bonheur ; les gens ont faim de bonheur, ils veulent le bonheur. Et tant de gens viennent, nous avons tant de jeunes qui viennent travailler en tant que volontaires ; il y en a beaucoup, beaucoup, beaucoup, du monde entier.

*

Une sœur joyeuse est comme le soleil de l'amour de Dieu, l'espérance du bonheur éternel, la flamme d'un brûlant amour.

LA VERTU DU SOURIRE

La joie est l'une des choses les plus essentielles de notre congrégation. Une m.c. doit être une m.c. de joie. Elle doit rayonner la joie pour tous. Par ce signe, le monde saura que vous êtes des m.c. Tout le monde vous voit et vous remarque et parle des m.c., non pas à cause de ce qu'elles font, mais parce qu'elles sont heureuses de faire le travail qu'elles font et de mener la vie qu'elles mènent. Quand je dis joie, je ne veux pas parler de rires tonitruants ni de cris. Non, cela est trompeur, et peut être là pour cacher quelque chose. Je parle de la profonde joie intérieure qui est en vous, dans vos yeux, votre regard, votre visage, vos mouvements, vos gestes, votre vivacité etc. « Que Ma joie soit en vous[11] », dit Jésus. Quelle est cette joie de Jésus ? C'est le résultat de Son union

11. Jean 15, 11.

continuelle avec Dieu, tandis qu'Il faisait la volonté du Père. « Je suis venu afin que Ma joie soit en vous et que votre joie soit parfaite[12]. » Cette joie est le fruit de l'union avec Dieu, du fait d'être en présence de Dieu. Vivre en présence de Dieu nous remplit de joie. Dieu est joie. Pour nous apporter de la joie, Jésus S'est fait homme. Marie est la première à avoir reçu Jésus : « Mon esprit exulte en Dieu mon Sauveur[13]. » L'enfant dans le sein d'Élisabeth a tressailli de joie parce que Marie lui apportait Jésus[14]. Ce même Jésus que nous recevons en Communion ; il n'y a aucune différence. Nous sommes-nous hâtées aujourd'hui d'aller Le donner aux pauvres ? Les pauvres se sont-ils réjouis de nous voir aujourd'hui ? Ont-ils été plus heureux à cause de nous ? Sont-ils devenus meilleurs en entrant en contact avec nous ? Leur donnons-nous un Dieu vivant ?

LA JOIE EST…

« La joie est prière, signe de notre générosité, de notre oubli de nous-mêmes et d'une union intime et continuelle avec Dieu. » Dans tout, les yeux, le visage, les gestes, cette joie doit se voir.

*

Quand vous êtes pleine de joie, vous avancez plus vite et vous voulez aller faire du bien à tout le monde. « La joie est le signe de l'union avec Dieu », de la présence de Dieu.

---

12. *Ibid.*
13. Luc 1, 47.
14. Luc 1, 44.

*

« La joie est amour ; un cœur joyeux est le résultat normal d'un cœur brûlant d'amour, car elle donne plus, celle qui donne avec joie, et Dieu aime celui qui donne avec joie[15]. » [...] Un homme est venu de Kalighat et est allé directement au [pavillon des] femmes. Il y avait une sœur qui s'occupait d'une patiente qui venait d'arriver. La joie devait se lire sur son visage. L'homme a dit : « Je suis venu ici vide. Je repars plein de Dieu. J'ai vu l'amour de Dieu dans cette sœur. » Peut-être ne s'était-elle-même pas rendu compte que cet homme la regardait.

*

Notre lampe brûlera des sacrifices faits par amour si nous avons la joie. Alors l'Époux viendra et dira : « Venez prendre possession du royaume préparé pour vous[16]. » C'est une sœur joyeuse qui donne le plus et tout le monde aime celui qui donne avec joie, et Dieu aussi. Ne nous tournons-nous pas toujours vers celui qui donnera avec joie et sans récriminer ?

UN FILET D'AMOUR

Parce que nous sommes pleines de joie, tout le monde nous apprécie et veut être en notre compagnie pour recevoir la lumière du Christ que nous possédons. Une sœur pleine de joie prêche sans prêcher. Chaque jour, nous prions :

---

15. 2 Corinthiens 9, 7.
16. Matthieu 25, 34.

« Aidez-moi à répandre Votre parfum ; Le Vôtre, Seigneur, pas le mien. » Est-ce que nous comprenons la signification de cela ? Est-ce que nous comprenons notre mission de répandre cette joie, de rayonner cette joie chaque jour dans notre vie quotidienne, d'abord dans la communauté et ensuite auprès des pauvres ?

NOUS AVONS BESOIN DE LA JOIE

Même dans nos tâches, nous avons besoin de joie – d'une grande joie – pour faire les tâches que nous faisons. Sans joie, nous ne pouvons tout simplement pas les faire. Aujourd'hui, tant de mains sont venues à Kalighat pour récurer et frotter parce que vous êtes si nombreuses ici. Dans les missions, il y a la même quantité de travail à faire et il n'y a parfois qu'une ou deux sœurs pour tout faire. Même pour de l'argent, les gens ne veulent pas faire les tâches sales que nous faisons. C'est alors que vous avez besoin de joie pour accomplir toutes ces tâches joyeusement et de tout cœur.

LA MEILLEURE FAÇON DE REMERCIER DIEU

La meilleure façon de remercier Dieu et la congrégation est de prendre tout ce qu'Il donne et de donner tout ce qu'Il prend avec un grand sourire. Une sœur joyeuse est comme un rayon de soleil dans la communauté. Elle apporte la lumière de Dieu, la paix et la joie. Est-ce que je manque à mes sœurs dans la communauté ? Est-ce que je leur apporte la lumière et le bonheur du Christ ? Est-ce que les pauvres deviennent meilleurs parce qu'ils sont en contact avec moi ? Sont-ils plus heureux ? Une sœur joyeuse est l'espérance du bonheur éternel. Elle apporte l'espérance parce qu'elle croit qu'elle va aller au ciel, parce qu'elle vit en présence de Dieu. Elle est la flamme du brûlant amour. Comme les vierges[17], sa lampe est toujours pleine d'amour et de sacrifices. Quand l'Époux viendra, Il dira : « Venez, les bénis de mon Père, vous aurez en héritage le royaume préparé pour vous de toute éternité[18]. »

*

Une sœur joyeuse : rayon de soleil. [...] Les gens sont-ils meilleurs en votre compagnie ? Mieux vaut [vous] regarder en face. N'utilisez jamais de mots qui blesseront. [...] Les pauvres [...] ont un tel amour à nous enseigner. Certaines d'entre vous sont allées à Kalighat. Vous n'entendez jamais une plainte, jamais un cri, jamais une insulte. [...] Elles ont recueilli un homme dans la rue. Nous l'avons lavé, nettoyé, et nous lui avons donné le billet pour Saint-Pierre, et il a dit : « Ma sœur, je retourne à la maison de Dieu ! » Ça, c'est la joie !

LA JOIE DANS LES YEUX, DANS LA DÉMARCHE

Christo Prem Prachanta, prêchez-nous l'amour du Christ. Bien que nous soyons dans le temps de la Passion, je veux parler de joie aujourd'hui. Pas cette joie-là : ha, ha, ha, des rires bruyants... Mais cette conviction que « J'appartiens à Jésus » devrait susciter la joie : la joie dans les yeux, dans la démarche, quand vous vous rencontrez. La joie est le fruit du Saint-Esprit[19]. Personne n'a vu Dieu, hormis Jésus[20]. Donc

17. Matthieu 25, 1-13.
18. Matthieu 25, 34.
19. Galates 5, 22.
20. Jean 1, 18 ; 6, 46.

personne ne peut faire le portrait de Dieu. Pour apporter la joie, Jésus est venu. Le Père a tant aimé le monde qu'Il a donné Son Fils unique[21]. Jésus nous a tant aimés qu'Il S'est donné Lui-même[22]. Nous nous aimons tant les uns les autres que nous donnons la joie. Notre-Dame est partie en hâte donner la joie[23]. « Le christianisme est un don », a dit un monsieur hindou. Jésus ne pouvait pas Se séparer de nous et donc Il demeure avec nous. Son Corps même devient mon corps. Joie immense ! Sa joie était de vous aimer, de m'aimer. Beaucoup, beaucoup sont devenus des martyrs parce qu'ils ont été pris par cet amour. La joie d'être ensemble. Saint Paul, le grand amoureux du Christ, aimait aussi d'un amour humain, d'un cœur si tendre, si constant. Servez l'Église joyeusement, qu'il n'y ait pas de tristesse dans notre vie. Le seul chagrin est le péché.

UN BEAU SOURIRE

Un jour, on a amené un homme mourant, recueilli parmi les morts de la rue. Les hindous ont coutume de prier autour du corps, puis de mettre du feu dans sa bouche et l'homme commence à brûler. Ils ont mis du feu dans la bouche de cet homme et il s'est levé ! Il a dit : « Donnez-moi de l'eau ! » Ils l'ont amené à Kalighat. J'étais là. Je ne connaissais pas l'histoire. Donc je suis allée le voir et il bougeait à peine. Donc j'ai dit : « Celui-là a déjà un pied là-haut ! » Alors je lui ai lavé le visage [...]. Il a ouvert les yeux en grand, il m'a fait un beau sourire et il est mort. J'ai téléphoné et on m'a raconté l'histoire et on m'a demandé : « Vous êtes vraiment

21. Jean 3, 16.
22. Jean 10, 14-18 ; 15, 13.
23. Luc 1, 39-45.

sûre qu'il est mort? » J'ai dit: « Jésus, il Vous a vraiment trouvé! Moi qui lutte depuis des années pour aller au ciel! Il y est allé comme cela. » Je n'oublierai jamais la joie rayonnante de son visage. Pourquoi? Le contact avec Dieu.

Un jour, une dame nous transportait dans sa voiture. Elle conduisait et, dans la conversation, elle a dit: « Oh, j'ai un grand amour pour cette congrégation. » J'ai dit: « Pourquoi avez-vous cet amour particulier pour cette congrégation? – Parce que dès que les religieuses se retrouvent, c'est comme si elles s'étaient toujours connues; elles se saluent avec tant d'amour, tant de joie. Je vois cette présence du Christ en elles, je vois qu'elles sont vraiment amoureuses les unes des autres. » Vous voyez, c'était une laïque qui vivait une vie aisée à l'extérieur et tout, et pourtant ce qui la frappait, c'était que les sœurs étaient amoureuses les unes des autres parce qu'elles montraient leur joie en présence les unes des autres. Et, vous voyez, c'est ce que les jeunes veulent voir. Et si nous n'avons pas de vocations, ou si les vocations ne persévèrent pas avec nous, au lieu d'examiner toutes les possibilités, il convient d'examiner ce que nous sommes pour elles, ce que nous leur donnons, ce qu'elles voient en nous; quel contact avons-nous avec elles, quel contact voient-elles entre nous, au travail, avec les gens? La plupart d'entre vous s'occupent de jeunes dans les collèges, dans les écoles. Qu'êtes-vous pour eux?

POURQUOI PAS LE CŒUR HEUREUX?

Très souvent, il est arrivé dans la vie des saints que le fait de surmonter héroïquement une répugnance les ait élevés à un haut degré de sainteté. Tel fut le cas de saint François d'Assise, qui, en rencontrant un lépreux complètement défiguré, a eu un mouvement de recul, puis, se surmontant lui-même, a embrassé le visage terriblement défiguré. Le résultat fut que François fut rempli d'une joie indicible. Il devint complètement maître de lui-même et le lépreux repartit en louant Dieu de l'avoir guéri. Saint Pierre Claver léchait les plaies des esclaves noirs dont il s'occupait. Sainte Marguerite-Marie a aspiré le pus d'un furoncle. Pourquoi tout cela, sinon à cause de ce que ces saints croyaient et parce qu'ils voulaient se rapprocher du cœur de Dieu ? Il est très étrange que les quatre vœux demandent tant de gaieté. Dans notre cas, cette gaieté est très nécessaire, car sans elle nous aurions rarement le courage de saisir la vraie signification de l'abandon total. Puisque nous le faisons, pourquoi ne pas le faire le cœur heureux ?

UN SOURIRE EST LE COMMENCEMENT DE L'AMOUR

Peut-être que nos gens ici ont des choses matérielles, tout, mais je pense que si nous regardons tous dans nos propres maisons, nous trouvons parfois bien difficile de nous sourire les uns aux autres, or ce sourire est le commencement de l'amour.

Aussi, saluons-nous toujours avec un sourire, car le sourire est le commencement de l'amour et une fois que nous commençons à nous aimer les uns les autres, naturellement nous voulons faire quelque chose.

NOUS POUVONS TOUT DE MÊME ÊTRE HEUREUSES

En dépit de tout, nous pouvons tout de même être heureuses, sourire, partager avec les autres. Donnez-vous la peine de rayonner cette joie. Constitution 19 : « La joie est bien le fruit du Saint-Esprit et une marque caractéristique du royaume de Dieu, car Dieu est amour. » Nous n'avons aucune raison d'être malheureuses.

ÊTRE TOUT À DIEU

Il n'y a pas de bonheur plus vrai que celui d'être tout à Dieu. Si vous voulez être heureuses, alors efforcez-vous de laisser Dieu vivre en vous.

L'amour est bon

L'attention aux autres est le début d'une grande sainteté. Si vous apprenez cet art d'être attentionné, vous deviendrez de plus en plus semblables au Christ, car Son cœur était doux et Il était toujours attentif aux autres. Notre vocation, pour être belle, doit être pleine d'attention aux autres. Jésus allait faisant le bien[1]. Notre-Dame n'a rien fait d'autre à Cana qu'être attentive aux besoins des autres et de faire connaître leurs besoins à Jésus[2]. L'attention aux autres de Jésus et de Marie et Joseph était si grande qu'elle fit de Nazareth la demeure du Dieu Très Haut. Si nous avons aussi ce genre d'attention les unes pour les autres, nos communautés deviendront vraiment la demeure du Dieu Très Haut. Comme nos couvents seront beaux là où il y aura cette attention totale aux besoins des autres !

COMPRENDRE L'AMOUR

Nos pauvres n'ont pas besoin de notre pitié ; ils n'ont pas besoin de notre sympathie. Ce matin, je suis allée à Nirmal Hriday. J'ai vu un homme entre la vie et la mort. La sœur m'a dit qu'il était grièvement blessé quand on l'avait amené. On voyait son amertume et son attitude révélait qu'il

1. Actes 10, 38.
2. Jean 2, 1-10.

attendait simplement la mort. Puis, je me suis trouvée là et je lui ai parlé, et il s'est illuminé et il a voulu vivre.

BONTÉ ENVERS DIEU

Nous devrions nous exercer à la *bonté* envers Dieu, envers nos supérieurs, envers nos sœurs, nos gens et nous-mêmes. En commençant par la fin. Jésus dit : « Aime ton prochain comme toi-même[3]. » La plus grande bonté dont nous pouvons faire preuve envers nous-mêmes, c'est de veiller à ne pas perdre notre équilibre ; de devenir saintes, bonnes et ferventes. Nous savons toutes que dès que nous perdons notre équilibre intérieur, la difficulté est bien plus grande. Nous devrions nous efforcer de retenir les paroles de colère. Nous devrions sourire quand nous sommes enclines à la mauvaise humeur. Il est très important d'être bonnes avec nous-mêmes en ce sens. Nous devons nous contrôler comme si tout dépendait de nous et laisser le reste à Dieu. Soyez bonnes avec vous-mêmes en gardant votre équilibre.

SOMMES-NOUS ATTENTIONNÉES LES UNES AVEC LES AUTRES ?

Soyons plus tendres, plus compatissantes, plus aimantes et plus soucieuses les unes des autres, comme Jésus sur la Croix, qui, alors qu'il saignait et mourait, pensa pourtant à prendre soin de Sa mère[4]… cette attention. L'attention de Jésus sur la Croix pour Sa mère. Et même quand Judas L'a embrassé[5], [malgré] cette terrible douleur que cela a causé à Jésus, Il a dit : « Ne laissez pas les gens faire du mal aux

3. Lévitique 19, 18 ; Matthieu 19, 19 ; 22, 39 ; Marc 12, 31-33 ; Luc 10, 27.
4. Jean 19, 26-27.
5. Luc 22, 48.

apôtres[6]. » Sommes-nous attentionnées les unes avec les autres [...] ?

UN RÉEL AMOUR DE DIEU

Voyez quel grand homme c'est, si important et si puissant, et pourtant il a une foi très profonde et vivante, un réel amour de Dieu, qui transparaît dans la manière dont il travaille. Il a une belle famille, si unie et aimante. Ce qui m'a vraiment frappée, c'est la manière dont il traite ses ouvriers. Un jour, je suis allée avec lui à la grosse usine de Bombay où travaillent plus de trois mille personnes. Il a lancé un projet avec eux, grâce auquel ils donnent tous quelque chose pour aider à nourrir les gens d'Asha Dan. J'étais allée là-bas pour les remercier et, à ma surprise, j'ai découvert que beaucoup de ses employés étaient handicapés. J'ai été aussi très frappée qu'il connaisse presque tous les ouvriers par leur nom et, tandis que nous parcourions l'usine, il avait une salutation ou un mot pour chacun. À un moment, nous sommes passés devant une table vide et il a demandé où était Unetelle. Quand il a appris qu'elle était morte récemment, il a été très attristé que personne ne l'en ait informé. C'était une fille handicapée et apparemment il la connaissait très bien. Voyez, mes sœurs, un homme si important et pourtant il ne considérait pas ces petites choses comme indignes de lui : le fait de se donner la peine de retenir le nom de tout le monde, cet amour délicat de remarquer qui était absent. C'est ce que j'appelle l'amour. Un homme si important dans le monde, mais pas trop important pour savoir et poser des questions. Il parlait peu, mais il connaissait son travail, et plus il parlait et

---

6. Jean 18, 7-9.

s'adressait aux différents ouvriers, plus j'étais surprise. L'attention aux autres vient de l'amour vrai. Ne soyez jamais occupées au point de ne pas penser aux autres. Parfois, nous sommes tellement préoccupées de nous-mêmes que nous n'avons pas le temps de sourire aux autres.

La compassion

Dieu aime encore le monde et Il nous envoie vous et moi pour être Son amour et Sa compassion auprès des pauvres. À travers nous, Missionnaires de la Charité, Dieu montre particulièrement Son amour pour les plus pauvres des pauvres, et Il nous envoie vers les pauvres en particulier. La tasse d'eau que vous donnez aux pauvres, aux malades, la façon dont vous soulevez un mourant, dont vous donnez un médicament à un lépreux, la façon dont vous nourrissez un bébé ou instruisez un enfant ignorant – tout cela, c'est l'amour de Dieu dans le monde aujourd'hui. [...] Je veux que ces paroles soient gravées dans votre esprit : Dieu aime toujours à travers vous et à travers moi aujourd'hui. Que je voie l'amour de Dieu dans vos yeux, dans vos gestes, dans vos mouvements.

*

Aujourd'hui Dieu aime le monde à travers vous et à travers moi. Sommes-nous là ? Sommes-nous cet amour et cette compassion ? Dieu prouve que le Christ nous aime, qu'Il est venu pour être la compassion de Son Père. Aujourd'hui Dieu aime le monde à travers vous et à travers moi et à travers tous ceux qui sont Son amour et Sa compassion dans le monde.

AYEZ UNE COMPASSION PROFONDE POUR LES GENS

C'est une toute petite chose que font les sœurs, elles font très peu. Nous pouvons faire très peu de choses pour ces gens, mais au moins, ils savent que nous les aimons, que nous nous soucions d'eux et que nous sommes à leur disposition. C'est pourquoi je pense que nous allons maintenant essayer de faire de plus en plus avec les coopérateurs. C'est pourquoi cette année j'ai dit que j'allais aller voir essentiellement les coopérateurs, pour essayer que, tous ensemble, nous nous rapprochions de ce but commun : répandre l'amour du Christ partout où nous allons. Amour et compassion. Ayez une compassion profonde pour les gens. Les gens souffrent beaucoup, beaucoup ; mentalement, physiquement, de toutes les manières possibles, et donc je pense que vous êtes là pour apporter cette espérance, cet amour, cette bonté.

AIMER PAR VOTRE JOIE

Rayonnez la présence de Jésus par votre joie. Votre apostolat est de sourire et de prier. Mettez de l'amour dans tout ce que vous faites ; plus petite est la chose, plus grand est l'amour. Ce n'est pas la quantité de choses que vous faites, mais la quantité d'amour que vous mettez dans ce que vous faites. Et souvenez-vous que c'est à Jésus que vous le faites. Jésus a dit : « J'avais faim et vous M'avez donné à manger, J'étais malade et vous M'avez visité, J'étais seul et vous avez pris soin de Moi. [...] C'est à Moi que vous l'avez fait[1]. »

---

1. Matthieu 25, 35-40.

LA JOIE AVEC LAQUELLE VOUS SOURIEZ

La joie avec laquelle vous souriez à vos sœurs dans la communauté, votre hâte d'être avec vos sœurs, votre attitude et vos manières avec elles ; tout cela aussi, c'est l'amour de Dieu dans le monde d'aujourd'hui. Dieu aime toujours le monde !

LA CHALEUR DE MAINS HUMAINES

Un jour, je marchais dans les rues de Londres et il y avait un homme assis, simplement plié en deux, l'air si seul, si semblable à un rebut. Et je me suis approchée de lui, j'ai pris sa main, je lui ai serré la main et je lui ai demandé comment il allait. Il s'est redressé et il a dit : « Oh, après longtemps, longtemps, je sens de nouveau la chaleur d'une main humaine. Longtemps, longtemps. » Il s'était redressé, les yeux pleins de joie. C'était un être différent simplement parce qu'une main humaine lui faisait sentir : oui, tu es quelqu'un, quelqu'un que j'aime. C'est quelque chose que nous avons dans ces terribles jours de souffrance. Soyons cela : la joie d'aimer.

RENCONTRER AVEC LE SOURIRE

Gardons dans nos cœurs cette joie d'aimer Jésus et partageons cette joie avec tous ceux que nous rencontrons. Cette joie rayonnante est réelle, car nous n'avons aucune raison de ne pas être heureuses, puisque que nous avons le Christ avec nous, le Christ dans nos cœurs, le Christ dans les pauvres que nous rencontrons, le Christ dans le sourire que nous donnons et le sourire que nous recevons. Prenons la résolution qu'aucun enfant ne sera indésirable et aussi que nous nous rencontrerons avec le sourire, en particulier quand il est difficile de sourire.

PLEINES DE ZÈLE

Soyons pleines de joie, pleines de zèle, pleines de ce désir de faire beaucoup pour Jésus. Ne vous laissez pas décourager, le découragement est pur orgueil démoniaque. Si nous échouons, recommençons. Saint Bernard recommençait chaque matin. Si vous ne parlez pas aux repas et aux récréations, si vous êtes triste, vous devenez le jouet du démon.

SOURIEZ-VOUS LES UNES AUX AUTRES

Il y a quelque temps, environ quarante professeurs sont venus des États-Unis, et je pense que notre maison est devenue une attraction touristique ou je ne sais pas si c'est une chose à voir. Bref, ils sont tous venus ici et nous avons parlé et, à la fin, un des professeurs m'a demandé : « Mère, s'il vous plaît, dites-nous quelque chose qui va nous aider à changer nos vies, à rendre nos vies plus heureuses. » Et je leur ai dit : « Souriez-vous les uns aux autres, prenez du temps les uns pour les autres, profitez les uns des autres. » L'un d'eux m'a demandé : « Êtes-vous mariée ? – Bien sûr », j'ai dit. « Vous ne savez pas de quoi vous parlez » [m'a-t-on répondu]. Et j'ai dit : « Si. Parfois je trouve très difficile de sourire à Jésus. Il peut être très exigeant. » Et donc c'est quelque chose, une réalité vivante. Nous devons nous aider les unes les autres ; nous avons besoin de cela.

SERVIR AVEC JOIE

Servez Jésus avec joie et l'esprit content, en mettant de côté et en oubliant tout ce qui vous trouble ou vous inquiète. Pour être capable de faire cela, priez de façon aimante comme les enfants, avec un désir sincère d'aimer beaucoup et de faire aimer l'amour qui n'est pas aimé.

LA JOIE EST AMOUR

La joie est prière. La joie est un signe de générosité. Quand vous êtes pleine de joie, vous avancez plus vite et vous voulez aller faire du bien à tout le monde. La joie est le signe de l'union avec Dieu, de la présence de Dieu. La joie est amour, le résultat normal d'un cœur brûlant d'amour.

LA JOIE D'AIMER

Des œuvres d'amour, ne serait-ce qu'un sourire, ne serait-ce qu'aider un aveugle à traverser la rue, de petites choses avec un grand amour. Un mendiant est venu me voir et il a dit : « Mère Teresa, tout le monde vous donne ; moi aussi, je veux vous donner. Mais aujourd'hui, j'ai eu seulement (comment dites-vous, dix pennies ?) dix pennies, et je veux vous donner tout ce que j'ai eu dans la journée. » Alors je me suis dit : si je les prends, il devra peut-être aller se coucher sans manger ; si je ne les prends pas, je vais le blesser ; alors je les ai pris. Et je n'ai jamais vu sur le visage de quelqu'un qui avait donné son argent ou sa nourriture ou autre chose, une joie semblable à celle que j'ai vue sur le visage de cet homme ; de pouvoir, lui aussi, donner quelque chose pour quelqu'un. C'est la joie d'aimer, et je vais prier pour vous afin que vous fassiez l'expérience de cette joie d'aimer et que vous partagiez cette joie d'aimer d'abord dans votre propre famille et avec tous ceux que vous rencontrez.

LA JOIE D'AIMER JÉSUS

Puissiez-vous garder dans votre cœur la joie d'aimer Jésus et partager cette joie avec tous ceux que vous rencontrez. Cette joie rayonnante est bien réelle, car vous n'avez aucune raison de ne pas être heureuses, parce que vous avez le Christ avec vous : le Christ dans vos cœurs, le Christ dans l'Eucharistie, le Christ dans les pauvres que vous rencontrez, le Christ dans le sourire que vous donnez et dans le sourire que vous recevez. Oui, vous devez vivre votre vie d'une manière belle et ne pas permettre à l'esprit du monde, qui érige en dieux le pouvoir, la richesse et le plaisir, de vous faire oublier que vous avez été créées pour de plus grandes choses : aimer et être aimées.

De petites choses avec un grand amour

Ce sont de petites choses, mais je choisis délibérément de petites choses. Elles sont si petites et pourtant, pour Dieu, rien n'est petit. Une fois que c'est offert au Dieu Tout-Puissant, cela devient infini.

LA QUANTITÉ D'AMOUR QUE NOUS METTONS À DONNER

Pour Dieu Tout-Puissant, la plus petite action qui Lui est donnée est grande, [...] mais nous, nous mesurons toujours combien nous avons fait, pendant combien de temps. [...] Pour Dieu, il n'y a pas de temps. Ce qui devrait être important pour nous, c'est la quantité d'amour que nous mettons à donner. À quel point aimons-nous ? À quel point sommes-nous proches de Jésus ?

PRENEZ LA PEINE

Prenez la peine d'être saintes ; il ne suffit pas de dire « je veux », vous devez prendre la peine. [Ayez] cette fidélité aux petites choses avec un grand amour – plus petite est la chose, plus grand est l'amour – et vous verrez le changement. Cette petite fidélité – ne recherchez pas les grandes choses. Ne recherchez pas les grandes choses. Peut-être que les grandes choses viendront, peut-être qu'elles ne viendront jamais. Ce qui est vraiment important, c'est que nous devenions vraiment saintes – ce tendre amour, cette fidélité aux petites choses avec un grand amour. La Petite Thérèse a été canonisée parce qu'elle faisait de petites choses avec un amour extraordinaire.

LES PETITES CHOSES

Voyez la Petite Thérèse, elle est devenue une si grande sainte. Dans chaque église, où que vous alliez, partout dans le monde, vous trouverez un tableau ou une statue d'elle quelque part. Pourquoi ? Parce qu'elle faisait des choses ordinaires avec un amour extraordinaire. Elle était si simple que même ses propres sœurs (alors qu'elle était alitée), dans la communauté, disaient d'elle : « Qu'est-ce que la Mère Prieure va écrire à son sujet ? Elle n'a rien fait. » Elle a entendu ce qu'elles disaient. Qu'aurions-nous dit ? Nous nous serions plaintes, nous aurions récriminé, nous aurions éprouvé de la mauvaise humeur ; mais qu'a-t-elle fait ? Elle a dit : « Oui, c'est bien vrai. Je m'en vais à Jésus les mains vides. » Elles ont parlé, elle a entendu et pourtant personne n'a été canonisé aussi rapidement après sa mort, à l'exception des martyrs. Le Saint-Père canonise beaucoup en ce moment, donc vous feriez bien de mourir bientôt. Quand les saints sont canonisés, on enquête sur tant de choses, mais le Saint-Père n'a eu qu'une phrase à dire au sujet de la Petite Thérèse : « Elle a fait beaucoup de choses avec un amour extraordinaire. » Je le résume plus simplement : « De petites choses avec un grand amour. » Dans nos vies, nous ne faisons rien de grand. La manière dont nous disons le Notre Père, dont nous nous levons, dont nous faisons la génuflexion, fermons la fenêtre, balayons, écrivons ou faisons ces prières.

APPORTER DIEU

J'ai pensé que ceci était une si petite chose et pourtant nous laissons très souvent de côté ces petites choses. Et il y a quelque temps, nos sœurs ont trouvé une personne très, très misérable, un « reclus » dans un de ces taudis près de Rome, là où travaillent les sœurs et elles n'ont jamais vu, je crois, rien qui ressemble à cela. Bref, elles ont lavé ses vêtements, elles ont nettoyé sa chambre, elles lui ont préparé de l'eau chaude etc., elles ont tout nettoyé. Et elles lui ont préparé aussi un peu de nourriture et il n'a pas dit un seul mot. Au bout de deux jours (les sœurs continuaient à aller le voir deux fois par jour) et au bout de deux jours, il a dit aux sœurs : « Mes sœurs, vous avez amené Dieu dans ma vie, amenez le père aussi. » Et les sœurs sont parties chercher le prêtre, et le prêtre a entendu sa confession après soixante ans. Le lendemain matin, il est mort. C'est tellement beau : la compassion de ces jeunes sœurs a ramené Dieu dans la vie de cet homme qui avait oublié depuis tant d'années ce qu'était l'amour de Dieu, ce que c'était de s'aimer les uns les autres, ce que c'était d'être aimé. Il avait oublié car son cœur était fermé à tout et ce travail délicat, compatissant, simple et humble de ces jeunes sœurs (vos enfants) l'a touché, a ramené Dieu dans sa vie et ce qui m'a le plus frappée, [c'est] la dignité, la grandeur de la vocation sacerdotale. Qu'il ait eu besoin du prêtre pour établir le contact avec Dieu. Je pense que c'est ce que nous apprenons tous de Notre-Dame : cette compassion de Notre-Dame. Et si vous et moi voulions seulement nous servir de ce que Dieu nous a donné, pour ce pour quoi Il nous a créés… Il nous a créés pour de plus grandes choses : pour aimer et pour donner de l'amour, pour avoir cette compassion profonde pour le monde qu'elle avait, et pour donner Jésus aux autres. Les gens n'ont pas faim de nous, ils ont faim de Dieu, ils ont faim de Jésus, de l'Eucharistie.

CHACUN DE VOUS EST IMPORTANT

L'autre jour, nous sommes allées à Jamshedpur[1]. Nous sommes allées dans une grosse usine où ils fabriquent toutes les pièces des avions. Dans un coin, un homme était assis et fabriquait de petites vis. Je me suis approchée et je lui ai demandé : « Que faites-vous ? » Il m'a regardée et il a dit : « Je fabrique un avion. » J'ai dit : « Un avion ? – Oui, a-t-il dit, sans ces petites vis, l'avion ne bougera pas. » Vous voyez, mes sœurs, le lien. Chacune de vous est importante pour la congrégation. Demandez encore et encore à Jésus de vous faire comprendre cela.

JUSTE ÉCRIRE UNE CARTE POSTALE

Savez-vous qu'à l'hôpital, il y a beaucoup de gens qui n'ont personne pour leur rendre visite ? Personne ne va les voir. Peut-être pourriez-vous [...] aller leur rendre visite. Peut-être que vous aurez juste à écrire une carte postale pour quelqu'un, peut-être lire un journal à un aveugle, peut-être apporter un seau d'eau à la mère malade chez elle. De petites choses, ne recherchez pas les grandes choses. De petites choses avec un grand amour.

1. Ville industrielle de l'est de l'Inde, souvent citée comme l'une des plus propres du pays.

UNE PETITE CHOSE AVEC UN GRAND AMOUR

Quand les enfants ont entendu dire que j'allais en Éthiopie, [...] ces petits sont venus. Chacun a apporté quelque chose, quelque chose, et encore une fois les petits ont donné ce qu'ils avaient. Et ce petit avait pour la première fois un morceau de chocolat dans la main. Et il est venu me voir et il a dit : « Mère, s'il vous plaît, donnez ce morceau de chocolat à un enfant en Éthiopie. » Une si petite chose avec un si grand amour. Première fois qu'il tenait du chocolat dans sa main, première fois qu'il y goûtait et pourtant il avait l'amour et la joie de partager. Voilà l'amour en action.

L'AMOUR VRAI

Pour Dieu Tout-Puissant, ce n'est pas la quantité de ce que nous donnons, mais la quantité d'amour que nous mettons à donner. Et donc, j'aimerais, si vous êtes vraiment un coopérateur, [que] vous fassiez cela. Peut-être juste une petite fleur à apporter à votre vieux père ou votre vieille mère, peut-être seulement arranger le lit un peu mieux, peut-être... peut-être seulement être présente avec un grand sourire pour recevoir votre mari quand il rentre du travail. De petites choses, de petites choses. Peut-être quand l'enfant rentre de l'école, être là pour accueillir l'enfant, pour encourager l'enfant : « Comment cela s'est-il passé ? Qu'as-tu fait ? As-tu été sage ? » Il n'y a plus ce contact. Nous sommes si occupés que nous n'avons même plus le temps de sourire. Nous n'avons pas le temps de donner de l'amour et de recevoir de l'amour. [...] Si vous êtes un vrai coopérateur, alors vous comprenez ce que je dis. L'amour ne se mesure pas à la quantité de ce que nous faisons ; l'amour se mesure à la quantité d'amour que nous mettons dans nos actions ; la quantité de souffrance que nous coûte cet amour.

VINGT ACTES D'AMOUR

Un jour, j'ai été tellement fatiguée de signer, signer, signer… j'ai été tellement fatiguée de signer que j'ai compté combien il y avait de lettres dans ma signature : vingt lettres – « Dieu vous bénisse, M. Teresa, m.c.[2] » « À partir de maintenant, j'ai dit à Jésus, à chaque fois que je signe, recevez s'il vous plaît vingt actes d'amour » – j'ai un peu triché. Et depuis ce moment, j'ai toujours hâte de signer à cause de ces vingt actes d'amour.

2. La signature originale (« God bless you, M. Teresa, m.c. ») comporte vingt lettres. *NdT.*

Les œuvres d'amour sont des œuvres de paix

Pour être capables de prier pour la paix, nous devons tout d'abord être capables d'écouter, car Dieu parle dans le silence du cœur, et c'est le début de la prière, c'est le début de la paix. Il parle, et nous devons avoir le courage d'écouter, nous devons avoir le temps d'écouter la parole de Dieu. Et alors seulement, du trop-plein de nos cœurs, nous pouvons parler, nous pouvons dire cette prière de paix. Le fruit de la prière est l'approfondissement de l'amour, l'approfondissement de la foi. Si nous croyons, nous serons capables de prier, et le fruit de la foi est forgé d'amour et le fruit de l'amour est le service. Aussi, les œuvres d'amour sont toujours des œuvres de paix et pour être capables de mettre nos cœurs et nos mains dans une action aimante au service des autres, nous devons savoir, nous devons connaître Dieu, savoir que Dieu est amour, qu'Il nous aime et qu'Il nous a créés, chacun d'entre nous, pour de plus grandes choses. Il nous a créés pour aimer et être aimé, et c'est le début de la prière, de savoir qu'Il m'aime, que j'ai été créé pour de plus grandes choses. Donc, qui est mon frère, qui est ma sœur, où est le visage de Dieu que je peux voir, à qui je peux adresser mes prières ? Mon frère, ma sœur, c'est cet affamé, ce nu, ce sans-logis, cet isolé, cet indésirable ; ils sont mes frères et mes sœurs parce que le Christ Lui-même nous l'a dit.

Mais pour être capable de voir le visage de Dieu, il faut un cœur pur[1], un cœur plein d'amour, et vous ne pouvez avoir un cœur plein d'amour que s'il est complètement pur, sans tache et libre ; et tant que nous ne serons pas capables d'entendre cette voix dans notre propre cœur, la voix de Dieu quand Il parle dans le silence de nos cœurs, nous ne serons pas capables de prier. Nous ne serons pas capables d'exprimer notre amour en actes, car chaque acte d'amour est notre prière qui apporte la paix. Toutes les œuvres d'amour sont des œuvres de paix. Et ainsi aujourd'hui, si nous n'avons pas la paix, c'est parce que nous avons oublié que nous appartenons les uns aux autres ; que cet homme, cette femme, cet enfant est mon frère ou ma sœur.

LA RELIGION DOIT NOUS UNIR

La religion est un don de Dieu et elle est faite pour nous aider à être un seul cœur plein d'amour. Dieu est notre Père et nous sommes tous Ses enfants ; nous sommes tous frères et sœurs. Qu'il n'y ait aucune distinction de race ou de couleur ou de croyance. N'utilisons pas la religion pour nous diviser. Dans tous les livres saints, nous voyons comment Dieu nous appelle à l'amour. Quoi que nous nous fassions les uns aux autres, c'est à Lui que nous le faisons, car Dieu est notre Père. La religion est une œuvre d'amour ; elle doit nous unir et non détruire la paix et l'unité. Les œuvres d'amour sont des œuvres de paix ; pour aimer, nous devons nous connaître les uns les autres. Aujourd'hui, si nous n'avons pas la paix, c'est parce que nous avons oublié que nous appartenons les uns aux autres ; cet homme, cette femme, cet enfant

1. Matthieu 5, 8.

est mon frère, ma sœur. Les pauvres doivent savoir que nous les aimons, qu'ils sont désirés. Eux-mêmes n'ont rien d'autre à donner que de l'amour. Ce qui nous préoccupe, c'est comment faire passer ce message d'amour et de compassion. Nous essayons d'apporter la paix au monde par notre œuvre. Mais l'œuvre est le don de Dieu. Et les œuvres d'amour sont des œuvres de paix. Si tout le monde pouvait voir l'image de Dieu dans son prochain, croyez-vous que nous aurions encore besoin d'armes et de bombes ? La religion est faite pour être une œuvre d'amour. Aussi ne devrait-elle pas nous diviser, ni détruire la paix et l'unité. Appuyons-nous sur la religion pour devenir un seul cœur plein d'amour dans le Cœur de Dieu. En nous aimant les uns les autres, nous répondrons à la raison de notre création : aimer et être aimés. Mes frères et sœurs, demandons à Dieu de nous remplir de la paix que Lui seul peut donner. Paix aux hommes de bonne volonté, qui veulent la paix et qui sont prêts à se sacrifier pour faire le bien, pour accomplir des œuvres de paix et d'amour.

UNE ANNÉE DE PAIX

Nous ferons tout particulièrement de cette année une année de paix ; pour faire cela, nous essaierons de parler plus à Dieu et avec Dieu et moins avec les hommes et aux hommes. Prêchons la paix du Christ comme Il le faisait. Il allait faisant le bien ; Il n'interrompait pas Ses œuvres de charité parce que les Pharisiens et d'autres Le haïssaient ou essayaient de gâcher l'œuvre de Son père. Il allait seulement faisant le bien[2]. Le cardinal Newman a écrit : « Aidez-moi à

2. Actes 10, 38.

répandre Votre parfum où que j'aille. Que je Vous prêche sans prêcher, non par des mots mais par l'exemple, par la force d'attraction, l'influence bienveillante de ce que je fais, l'évidente plénitude de l'amour que mon cœur Vous porte. » Nos œuvres d'amour ne sont rien d'autre que des œuvres de paix. Faisons-les avec un plus grand amour et une plus grande efficacité, chacun et chacune de nous dans son travail de tous les jours, chez vous, avec votre prochain.

DIEU SE SERT DU NÉANT POUR MONTRER SA GRANDEUR

Ce que Dieu fait avec le néant… pour moi, c'est le plus grand des miracles.

PRENDRE CONSCIENCE DE NOTRE NÉANT

Si nous nous mettons face à Dieu dans la prière et le silence, Dieu nous parle. Alors seulement, nous savons que nous ne sommes rien. C'est seulement lorsque nous prenons conscience de notre néant, de notre vide, que Dieu peut nous remplir de Lui-même. Quand nous serons pleines de Dieu, alors nous pourrons donner Dieu. « C'est du trop-plein du cœur que la bouche parle[3]. » Et quand nous serons pleines de Dieu, nous ferons bien notre travail, nous ferons notre travail de tout cœur.

PORTEURS DE L'AMOUR DE DIEU

Et il s'est produit la même chose quand nous sommes allées au Yémen. Dans cette terre complètement musulmane,

3. Matthieu 12, 34.

pas un signe du Christ dans ce pays. Beaucoup de gens m'ont dit : « Ne portez pas de croix, ne dites pas votre chapelet dans la rue, cachez tout. » Et je suis allée directement chez le gouverneur et je lui ai dit : « Ceci est le signe, c'est un signe extérieur, mais c'est un signe que je Lui appartiens. Voici le chapelet avec lequel nous prions, et si vous ne pouvez pas nous accepter comme nous sommes, alors il est inutile que nous soyons ici. » Alors cet homme a dit : « Vous venez pour apporter de l'amour dans notre pays. Vous êtes porteuses de l'amour de Dieu. Venez comme vous êtes, et ce qui est votre signe, vous gardez votre signe, ne détruisez rien. » [...] Je vous pose la question : sommes-nous cela ? Sommes-nous vraiment des porteurs, des sarments de la vigne de Jésus ? Vous conduisez les gens au Christ de cette manière, par des œuvres d'amour, par des œuvres de paix. Comme chaque œuvre d'amour est une œuvre de paix, aussi petite qu'elle soit, c'est une œuvre de paix. Vous guidez les gens. Votre présence parmi eux est-elle ce sarment fécond ? Peuvent-ils lever les yeux et voir Jésus en vous ? C'est pourquoi je veux que, dès le tout début, vous [vous aimiez les uns les autres dans vos propres foyers]. Je pense que je vais me répéter mille fois, mais cela ne me dérange pas parce que j'ai l'impression que vous faites partie de ma vie même. Comme avec nos sœurs, nous sommes si proches les uns des autres, et cela ne me dérange pas de répéter. Si nous ne nous aimons pas les uns les autres dans nos propres maisons, si nous ne nous chérissons pas dans nos propres maisons, dans nos propres communautés, nous cherchons à duper Dieu, nous cherchons à duper les anges. L'amour commence à la maison.

L'AMOUR COMMENCE À LA MAISON

Sommes-nous conscients que, dans notre propre famille, nous avons peut-être un frère, une sœur, une femme, un mari, qui se sent indésirable, mal aimé, épuisé, qui recherche un peu de compassion, un peu de sympathie, et je n'ai pas le temps. L'amour commence à la maison. C'est la plus grande pauvreté et je pense que tant que nous n'aurons pas commencé à aimer à la maison, commencé à aimer dans notre communauté, [de] cet amour les uns pour les autres dont Jésus nous a aimés, dont Il a été aimé par Son Père, nous ne pouvons pas espérer la paix.

LA PRIÈRE DU MONDE ENTIER POUR LA PAIX

Ce qui était nécessaire il y a cent ans n'est peut-être plus nécessaire aujourd'hui. Mais je suis surprise de découvrir que la prière de saint François, écrite il y a cinq cents ans, nous la trouvions si nécessaire aujourd'hui. Elle est devenue la prière du monde entier pour la paix.

Seigneur, fais de moi un instrument de Ta paix,
Là où est la haine, que je mette l'amour.
Là où est l'offense, que je mette le pardon.
Là où est la discorde, que je mette l'union.
Là où est l'erreur, que je mette la vérité.
Là où est le doute, que je mette la foi.
Là où est le désespoir, que je mette l'espérance.
Là où sont les ténèbres, que je mette la lumière.
Là où est la tristesse, que je mette la joie.
Ô Seigneur, que je ne cherche pas tant à être consolé qu'à consoler, à être compris qu'à comprendre, à être aimé qu'à aimer.

Car c'est en se donnant qu'on reçoit, c'est en s'oubliant qu'on se retrouve, c'est en pardonnant qu'on est pardonné, c'est en mourant qu'on ressuscite à l'éternelle vie. Amen.

Un crayon dans la main de Dieu

Cela a été un simple abandon, un simple « oui » au Christ pour Lui permettre de faire ce qu'Il veut. C'est pourquoi l'œuvre est Son œuvre. Je ne suis qu'un petit crayon dans Sa main. Demain, s'Il trouve quelqu'un de plus impuissant, de plus stupide, de plus incapable, je pense qu'Il fera de plus grandes choses encore avec elle et par elle.

*

Quand je veux écrire, j'utilise un crayon. Il ne me commande pas, il m'obéit. Il doit uniquement m'obéir. Si mon écriture est belle, le crayon est content, je suppose. Soyez un petit crayon. Vous souviendrez-vous de cela, mes sœurs ? Peut-être que cette main a de nombreux défauts, très nombreux peut-être, mais le crayon ne fait jamais de bruit : « N'écris pas comme cela ! » ; « Je ne veux pas écrire à Mère ». Soyez un crayon dans la main de votre supérieure, obéissez à toute personne qui est dans la main de Jésus.

Donneur d'espérance

Comme nous aimons Dieu, nous devons aimer les pauvres dans leurs souffrances. L'amour pour les pauvres est un débordement de notre amour pour Dieu. Nous devons trouver les pauvres, les servir. Et quand vous les avez trouvés, vous devez les prendre sur votre cœur. Nous devons à nos gens la plus grande gratitude, parce qu'ils nous permettent de toucher le Christ. Nous devons aimer les pauvres comme Lui. Un hindou a dit à Mère : « Je sais ce que vous faites à Nirmal Hriday : vous les recueillez dans les rues et vous les emmenez au ciel. » Un prêtre d'Irlande a dit : « Nirmal Hriday est le trésor de l'archidiocèse. » Dieu nous a choisies et nous a donné le privilège de travailler pour les pauvres. La différence avec le travail social, c'est que nous leur offrons ce service gratuit et de tout cœur pour l'amour de Dieu. Au début, quand Mère a commencé l'œuvre, elle a eu de la fièvre et elle a fait un rêve au sujet de saint Pierre. Il lui disait : « Non, pas de place pour vous ici. Pas de bidonvilles au ciel. – Très bien, lui a répondu Mère, alors je continuerai à travailler. J'amènerai les gens des bidonvilles au ciel. »

OBTENEZ LA PAIX POUR LE MONDE

Je me souviens qu'au moment de Noël, je donnais une conférence à nos lépreux (nous nous occupons de 158 000 lépreux) et donc je leur donnais une conférence et je disais : « Votre maladie, votre souffrance, n'est pas une punition, c'est un don de Dieu, vous avez été choisis pour prendre part à la Passion du Christ, vous avez été choisis pour [l']offrir pour la paix dans le monde en action de grâce pour ce que Dieu a fait pour tous les autres et pour vous. » Et j'ai répété plusieurs fois qu'ils étaient les élus, qu'ils étaient aimés particulièrement, et il y avait un homme, assis près de mes pieds je pense (la salle était bondée), et il tirait sur mon habit. « Dites-le encore, dites-le encore. » Et j'ai dû le répéter trois ou quatre fois : « Vous avez été choisis, vous avez la paix parce que Dieu vous aime et vous pouvez faire usage [de votre souffrance], l'offrir à Dieu, l'accepter et l'offrir à Dieu et vous pouvez obtenir la paix pour le monde. »

IL N'A PAS COMPARÉ SON AMOUR

[Jésus] a tant aimé le monde[1] et [...] Il S'est fait Lui-même lépreux, Il S'est fait ce malheureux malade mental qu'on voit dans la rue, pour que vous et moi puissions L'aimer, pour que vous et moi puissions satisfaire Sa faim de notre amour, et c'est pourquoi Il dit qu'à l'heure de notre mort, vous et moi allons être jugés, non pas sur les grandes choses que nous aurons faites, mais sur ce que nous aurons été pour les pauvres – cet homme affamé, cet homme qui est venu à notre porte, cette personne isolée, cet aveugle qui passait dans la rue, cette personne si seule, si indésirable, si mal aimée dans ma famille juste ici. Peut-être que j'ai un père âgé, une mère âgée, peut-être que j'ai un enfant malade et que je n'ai pas le temps. Je suis tellement occupée, je n'ai pas le temps. Je n'ai pas le temps de sourire aux autres. Ma

1. Jean 3, 16.

fille infirme, ma femme infirme, mon mari malade, je n'ai pas le temps et c'est Jésus sous le déguisement désolant. C'est Jésus qui a faim, juste là, dans ma famille, dans ma communauté, dans ma sœur et nous n'avons pas le temps. Nous n'avons même pas le temps aujourd'hui de nous sourire les uns aux autres, et pourtant Jésus nous aime d'un amour éternel. Et Jésus a dit : « Aimez comme Je vous ai aimés[2]. » Non, Il n'a comparé Son amour avec aucun autre amour.

APPORTER DU RIZ

Il y a quelque temps, un homme est venu à notre maison et il a dit : « Mère, il y a une famille, une famille hindoue, qui a huit enfants. Ils n'ont pas mangé depuis longtemps. Faites quelque chose pour eux. » Donc j'ai pris du riz et je suis allée là-bas. Quand je suis arrivée chez eux, j'ai vu la faim dans les yeux des enfants ; leurs yeux brillaient de faim. J'ai donné le riz à la mère et elle a pris le riz. Elle l'a divisé en deux et ensuite elle est sortie. Quand elle est revenue, je lui ai demandé : « Où êtes-vous allée ? » Elle a dit : « Ils ont faim aussi. » Leurs voisins, ils avaient faim aussi. Ce qui m'a le plus frappée, ce n'est pas qu'elle ait donné le riz, mais qu'elle ait su qu'ils avaient faim. Et comme elle savait, elle a partagé. Et c'est ce que nous devons chercher à savoir. Je n'ai pas rapporté plus de riz ce soir-là. Le lendemain matin, j'en ai rapporté, mais ce soir-là, je leur ai permis de profiter de la joie de partager, d'aimer.

L'amour, pour être vrai, doit faire souffrir, et cette femme qui avait faim, elle savait que sa voisine aussi avait faim, et

2. Jean 13, 34.

cette famille se trouvait être une famille musulmane. Et c'était si touchant, si réel.

*

Cette femme a aimé comme le Christ, elle a aimé le Christ dans cette famille musulmane. Les hindous et les musulmans sont si différents et pourtant elle a aimé jusqu'à en souffrir. Elle a souffert de retirer [du riz] à ses enfants, mais son amour du prochain a été beaucoup plus grand que son amour pour son enfant. C'est ce que nous devons savoir. Savons-nous réellement que dans notre propre famille, nous avons peut-être un frère, une sœur, une femme, un mari, qui se sent indésirable, mal aimé, épuisé, qui recherche un peu de compassion, un peu de sympathie et je n'ai pas de temps ? L'amour commence à la maison. C'est la plus grande pauvreté et je pense que tant que nous n'aurons pas commencé à aimer à la maison, commencé à aimer dans notre communauté, à nous aimer les uns les autres comme Jésus nous a aimés, comme Il a été aimé par Son Père, nous ne pouvons pas espérer la paix. C'est pourquoi les pauvres sont l'espérance du salut. Les pauvres sont l'espérance de l'humanité, les pauvres sont l'espérance pour vous et moi d'aller au ciel, car, au Jugement dernier, nous serons jugés là-dessus : « J'avais faim et vous M'avez donné à manger, J'étais nu et vous M'avez vêtu[3]. » Non pas seulement faim de pain et de riz, mais faim d'amour, faim d'être désiré, d'être connu, d'être quelqu'un à tes yeux, d'y être appelé, d'être appelé par mon nom, [que quelqu'un] connaisse mon nom, [que quelqu'un] ait cette compassion profonde – faim. Aujourd'hui dans le

3. Matthieu 25, 31-40.

monde, il y a une immense faim de cet amour. Une soif de compréhension. Très souvent, nous passons devant nos propres frères et sœurs en les ignorant ; nous ne comprenons pas leurs difficultés.

APPORTER LA PRÉSENCE DU CHRIST LÀ OÙ VOUS ÊTES

Il y a quelque temps, à Calcutta, de nombreux directeurs d'école et de collège sont venus dans notre maison, et ils disaient : « Mère, nous aimerions abandonner les écoles et les collèges et venir prendre part à l'œuvre avec vous. » Alors je leur ai dit : « C'est la tentation la plus diabolique de toutes pour vous, la plus diabolique, parce que si le diable peut vous faire partir, il pourra détruire tous ces jeunes. Vous êtes les seuls à manifester la présence du Christ pour eux. Vous êtes les seuls à pouvoir leur donner la lumière du Christ. Vous êtes les seuls à pouvoir vivre la joie de l'amour pour eux. Vous êtes les seuls à pouvoir leur enseigner ce qu'est la pureté, ce qu'est l'obéissance, ce qu'est une vie d'amour les uns pour les autres. Alors, restez là où vous êtes, mais ouvrez vos écoles à nos pauvres, et les bidonvilles ne seront plus des bidonvilles. Ouvrez vos hôpitaux à nos pauvres, et vous n'aurez plus besoin de venir travailler avec nous. Nous vous amènerons des gens. » Et je crois que nous sommes parvenus à un magnifique accord et j'ai été très heureuse parce que beaucoup d'écoles ont été ouvertes à nos enfants. Beaucoup d'hôpitaux ont offert de prendre soin de nos malades, et je leur ai dit : « Je vais fermer tous les foyers pour les mourants si vous prenez nos indigents mourants dans votre hôpital. Je vais fermer toutes les écoles que nous avons pour les enfants des bidonvilles si vous prenez nos enfants. » Et maintenant, de nombreux prêtres et religieuses prennent nos enfants et, pour être sûre que nos enfants ne se sentent pas exclus (parce que ce sont toutes des écoles payantes, où vont des gens plus aisés) [...] ce que je fais, c'est que nous leur donnons un peu d'argent, 50 cents dans votre monnaie, dans notre monnaie une roupie, et ils paient des frais d'inscription. Et donc, à l'école, ils sont assis côte à côte, l'enfant qui paie 100 roupies et ce petit [qui] paie seulement une roupie, mais ainsi ce n'est pas gratuit non plus pour lui, il paie aussi quelque chose. Donc c'est très beau, et cela a créé un sentiment merveilleux entre les enfants. Les enfants ne savent pas et ils en viennent petit à petit à savoir clairement : celui-ci est un enfant pauvre, mon frère, ma sœur. Et il y a un partage merveilleux entre les enfants, merveilleux. Comment ? Parce que les sœurs ont compris qu'elles allaient être la lumière du Christ et partager cette joie d'aimer en rassemblant tous ces enfants. C'est là que de nombreuses vocations, maintenant, émergent lentement à cause du contact de ces garçons et de ces filles les uns avec les autres.

L'ESPÉRANCE DE BONHEUR ÉTERNEL

Vous avez été choisis, vous avez été appelés par votre nom. Être un coopérateur, ce n'est pas seulement rejoindre une organisation, ce n'est pas seulement appartenir à une association, ce n'est pas seulement un nom dans un groupe de gens. Un coopérateur doit être l'amour et la compassion de Dieu aujourd'hui. Dieu aime tant le monde qu'Il a donné Son Fils[4] et aujourd'hui, Il vous donne au monde. D'abord à votre propre famille (à votre famille, à vos parents) et ensuite Il vous donne comme preuve qu'Il aime le monde ; Il

4. Jean 3, 16.

aime aujourd'hui le monde à travers les coopérateurs. C'est pourquoi vous n'allez pas être seulement un numéro. Nous n'avons pas besoin de numéros. Dieu n'a pas besoin de numéros. Mais Il dit : « Donne-Moi ton cœur. » Ce cœur doit être le soleil de l'amour de Dieu dans le monde, l'espérance du bonheur éternel, la flamme brûlante de l'amour de Dieu dans le monde d'aujourd'hui. [...] En fait, vous êtes les coopérateurs du Christ Lui-même et Il veut que vous soyez totalement Siens, où que vous soyez, quel que soit le travail que vous faites, au point que vous soyez le soleil de l'amour de Dieu. Il y a tant de ténèbres dans le monde aujourd'hui et vous, coopérateurs, vous devez être ce soleil. Il y a tellement moins d'espérance, tellement de désespoir, tellement de détresse dans le monde, et un coopérateur doit être l'espérance du bonheur éternel. Il y a tant de haine, il y a tant de meurtres, tant de destruction dans le monde ; un coopérateur doit être la flamme brûlante de l'amour et de la compassion de Dieu. Et c'est pourquoi il nous faut prier.

JÉSUS DANS L'EUCHARISTIE, JÉSUS DANS LES PAUVRES

Comme elle [Marie], soyons pleines de zèle et allons en hâte donner Jésus aux autres[5]. Elle était pleine de grâce, quand, à l'Annonciation[6], elle a reçu Jésus. Comme elle, nous aussi devenons pleines de grâce chaque fois que nous communions. C'est le même Jésus qu'elle a reçu et que nous recevons à la Messe. Dès qu'elle L'a reçu, elle est partie en hâte pour Le donner à Jean[-Baptiste]. Nous aussi, dès que nous recevons Jésus en Communion, allons en hâte Le

5. Luc 1, 39-45.
6. Luc 1, 26-38.

donner à nos sœurs, à nos pauvres, aux malades, aux mourants, aux lépreux, aux indésirables, aux mal-aimés, etc. Ainsi, nous rendons Jésus présent dans le monde d'aujourd'hui.

Retourner à la maison de Dieu

COMBIEN D'AMOUR ?

À l'heure de la mort, lorsque nous serons tous face à Dieu, nous serons jugés sur l'amour : combien nous avons aimé ; non pas quelle quantité de choses nous avons faite, mais quelle quantité d'amour nous avons mise, dans notre action. Et pour que l'amour soit véritable, il doit d'abord être pour mon prochain. L'amour de mon prochain me conduira au véritable amour de Dieu. Et ce que nos sœurs et nos frères et nos coopérateurs à travers le monde essaient de faire, c'est de mettre cet amour de Dieu en actes vivants.

DANS VOTRE CŒUR

À l'instant, un homme est descendu. Sa femme est morte il y a quelque temps, et il me disait combien elle lui manque ; ils s'aimaient tant. « Votre femme était une si belle personne, elle était proche de Dieu et Dieu est dans votre cœur. Maintenant elle est partie rejoindre Dieu, donc elle doit aussi être dans votre cœur. » Il m'a demandé de répéter cela encore et il a été heureux.

RETOURNER À LA MAISON AVEC JOIE

Vous, moi, l'évêque et le Saint-Père et même tous les autres, cet homme qui meurt dans la rue, qui meurt de faim ou de nudité ou de je ne sais quoi, nous avons un devoir simple ; c'est un devoir simple et nous avons été créés pour cela : être amoureux de Dieu. Nous venons de Lui et nous devons retourner à Lui. J'ai une histoire très simple et très belle. L'autre jour, nous avons recueilli un homme dans la rue, qui mourait de faim, et nous l'avons amené à notre foyer. Et ensuite nous lui avons parlé de Dieu et donné un billet pour saint Pierre. Et alors cet homme m'a regardée et il a dit : « Ma sœur, je retourne à la maison de Dieu. » Et il est mort avec un sourire si beau sur le visage. « Je retourne à la maison de Dieu », et il est mort. Comme c'est merveilleux que nous puissions aider les gens à retourner vers Dieu avec joie, avec un grand sourire. C'est cela, la véritable sainteté, donc aidons-nous les unes les autres à grandir en sainteté ; et si nous sommes saintes, nous ne ferons qu'un avec l'Église.

La sainteté

La vraie sainteté consiste à faire la volonté de Dieu avec le sourire.

LA SAINTETÉ N'EST PAS LE LUXE D'UN PETIT NOMBRE

Je prierai pour vous afin que vous puissiez grandir dans l'amour de Dieu par cet amour des uns pour les autres. Répandez cette paix par l'amour, parce que les œuvres d'amour sont des œuvres de paix. Répandez-la d'abord à la maison dans votre propre famille, puis auprès de tous. Et par cet amour de Dieu qui grandit en vous, vous deviendrez saints. La sainteté n'est pas le luxe d'un petit nombre, c'est un simple devoir pour chacun de nous. Ainsi, quand nous regardons la Croix, nous comprenons combien Dieu nous a aimés, et nous aussi nous devons apprendre de Lui à nous aimer les uns les autres afin d'être prêts, nous aussi, à tout donner pour sauver la vie, en particulier le petit enfant à naître, qui est un don de Dieu à la société.

FAITES ENTRER CECI DANS VOTRE VIE

Faites entrer cet amour, cette sainteté dans votre vie même, dans votre maison, chez vos voisins, dans votre pays et dans le monde entier. Pour cela, il nous faut prier ; nous devons ressentir le besoin de prier. Nous devons avoir envie de prier. Que chaque coopérateur commence la prière en famille, car la famille qui prie ensemble reste ensemble. Aidez votre prochain à faire de même. Par cette prière et par le sacrifice, nous vaincrons le monde. Mes prières accompagnent chacun de vous et je prie pour que chacun de vous soit saint. Et ainsi répandez Son amour où que vous alliez, allumez Sa lumière de vérité dans la vie de chaque personne, afin que Dieu puisse continuer à aimer le monde à travers vous et moi.

RIEN D'EXTRAORDINAIRE

Jésus veut que nous soyons saintes. La sainteté n'a rien d'extraordinaire, et il est encore moins extraordinaire pour une sœur d'être sainte puisqu'elle s'est consacrée à Dieu. C'est un état de vie naturel pour une religieuse d'être sainte, car Jésus, mon Époux, est saint. L'Évangile dit : « Soyez saints comme votre Père céleste est saint[1]. » Mes sœurs, faites attention à ce que Mère est en train de dire. Il n'y a rien de spécial pour une professe à être sainte [...], à être toute à Dieu, car elle s'est donnée à Dieu. La sainteté est un devoir pour nous. Rien d'extraordinaire. Ce n'est pas un luxe. [...] Si mon cœur entier est complètement donné à Jésus, alors nous devons être saintes. Si qui que ce soit d'autre dit quoi que ce soit de contraire à cela, croyez-moi, il cherche à vous tromper. J'aimerais que vous puissiez toutes comprendre ce que Mère est en train de dire. Ne jamais, jamais plaisanter au sujet de la sainteté. La sainteté n'est pas une plaisanterie. [...] C'est sottise de notre part de dire : « Je ne suis pas destinée à être sainte. » Je Lui appartiens, je Lui ai consacré

1. Matthieu 5, 48.

ma vie, donc je dois être sainte. Examinez en vous s'il y a ce désir brûlant dans [votre] cœur. Est-ce que je veux vraiment être sainte ?

PAS DE PLACE POUR L'ORGUEIL DANS LA SAINTETÉ

La sainteté, c'est faire la volonté de Dieu avec un grand sourire. Cet abandon total. « Si vous me coupez en morceaux [...], chaque morceau sera seulement et totalement Vôtre. » La sainteté, c'est la joie, l'amour, la compassion, et en particulier l'humilité. Une sœur qui est humble [est] sûre d'être sur la voie d'une grande sainteté. L'orgueil n'a pas sa place dans la sainteté. L'orgueil est une chose diabolique. Comment devenons-nous humbles ? En acceptant les humiliations. Dès que vous êtes réprimandée, insultée, qu'on vous attribue différents adjectifs, saisissez cela des deux mains. Cette humiliation vous rendra sainte, acceptez-la. Donc demandons. Soyons saintes comme Jésus, seulement tout à Jésus par Marie. Je veux vraiment que vous fassiez de vos communautés une autre Nazareth, pleine de joie rayonnante, de paix, de compassion – communautés saintes, congrégation sainte.

Je veux, je vais

Nous avons nos dix doigts pour nous rappeler : « Je veux, je vais, avec la bénédiction de Dieu, être sainte[1] » et : « C'est à Moi que vous l'avez fait[2]. » Quelle chance nous avons d'avoir Jésus dans le Saint Sacrement et Jésus dans les pauvres.

*

Prenons cette unique et ferme résolution : Je veux, je vais, avec la bénédiction de Dieu, être sainte et ainsi apaiser la soif de Jésus sur la Croix, soif d'amour et des âmes, en œuvrant au salut et à la sanctification des plus pauvres des pauvres. « Je veux, je vais, avec la bénédiction de Dieu, être sainte. »

DÉTERMINATION

Faisons un concours de sainteté, pour être seulement tout à Jésus. Faites un signe de croix sur vos lèvres quand vous savez que vous perdez votre calme – c'est beau si nous parvenons à prendre cette habitude. « Jésus dans ma bouche,

---

1. Dix doigts pour dix mots en anglais : *I will, I want, with God's blessing, to be holy.*
2. L'« Évangile des cinq doigts » de Mère Teresa : *You did it to Me.*

ne me laisse pas dire cette parole méchante »; et rappelez-vous : « J'ai cherché quelqu'un[3]. »

CAPABLE D'AIMER

Un prêtre avait été nommé évêque. Il m'a dit : « Mère Teresa, consolez-moi. » Je lui ai demandé : « Qui est mort ? » Il a dit : « J'ai été nommé archevêque. » Vraiment, il avait peur. Donc je lui ai dit : « Si vous n'aimez pas, si vous n'êtes pas amoureux de ce devoir, vous ne pourrez jamais donner Jésus à vos gens. » Il a juste écouté. Le lendemain, il a dit aux gens : « Si je ne suis pas heureux d'être évêque, je ne pourrai pas vous aimer. Je suis très heureux d'être évêque ! »

3. Psaume 69, 21.

Aimez-vous les uns les autres

Je n'ai demandé qu'une seule grâce pour vous : que vous compreniez les paroles de Jésus : « Aimez-vous les uns les autres comme je vous ai aimés[1]. » Pouvez-vous me dire comment Il vous a aimées ? Demandez-vous et ensuite voyez : aimez-vous vraiment vos sœurs comme Il vous aime ? De plus en plus, je comprends [que] tant que cet amour ne sera pas parmi nous, nous aurons beau nous tuer au travail, cela restera seulement du travail, mais pas de l'amour. Le travail sans amour, c'est de l'esclavage. Nous avons tant de raisons de remercier Dieu.

NOUS VIDER DE TOUT ÉGOÏSME ET DE TOUTE FAUSSETÉ

Un jour, un père de Katmandou[2] donnait une conférence sur l'amour de Dieu pour le monde et combien il devait être grand pour qu'Il ait envoyé Son Fils. Alors je lui ai demandé : « Jésus a dit : "Aimez-vous les uns les autres comme Je vous ai aimés[3]", et Il a aussi dit : "Comme le Père M'a aimé, moi aussi, Je vous ai aimés[4]." Donc, pour que nous sachions comment nous devons nous aimer les uns les autres, nous devons savoir

---

1. Jean 13, 34.
2. Capitale du Népal voisin.
3. Jean 13, 34.
4. Jean 15, 9.

comment le Père a aimé le Fils, alors je vous le demande : Comment le Père a-t-il aimé le Fils ? » Il m'a regardée et il a dit : « Mère, votre question est très belle et logique, mais je ne saurais vous répondre. » Quelle grande responsabilité nous avons, d'aimer comme le Père aime le Fils – rien de moins. Si je n'ai pas cet amour, alors c'est une duperie, une tromperie. Nous ne pouvons pas aimer en vérité et servir les pauvres à moins d'avoir cet amour de Dieu dans nos cœurs. Nous n'aurons cela que si nous sommes vides de tout égoïsme et de toute fausseté. Cet amour doit commencer ici à la maison. Demandez à Jésus de vous donner Son cœur pour aimer.

TOUT CE QU'IL FAUDRA

Jésus a donné Sa vie pour nous aimer et il nous dit que nous devons aussi donner ce qu'il faudra pour faire le bien aux autres. [...] Jésus est mort sur la Croix parce que c'est ce qu'il Lui a fallu faire pour nous faire du bien ; pour nous sauver de notre égoïsme et de notre péché. Il a renoncé à tout pour faire la volonté du Père, afin de nous montrer que nous aussi, nous devons être prêts à renoncer à tout pour suivre les voies de Dieu, pour nous aimer les uns les autres comme Il aime chacun de nous. C'est pourquoi nous aussi, nous devons donner aux autres jusqu'à en souffrir. Il ne suffit pas de dire que j'aime Dieu, il faut aussi que j'aime mon prochain.

L'AMOUR DE DIEU ET DU PROCHAIN

Nous avons reçu le commandement d'aimer Dieu et notre prochain[5] – tous deux au même niveau – pas de différence.

5. Matthieu 22, 38-40 ; Marc 12, 30-32 ; Luc 10, 26-28.

L'amour du prochain doit être égal à notre amour de Dieu. Ici nous n'avons pas à chercher l'occasion de répondre à ce commandement. Nous avons ces occasions vingt-quatre heures [par jour], ici même.

Peut-on vous reconnaître comme chrétiennes ?

Dans notre communauté, nous vivons la vie de la Trinité, en nous aimant les unes les autres comme le Christ nous a aimés. Il est d'une importance absolue de nous en souvenir : Nous aimer les uns les autres comme le Christ nous a aimés. Parfois nous pouvons être toute douceur, toute bonté, toute joie envers tous ceux du dehors, mais dans la communauté, tout le contraire ; comme quelqu'un l'a dit : « Elle est tout miel à l'extérieur, mais à l'intérieur, c'est un tigre. » Pourquoi ? On disait de la communauté des premiers chrétiens qu'on les reconnaissait à leur amour les uns pour les autres[6]. C'était le signe qu'ils étaient (qu'ils sont) les disciples du Christ. Cela est-il vrai de vous aujourd'hui ? C'est à cause de ce signe que le soldat a arrêté saint Laurent au temps de l'Église primitive. Ils l'ont vu faire une bonne action pour un pauvre et ils ont compris : « Il doit être chrétien. » Alors ils l'ont arrêté, ils l'ont brûlé et il est devenu martyr. Peut-on dire la même chose de vous en tant que m.c. ? Supposons que vous n'ayez pas les saris blancs à *par* bleu, les gens pourraient-ils, en vous voyant et en voyant ce que vous faites aux pauvres, dire immédiatement : « Elle doit être Missionnaire de la Charité. Regardez comme elle prend soin de ce lépreux, de ce mourant, de cet enfant infirme, de cet orphelin etc. » Les gens dans le monde aujourd'hui

---

6. Jean 13, 35.

peuvent-ils vous reconnaître comme Missionnaire de la Charité par ce que vous faites et par ce que vous êtes ? Par votre amour les unes pour les autres ? Quelle est votre attitude avec les pauvres ? Comment les traitez-vous ? Les pauvres sont au centre de votre propre communauté. [...] Comment est-ce que je prouve mon amour pour les pauvres dans ma communauté ?

C.E.A.

Aimons-nous les uns les autres. Aimons-nous les uns les autres comme nous aimons Jésus. À Nazareth, il y avait l'amour, l'unité, la prière, le sacrifice et le dur labeur et surtout il y avait une profonde compréhension, une profonde estime des uns pour les autres et une attention des uns pour les autres.

C – Compréhension
E – Estime
A – Attention

TOUT LE MONDE EST APPELÉ À RÉPANDRE L'AMOUR

« Une Missionnaire de la Charité *doit être* une missionnaire de l'amour. » Un missionnaire est un envoyé. Dieu a envoyé Son Fils. Aujourd'hui, Dieu nous envoie. Chacune de nous est envoyée par Dieu. Envoyée pour quoi ? Envoyée pour être Son amour parmi les hommes. Envoyée pour apporter Son amour et Sa compassion aux plus pauvres des pauvres. Chaque m.c. est aussi la plus pauvre des pauvres, donc envoyée pour apporter Son amour et Sa compassion d'abord aux sœurs de sa communauté. Nous ne devons pas avoir peur d'aimer. Une m.c. *doit* être missionnaire d'amour.

Remarquez ces mots, *doit être*. Il ne s'agit pas d'essayer de l'être, non, elle *doit être* missionnaire d'amour. Elle est envoyée pour être l'amour de Dieu. Remarquez de nouveau à la deuxième ligne[7] : « *Elle doit être pleine de charité.* » Étudiez ces mots par cœur et souvenez-vous-en et demandez-vous : « Comment ai-je vécu cette règle ? » Faites votre examen de conscience et voyez en quoi vous avez réussi et en quoi vous avez échoué et écrivez-le quelque part. Priez pendant l'Adoration aujourd'hui et demandez à Jésus, demandez à Notre-Dame, de vous remplir d'amour. Nous sommes envoyées pour être Son amour. Nous ne pouvons pas donner ce que nous n'avons pas. Donc nous devons être pleines d'amour dans notre âme grâce à notre prière et notre union avec Dieu. Ensuite, nous devons répandre ce même amour dans toutes les nations. « Allez enseigner à toutes les nations[8]. »

NOUS DÉPENSER SANS CESSE

Aujourd'hui, des ministres du culte protestants sont venus me voir et ils m'ont dit quelque chose de très beau. Ils ont dit : « Vous [les m.c.], à cause de votre vœu de chasteté, vous pouvez appartenir à Jésus si pleinement, si complètement, mais nous, comme nous sommes mariés, nous avons notre amour pour nos épouses et nous ne pouvons pas nous donner à Jésus aussi pleinement que vous. » Alors je me suis demandé : « Est-ce vrai pour chacune d'entre nous ? Notre amour est-il vraiment entièrement pour Jésus ? Sommes-nous seulement tout à Jésus ? » Quand nos sœurs étaient à

7. De cette section des constitutions des Missionnaires de la Charité.
8. Matthieu 28, 19.

Ceylan, un ministre d'État m'a dit un jour quelque chose de très surprenant. Il a dit : « Vous savez, Mère, j'aime le Christ, mais je hais les chrétiens. » Donc je lui ai demandé comment cela pouvait se faire, car c'est une telle contradiction, puisque le Christ et les chrétiens ne font qu'*un*. Alors il m'a répondu : « Parce que les chrétiens ne nous donnent pas le Christ, ils ne vivent pas pleinement leur vie chrétienne. » Ghandiji[9] a dit quelque chose de très semblable : « Si les chrétiens vivaient pleinement leur vie chrétienne, il ne resterait plus un seul hindou en Inde. » N'est-ce pas très vrai ? Cet *amour du Christ* devrait nous pousser à nous dépenser sans cesse.

OUVREZ LES YEUX POUR VOIR

Peut-être que si vous allez à la gare et peut-être que si vous visitez quelques-uns des quartiers très pauvres, vous trouverez des gens qui dorment là dans le parc, ou vous les verrez dormir dans la rue. J'ai vu des gens à Londres, j'ai vu des gens à New York, j'ai vu des gens à Rome dormir dans la rue, dans le parc... Et ce n'est pas seulement cette façon d'être sans logis qui est terrible. [C'est] terrible de voir dans le froid de la nuit un homme, une femme, dormir sur un morceau de papier journal dans la rue, mais il y a une façon d'être sans logis qui est encore pire : être rejeté, être indésirable, être mal aimé. [...] Et ce sont la faim, la soif, la nudité, la façon d'être sans logis, dont nous parle Dieu. Pour ouvrir les yeux afin de voir [vraiment] qu'il ne suffit pas de voir, il nous faut regarder et veiller à ce qu'aucun frère, aucune sœur n'ait faim, ne soit nu, ne soit sans logis, et faire quelque

9. Mohandas Ghandi.

chose pour eux : donner la nourriture, donner l'amour, donner le vêtement, le relever, lui témoigner du respect, lui témoigner de la tendresse et de l'amour parce qu'aucune main humaine n'est là pour l'aimer, pour le protéger, pour le guider.

Quelque chose de beau pour Dieu

Cet amour que nous avons pour nos gens est un don, car Jésus a dit : « Tout ce que vous faites au plus petit d'entre les Miens, c'est à Moi que vous l'avez fait[1]. » Nous sommes avec les plus petits tout le temps. Quand vous donnez un verre d'eau, vous le donnez à Jésus[2]. Il l'affirme. [...] Je me souviens de la dernière fois où nous avons ramassé un homme dans la rue ; il était plein de vers. J'ai demandé à une sœur : « Comment peut-il aller au ciel comme cela ? » Nous avons commencé à retirer les vers un par un. J'ai dit à la sœur : « Mieux vaut tenir le ver par la bouche, car il risque de vous mordre. » Nous avons tout retiré. J'ai demandé : « Voulez-vous avoir la bénédiction de Dieu par laquelle vos péchés sont pardonnés ? » Quelque chose est apparu, un rayon de soleil, une joie parfaite. Quelque chose de spirituel lui est arrivé et au bout de quinze minutes, il est mort, sans les vers (j'espère que rien n'est resté à l'intérieur). Nous en avons ramassé tant comme lui dans la rue. Mais une belle chose : aucune plainte, aucun mot, il acceptait. On voyait sa souffrance, mais pas la moindre plainte. Il a dû aller tout droit au ciel. Saint Pierre a dit : « Comment se fait-il, alors que vous aviez tant de vers ! » Il a dû avoir la meilleure place, car il ne s'est jamais plaint.

---

1. Matthieu 25, 40.
2. Matthieu 18, 5 ; Marc 9, 37 ; Luc 9, 48.

Quelque chose de beau pour Dieu. Prions afin de ne pas gâcher l'œuvre de Dieu… et d'aider les gens à retirer leurs vers.

CE QUE VOUS FAITES, JE NE PEUX PAS LE FAIRE

Ce que vous faites, je ne peux pas le faire ; ce que je fais, vous ne pouvez pas le faire, mais ensemble nous faisons quelque chose de beau pour Dieu et c'est là la grandeur de l'amour de Dieu pour nous : nous donner l'occasion de devenir saints par les œuvres d'amour que nous faisons, parce que la sainteté n'est pas le luxe d'un petit nombre. C'est un devoir très simple pour vous, pour moi, vous dans votre position, dans votre travail, et moi et d'autres, chacun de nous dans l'œuvre, dans la vie que nous avons promis à Dieu de mener. […] Vous devez mettre votre amour pour Dieu dans une action vivante. Ce n'est pas seulement que je dois le faire, j'aime le faire. Et à travers votre personne, à travers vos mains, vous partagez ce que Dieu est en train de prouver au monde : qu'Il aime le monde et qu'à travers vous Il continue à donner Jésus au monde. À travers vous, […] à travers le travail que nous faisons pour les lépreux, pour les mourants. Je n'oublierai jamais cette belle occasion.

Levez les yeux et voyez seulement Jésus et il y aura la paix, la joie, l'amour, sinon nous serons alourdis. Ayez ce profond respect les uns des autres. Nous ne pouvons pas ignorer les erreurs les uns des autres ; c'est pour cela que nous devons permettre à Dieu de nous compléter les uns les autres. Ce que tu as, je ne l'ai pas, [ce que] je peux faire, tu ne peux pas le faire, mais ensemble nous faisons quelque chose de beau pour Dieu. Si nous voulons une congrégation sainte, nous devons avoir besoin les uns des autres. [...] Il nous faut un cœur pur pour voir Dieu les uns dans les autres ; ce qui nous révèle quoi ? Que Dieu m'aime.

Maximes de Mère Teresa pour la vie spirituelle

LA PRIÈRE

Le fruit de notre prière est cet amour pour Jésus, prouvé par l'acceptation joyeuse des petites humiliations.

*

La prière donne un cœur pur et un cœur pur peut voir Dieu, peut parler à Dieu et la paix advient.

*

Plus nous prions, mieux nous prions.

*

Si votre prière est bonne, votre charité sera parfaite.

*

Les âmes d'oraison sont des âmes de grand silence.

*

C'est par la prière que nous sommes nourris et nous avons besoin d'un cœur pur pour prier.

*

Très souvent, nous ne pouvons pas dire beaucoup dans la prière, mais cette prière est comme un regard, qui est tout.

LA SAINTETÉ

Je veux que vous vous donniez la peine d'être vraiment saintes, non pas dans les grandes choses, car nous n'avons pas de grandes choses à faire, mais plus petite est la chose, plus grand est l'amour.

*

L'obéissance est l'acte d'amour le plus parfait pour Dieu. J'obéis non parce que j'ai peur, mais parce que j'aime Jésus.

*

Au lieu de dire dix mots, dites-en un.

*

La pauvreté est votre liberté.

*

Nous craignons l'avenir parce que nous gaspillons l'aujourd'hui.

L'AMOUR

N'ayez pas peur de vous aimer les uns les autres.

*

Ce qui devrait être important pour nous, c'est la quantité d'amour que nous mettons dans notre don. À quel point aimons-nous ?

*

Le sourire engendre le sourire tout comme l'amour engendre l'amour.

*

Seul l'amour peut devenir notre lumière et notre joie dans le service joyeux les uns des autres.

*

Grandir dans la ressemblance au Christ veut dire grandir en sainteté.

*

Je préfère que vous commettiez des fautes avec bonté plutôt que [vous accomplissiez] des miracles avec dureté.

NOTRE-DAME

Marie, elle a appris à Jésus à marcher, à parler, elle Lui a donné Son bain chaque jour, elle Lui a appris à tenir une cuillère, elle Lui a tenu les mains pour Lui apprendre à marcher. Nous oublions cela. Soyons ce petit enfant entre ses mains.

*

Vais-je avec empressement dans les bidonvilles ? Notre-Dame s'est rendue en hâte chez Élisabeth parce qu'elle l'aimait. Nous devons aussi aller en hâte chez les pauvres comme Notre-Dame.

*

Personne n'a davantage appris l'humilité que Marie, Sa mère.

*

Nous avons besoin de Notre-Dame pour obtenir la grâce de l'humilité. Accrochez-vous à elle : « Soyez une mère pour moi maintenant. »

JÉSUS

Laissez Jésus vous parler dans le silence de votre cœur.

*

Dites souvent à Jésus : « Jésus, je Vous aime pour tous ceux qui ne Vous aiment pas. »

*

Soyez courageux, soyez généreux, acceptez Notre Seigneur quand Il vient dans votre vie aujourd'hui, par la souffrance.

*

Malgré toute notre faiblesse, Dieu est amoureux de nous et ne cesse de Se servir de chacun pour allumer Sa lumière d'amour et de compassion dans le monde.

*

La seule raison de notre existence est de « Vivre *en* Lui, *pour* Lui, *par* Lui et *avec* Lui » – quatre mots, si importants.

*

Comment aimons-nous le Christ ? En donnant un service gratuit de tout cœur.

*

Gardez la joie d'aimer Jésus dans les pauvres et dans l'Eucharistie et partagez cette joie avec tous ceux que vous rencontrez.

*

Ne dissociez jamais Jésus dans l'Eucharistie et Jésus dans les pauvres.

Prières de Mère Teresa

Mon Jésus à moi, faites de moi comme il Vous plaira, aussi longtemps qu'il Vous plaira, sans un seul regard pour mes sentiments et ma douleur. Je suis à Vous. Imprimez sur mon âme et ma vie les souffrances de Votre Cœur.

*

De [ma] pleine volonté Mon Dieu et par amour pour Vous – je désire rester et faire Votre Sainte Volonté quelle qu'elle soit à mon sujet. – Je ne laisse pas une seule larme venir. – Même si je souffre plus que maintenant – je veux toujours faire Votre Sainte Volonté. – C'est la nuit obscure de la naissance de la Congrégation. – Mon Dieu donnez-moi le courage maintenant – en ce moment – de persévérer à suivre Votre appel.

*

Quand vous lavez, balayez, n'importe quoi, dites à Jésus : « Je Vous aime, Jésus. Quoi que je fasse aujourd'hui, je le fais pour Vous, chaque pensée, chaque mot, chaque action. »

*

Gardez la joie d'aimer Jésus dans votre cœur et dites souvent pendant la journée et la nuit : « Jésus dans mon cœur, je crois en Votre tendre amour pour moi. Je Vous aime. »

*

Cher Jésus,

Aidez-moi à répandre Votre parfum, où que j'aille.

Inondez mon âme de Votre Esprit et de Votre Vie.

Pénétrez et possédez tout mon être si complètement que ma vie ne soit qu'un rayonnement de la Vôtre.

Brillez à travers moi et soyez tellement en moi que chaque âme que je rencontre puisse sentir Votre présence en mon âme

Qu'en levant les yeux, ce ne soit plus moi que l'on voit mais seulement Jésus !

Restez avec moi, et je commencerai alors à briller comme Vous brillez, à briller jusqu'à en être une lumière pour les autres.

La lumière, ô Jésus, sera toute de Vous, aucunement de moi. Ce sera Vous qui brillerez sur les autres à travers moi.

Que je Vous loue ainsi de la manière que Vous préférez en brillant sur ceux qui m'entourent.

Que je Vous prêche sans prêcher, non par des mots mais par l'exemple, par la force d'attraction, l'influence bienveillante de ce que je fais, l'évidente plénitude de l'amour que mon cœur Vous porte. Amen.

*

Père Éternel, je Vous offre Jésus, Votre Fils Bien-Aimé, et je m'offre à Vous avec Lui pour la plus grande gloire de Votre nom et le bien des âmes.

*

1) Joie du Cœur de Jésus, emplissez mon cœur.
2) Compassion du Cœur de Jésus, touchez mon cœur.
3) Amour du Cœur de Jésus, enflammez mon cœur.
4) Paix du Cœur de Jésus, fortifiez mon cœur.
5) Humilité du Cœur de Jésus, rendez mon cœur humble.
6) Sainteté du Cœur de Jésus, sanctifiez mon cœur.
7) Pureté du Cœur de Jésus, purifiez mon cœur.

*

Jésus dans mon cœur, augmentez ma foi,
fortifiez ma Foi. Que je vive cette foi,
par une obéissance vivante et humble.

*

Marie, Mère de Jésus, soyez une Mère pour nous maintenant, guidez-nous, protégez-nous et gardez-nous près de Jésus.

*

Marie, Mère de Jésus, vous avez été la première à entendre Jésus crier : « J'ai soif. » Vous savez comme Son ardent désir de moi et des pauvres est réel et profond. Je suis à vous ; toute la congrégation est à vous : sœurs, frères, pères ; actifs et contemplatifs. Enseignez-moi, amenez-moi face à face avec l'amour du Cœur de Jésus Crucifié. Avec votre aide, Vierge Marie, j'écouterai la soif de Jésus, et ce sera pour moi une parole de Vie. Debout près de vous, je Lui donnerai mon amour et je Lui donnerai la possibilité de m'aimer et serai ainsi la cause de votre joie. Amen.

*

Silence du Cœur de Jésus, parlez-moi, fortifiez-moi. Marie, ma Mère, donnez-moi votre cœur si beau et si pur, si immaculé, si plein d'amour et d'humilité, afin que je puisse recevoir Jésus dans le Pain de Vie et Le servir sous le déguisement désolant des pauvres. Amen.

*

Seigneur, gardez-les fidèles l'un à l'autre dans Votre amour. Que ni rien ni personne ne les sépare de Votre amour ni de leur amour l'un pour l'autre. Que l'enfant, don de Vous-même à chaque famille, soit le lien d'amour, d'unité, de joie et de paix. Amen.

*

Jésus silencieux dans mon cœur, je Vous adore.

Qui est Jésus pour moi ?
Jésus est Dieu,
Le Fils de Dieu,
La deuxième Personne de la Sainte Trinité,
Le Fils de Marie,
Le Verbe fait Chair,
La Lumière que j'allume,
La Vie que je vis,
L'Amour que j'aime,
La Joie que je partage,
La Paix que je donne,
La Force dont je me sers,
L'affamé que je nourris,
Le nu que je vêts,

Le sans-logis que j'accueille,
Le malade que je soigne,
L'enfant à qui j'enseigne,
L'isolé que je console,
L'indésirable que je désire,
Le malade mental dont je fais mon ami.
Jésus est le démuni que j'aide,
Le mendiant que j'accueille,
Le lépreux que je lave,
L'ivrogne que je guide,
Le Pain de Vie que je mange,
Le Sacrifice que j'offre,
La Croix que je porte,
La douleur que je supporte,
La prière que je prie,
La solitude que je partage,
La maladie que j'accepte.
Jésus est mon Dieu,
mon Seigneur,
mon Époux,
mon Tout en Tout,
Mon Précieux,
Mon Unique,
Jésus est Celui de qui je suis amoureuse, à qui j'appartiens et de qui rien ne me séparera. Il est à moi ; je suis à Lui.

*

Gloire à Dieu le Père qui m'a créée parce qu'Il m'a aimée.

Gloire à Jésus-Christ qui est mort pour moi parce qu'Il m'a aimée.

Gloire au Saint-Esprit qui vit en moi parce qu'Il m'aime.

Table

V. Soyez cause de joie les uns pour les autres

Composition et mise en pages réalisées par
Compo 66 – Perpignan
445/2011

Impression réalisée par

CPI
BRODARD & TAUPIN

La Flèche (Sarthe)
en novembre 2011

Dépôt légal : novembre 2011
N° d'impression : 66593
Imprimé en France